C·H·Beck
PAPERBACK

Johannes Plagemann
Henrik Maihack

Wir sind nicht alle

Der Globale Süden und die Ignoranz des Westens

C.H.Beck

Originalausgabe

www.chbeck.de
Umschlaggestaltung: geviert.com, Nastassja Abel
Umschlagabbildung: shutterstock
Satz: C.H.Beck.Media.Solutions, Nördlingen
Druck und Bindung: Pustet, Regensburg
Printed in Germany
ISBN 978 3 406 80725 1

klimaneutral produziert
www.chbeck.de/nachhaltig

Inhalt

Einleitung:

Wir sind nicht alle

März 2022 in Namibia: Auf eine Hotelterrasse mit Blick über das beschauliche Windhoek scheint die Sonne. Und der russische Angriffskrieg auf die Ukraine wirkt sehr weit weg. Dabei wurde hier die Krisenpolitik des Westens gerade scharf kritisiert. Bei Gesprächen mit Vertreterinnen und Vertretern der namibischen Regierungspartei und der Zivilgesellschaft sollte es eigentlich nur am Rande um die Bedrohung der internationalen Ordnung durch ein imperialistisches Russland gehen. An diesem Vormittag knapp 10 000 Kilometer von Berlin entfernt waren die Gemeinsamkeiten aber kleiner als erhofft. Kurz zuvor hatte sich Namibia in einer Abstimmung in der Generalversammlung der Vereinten Nationen zum Krieg in der Ukraine enthalten – entgegen den auch in Windhoek sehr explizit vorgebrachten Wünschen westlicher diplomatischer Vertretungen. Diese hatten unter den namibischen Gesprächspartnerinnen und -partnern für Irritation gesorgt. Für sie lag auf der Hand, dass sie wichtigere Probleme hatten als den Krieg zwischen zwei Staaten im fernen Europa. Sorgen machten ihnen vor allem die Folgen der Russland-Sanktionen für Afrika. Zumal die Sowjetunion historisch an der Seite der damaligen Befreiungsbewegung und heutigen Regierungspartei SWAPO gestanden habe. Man wolle die guten Kontakte zu Russland, aber auch zu China, nicht gefährden. Der für Namibia so wichtige Tourismus lag infolge der Corona-Pandemie und europäischer Flugeinschränkungen noch immer am Boden. Dafür, dass man mit exzellenter Forschung die Omikron-

Variante im Nachbarland Südafrika gefunden habe, sei man bestraft worden. Es gebe immer noch zu wenig Impfstoffe in Namibia, und die Patente für die Herstellung lägen bei Pharmaunternehmen im Westen. All das zeige doch, wie wenig Solidarität Europa während der Corona-Pandemie für Afrika übrighatte. Warum in aller Welt erwarte der Westen also jetzt namibische Solidarität gegenüber Russland? Das Gespräch wurde zunehmend unangenehm. Also wechselte man das Thema. Nun ging es um den eigentlichen Anlass, das umstrittene Versöhnungsabkommen zwischen der deutschen Bundesregierung und Namibia. In dem Abkommen erkennt Deutschland die Ermordung von zehntausenden Herero und Nama in der ehemaligen Kolonie des Deutschen Reiches als Genozid an. Dringender denn je seien damit verbundene Zahlungen, so die Teilnehmenden aus Namibia. Eigentlich wenig überraschend: Die Übernahme der Verantwortung für den von deutschen Imperialisten verübten Genozid stand höher auf der namibischen Agenda als die Verurteilung des russischen Imperialismus.

Zurück in Berlin wenige Wochen später ein ähnliches Bild: Ein Tischgespräch zwischen deutschen Gastgebern und einer Delegation aus dem südlichen Afrika wird laut. Ein hochrangiger afrikanischer Diplomat haut sogar auf den Tisch. Als einer der Autoren dieses Buches während der Vorspeise den russischen Angriffskrieg anspricht, antworten die Delegationsteilnehmenden aus dem südlichen Afrika mit dem Verweis auf die Nahrungsmittelinflation in Afrika infolge des Krieges und die dadurch verschärften Schuldenkrisen afrikanischer Staaten. Sie sprechen von der ebenso völkerrechtswidrigen Invasion des Iraks 2003. Und erneut kommen die Themen Impfstoff-Protektionismus und Flugeinschränkungen nach Entdeckung der Omikron-Variante in Südafrika auf. Der Botschafter eines afrikanischen Landes bezeichnet die deutschen Erwartungen mit Blick auf das Abstimmungsverhalten afrikanischer Staaten in den Vereinten Nationen als «arrogant». Dass der Westen Krisen von der globalen Finanzkrise bis zur Klimakrise erst auslöst und dann den Globalen Süden mit den Folgen allein lässt, war für die afrikanischen Gäste offensichtlich. Die westliche Doppelmoral einer selektiven Anwendung des Völkerrechts war für sie nicht erst seit dem Angriffskrieg gegen den Irak eine Gewissheit. Und Belehrungen des Westens in Bezug auf Demokratie klingen im südlichen Afrika angesichts der vom Rechtspopulismus bedrängten Staatswesen in Europa und den USA ebenfalls immer hohler. Entsprechend distanziert reagierte man, als die deutschen Gastgeber am Tisch vehement auf die Ursache der aktuellen Krise – einen imperialistischen Krieg durch Russland – verwiesen. Das Tischgespräch wurde immer hitziger, auch wenn man unter Freunden sprach. Eine vorsichtige Einigung gab es erst zum Dessert. Bei allen Differenzen hätten doch Europa und Afrika ein gemeinsames Interesse an einem fairen Multilateralismus, der globale Krisen lösen kann, indem er alle miteinbezieht. Aber wer sind eigentlich alle? Denn um nichts weniger ging es ja bei diesen Gesprächen. Wessen Sicht auf die Welt zählte mehr, die des Westens oder die der Länder des Globalen Südens?

Wer oder was ist der Globale Süden?

Natürlich ist die schematische Trennung zwischen Westen und Globalem Süden eine brutale Verallgemeinerung.[1] Sie ist widersprüchlich und übersieht die Zwischentöne. Oft lassen sich Staaten gar nicht so genau zuordnen. Das gilt auch für den Westen, dessen Eingrenzung uns leichter fällt als die des Globalen Südens. Ist das NATO-Mitglied Türkei noch Teil des Westens oder des Globalen Südens? Brasiliens rechtspopulistischer Präsident Jair Bolsonaro, der 2022 abgewählt wurde, hat mehr gemein mit dem ebenfalls abgewählten Donald Trump als mit dem südafrikanischen Präsidenten Cyril Ramaphosa. Andersherum waren Trumps Sympathien für Autokraten des Globalen Südens ebenso wenig zu übersehen wie seine Abneigung gegenüber westlichen Politikerinnen wie der ehemaligen Bundeskanzlerin Angela Merkel. Kein Wunder, dass seine Präsidentschaft von einem medialen Abgesang auf den Westen begleitet worden ist. Und was ist mit den reichen Pazifikstaaten Australien und Neuseeland? Beide liegen geografisch im Süden, haben aber politisch mehr mit Kanada gemeinsam als mit Papua Neu-Guinea oder den Philippinen. Die Staaten Zentralasiens wiederum liegen nicht auf der Südhalbkugel, werden aber auch nicht als Teil des Westens wahrgenommen. Japan und Südkorea werden dem Westen schon eher zugerechnet, wenn auch noch nicht so lange. Auch Deutschland hat sich übrigens lange mit der Selbstverortung als «westlich» schwergetan. Die Westbindung erfolgte erst nach 1949 und war noch lange danach umstritten.

Edward Said, einer der Begründer der Theorie des Postkolonialismus, beschrieb den Westen als die Gruppe von Ländern, für die die Abgrenzung zum «Orient» identitätsstiftend sei. Indem sich der Westen vom Osten absetze, werte er die eigene Identität auf. Im Zentrum des Westens steht für Said der Imperialismus. Ersetzen die Begriffe «Westen» und «Globaler Süden» daher womöglich die lange überkommen geglaubte Dichotomie von «Abendland» und «Morgenland», die Said wortmächtig kritisierte?[2] Wir verstehen den Westen in diesem Buch so wie ihn viele im Globalen Süden sehen: als die Gruppe industrialisierter Staaten, die ihren Reichtum maßgeblich durch Sklavenhandel, Kolonialismus, Imperialismus und die Ausbeutung fossiler Rohstoffe vorfinanziert haben. Versklavte Afrikanerinnen und Afrikaner produzierten die Baumwolle, die in Europas Fabriken verarbeitet wurde. Das befeuerte die Industrialisierung und den

Imperialismus, was wiederum die Verbrennung von Kohle, Öl und Gas erforderte, deren Nutzung die Klimakrise hervorgerufen hat. So gewann der Westen die geopolitische und wirtschaftliche Dominanz der vergangenen drei Jahrhunderte. Das «Wir» im Titel dieses Buch meint also alle, für die diese Dominanz lange selbstverständlich war und vielleicht immer noch ist. Immer wenn in diesem Buch von «wir» zu lesen ist, geht es um alle – uns Autoren eingeschlossen –, die von den vom Westen angeeigneten historischen und aktuellen Privilegien profitiert haben. Und für die eine multipolare Welt eine neue und oft unbequeme Erfahrung ist. Der Westen, wie er in diesem Buch verstanden wird, vereint also vor allem die reichen Industriestaaten des globalen Nordens.

Für den Globalen Süden hingegen gibt es (noch) keine allgemein akzeptierte Definition. Ob der Begriff hilfreich ist, ist umstritten. Das liegt nicht zuletzt daran, dass der Globale Süden viel diverser ist als die westlichen Industriestaaten, die sich beispielsweise in der G7 versammeln. Die Unterschiede zwischen Ländern wie Indien und dem Senegal sind größer als ihre Gemeinsamkeiten. Aber beide waren (auch) als Vertretung des Globalen Südens zum G7 Gipfel 2022 in Elmau eingeladen. Eine Definition des Globalen Südens wird also immer Widerspruch ernten. Wir benutzen den Begriff dennoch, weil er auf wichtige Bruchlinien im Verständnis internationaler Politik hinweist und weil er in Ländern des Globalen Südens selbst und mit emanzipatorischem Anspruch verwendet wird, von Regierungsvertreterinnen und -vertretern genauso wie in der Zivilgesellschaft und Politikwissenschaft.

Sicher ist, dass der Globale Süden mehr ist als Geografie. Seine Begriffsgeschichte hat mit der Gründung der Bewegung Blockfreier Staaten in Bandung 1955 zu tun. In Dokumenten der Konferenz der Vereinten Nationen für Handel und Entwicklung taucht der Begriff bereits 1968 auf. Darin kritisieren Delegierte aus Lateinamerika die Ungleichheit zwischen der «nördlichen und südlichen Hemisphäre» und betonen den Beitrag des Südens zum Reichtum des Nordens.[3] 1977 wird die Nord-Süd-Kommission unter der Leitung von Willy Brandt gegründet. Personen aus Politik und Wissenschaft im Westen und im Globalen Süden machen Reformvorschläge für die Weltwirtschaft. Und in den letzten zwei Jahrzehnten beziehen sich immer mehr Autorinnen und Autoren in Wissenschaft und Medien auf den Globalen Süden.[4]

Zum Beispiel versteht der Politikwissenschaftler Adekeye Adebajo den Globalen Süden als historische Einheit, die alle Länder umfasst, die gemeinsam für die Dekolonialisierung vor allem in Afrika und Asien kämpften.[5] Aber auch in Lateinamerika wird der Begriff des Globalen Südens verwendet, um geteilte Herausforderungen zu betonen. Die bewusste Abkehr von Bezeichnungen wie «Dritte Welt» oder «Entwicklungsländer» markiert, dass man nicht mehr als «zu entwickelnde» Länder verstanden werden will. Stattdessen sehen sich die Staaten und Gesellschaften im Globalen Süden zurecht als gleichberechtigte Partner mit Gestaltungsanspruch. Um einer Definition des Globalen Südens näher zu kommen, kann man also alle Länder Asiens, Afrikas, des Mittleren Ostens und Lateinamerikas dazuzählen, die sich selbst nicht als Teil des Westens verstehen und historische Marginalisierungserfahrungen durch den Westen teilen. Auch ein immer mächtiger werdendes China gehört daher eigentlich dazu. Schließlich bezieht sich die chinesische Propaganda innen- und außenpolitisch habituell auf vergangene Erniedrigungen durch den Westen. Andererseits hat China dank seiner Wirtschaftskraft und politischen Durchsetzungsstärke eine Ausnahmeposition inne. Nicht zum Globalen Süden gehören aber Russland, andere Staaten Osteuropas, Neuseeland und Australien. Ebenso wenig dazu gehören die ostasiatischen Industriestaaten mit einem mit

Europa vergleichbaren oder höheren Wohlstandsniveau wie Südkorea und Japan. Letzteres ist selbst eine ehemalige Kolonialmacht.

Viele Länder des Globalen Südens teilen eine historische und zunehmende Skepsis gegenüber den Empfehlungen des Westens. Eine vom Westen dominierte Welt wird nicht als Verheißung, sondern als tendenziell ungerecht angesehen. Das soll nicht heißen, dass der Westen einem geeinten Block gegenüberstünde. Der Begriff des Globalen Südens hilft aber zu erkennen, dass der Westen mit einer Mehrheit von Staaten konfrontiert ist, die nicht mehr bereit sind, die in Washington, Paris und London erdachten Prinzipien und Rezepte der internationalen Politik mitzutragen. Wirtschaftlich, politisch, ökologisch und kulturell. Die Mehrzahl dieser Staaten war selbst lange Kolonie. Oder sie waren – wie Äthiopien und Thailand – umgeben von Kolonien, die ihren Handlungsspielraum einschränkten. Die USA, Großbritannien, Frankreich, Deutschland, Spanien, Russland, Japan und alle anderen Kolonialmächte sind in diesen Staaten keine Unbekannten.

Ein besseres Verständnis der Gemeinsamkeiten des Globalen Südens ist notwendig, kann aber das Wissen über ihre Unterschiede nicht ersetzen. Länder des Globalen Südens verbindet beispielsweise keinesfalls, dass in ihren Gesellschaften der Westen und die von ihm zumindest rhetorisch hochgehaltenen politischen Werte wie Demokratie, Meinungsfreiheit und Menschenrechte grundsätzlich abgelehnt werden. Indien spielte eine wichtige Rolle bei den Verhandlungen über die Allgemeine Erklärung der Menschenrechte 1948. Knapp 70 Prozent aller Menschen in Afrika halten Demokratie laut Umfragen des afrikanischen Afrobarometer-Netzwerks für die beste Regierungsform. Die Agenda 2063 der Afrikanischen Union, in der fast alle afrikanischen Regierungen vertreten sind, beschreibt «eine universelle

Kultur der guten Regierungsführung, der demokratischen Werte, der Gleichstellung der Geschlechter und der Achtung der Menschenrechte, der Gerechtigkeit und der Rechtsstaatlichkeit» als Ziel. Suspendiert aus der Afrikanischen Union werden daher Länder, in denen Militärputsche stattfinden, wie zuletzt Mali, Burkina Faso und Guinea. Demokratie und Menschenrechte sind prominente Ziele der Zivilgesellschaften in Asien, Lateinamerika, dem Nahen Osten und Afrika.

Gleichzeitig werden politische Rechte in der Mehrheit der Mitgliedsstaaten der Afrikanischen Union auch ohne Militärregierungen weiterhin stark eingeschränkt. In Indien bedroht der rechtspopulistische Premierminister Narendra Modi die Demokratie. Indische Wissenschaftlerinnen und Wissenschaftler berichten mit Schrecken von Selbstzensur, der Einschränkung der Meinungs- und Wissenschaftsfreiheit und offenen Drohungen gegen unliebsame Intellektuelle. China perfektioniert die politische Kontrolle der eigenen Bevölkerung mittels digitaler Überwachung. Weder im Iran oder Syrien noch in Venezuela oder Kuba ist eine politische Öffnung erkennbar. Der Globale Süden ist also voll von Widersprüchen. Darum muss besser differenziert werden. Zwischen einzelnen Ländern des Globalen Südens, zwischen Regierungsinteressen und ihren Gesellschaften; zwischen Akteuren, die von einer engen Beziehung mit dem Westen profitieren, und denen, die das nicht tun. Das heißt auch, dass eine Welt, in der Regierungen von Ländern des Globalen Südens mehr Gewicht haben, nicht automatisch eine gerechtere sein wird. Mehr internationale Mitsprache für die amtierenden Regierungen Ugandas oder Malaysias würde wahrscheinlich zu einer faireren globalen Handels- oder Klimapolitik führen. Angesichts drakonischer Anti-LGBTQI-Gesetzgebungen in diesen Ländern wäre sie aber auch ein bedrohliches Signal für sexuelle Minderheiten weltweit. Es ist also kompliziert.

Eines steht aber fest: Die Bedeutung sogenannter Süd-Süd Beziehungen hat für Länder des Globalen Südens in den letzten 20 Jahren deutlich zugenommen. Politisch, wirtschaftlich und kulturell wird die langwährende (und häufig überschätzte) westliche Dominanz herausgefordert. Die Staaten des Globalen Südens sind nicht in erster Linie ideologisch «blockfrei» aufgrund eines gemeinsamen Forderungskatalogs oder sogar einer gemeinsamen Identität, auch wenn das weiterhin bei einigen der Fall sein mag. Sie sind heute vor allem pragmatisch blockfrei, weil durch Blockfreiheit außenpolitische Optionen zunehmen. Optionen schaffen Autonomie, reduzieren Abhängigkeiten und erhöhen Resilienz.[6] Genau diese fehlende Resilienz fällt uns in Deutschland angesichts unserer bisherigen Abhängigkeit von russischer Energie, chinesischem Exportmarkt und US-amerikanischen Sicherheitsgarantien seit dem Februar 2022 auf die Füße.

Warum 2022 keine Zeitenwende im Globalen Süden ist

Mit einem weniger eurozentrischen Blick wird deutlich, dass für den Globalen Süden die Welt seit dem Februar 2022 nicht «aus den Fugen» geraten ist, wie es eine Floskel der deutschen Außenpolitik gerne behauptet. Dabei fällt es den allermeisten Staaten in Lateinamerika, Afrika, dem Mittleren Osten und Asien nicht schwer anzuerkennen, dass es sich bei der russischen Invasion um einen Völkerrechtsbruch handelt. Zum ersten Jahrestag des russischen Angriffs am 23. Februar 2023 stimmten nicht weniger als 141 Staaten in der Generalversammlung der Vereinten Nationen dafür, dass Russland seine Truppen umgehend und voll umfänglich aus der Ukraine zurückziehen müsse. Im Jahr zuvor hatte der kenianische UN-Botschafter Martin Kimani in einer viel beachteten Rede vor der Generalversammlung die Haltung vieler ehemals kolonisierter Staaten mit Blick auf die russische Invasion auf den Punkt gebracht:

> «Hätten wir bei der Unabhängigkeit entschieden, Staaten auf der Grundlage ethnischer, rassischer oder religiöser Homogenität zu gründen, würden wir viele Jahrzehnte später immer noch blutige Kriege führen. (…) Wir glauben, dass alle Staaten, die aus zusammengebrochenen und zurückgewichenen Imperien entstehen, viele Völker in sich tragen, die sich nach Integration mit Völkern in Nachbarstaaten sehnen. Das ist normal und verständlich. Denn wer will nicht mit seinen Brüdern vereint werden und mit ihnen gemeinsame Ziele verwirklichen? Doch Kenia lehnt es ab, eine solche Sehnsucht mit Gewalt zu verfolgen. Wir müssen unsere Heilung von der Asche toter Imperien in einer Weise abschließen, die uns nicht in neue Formen von Herrschaft und Unterdrückung zurückwirft.»[7]

Kenia stimmte in den Vereinten Nationen für die Resolution zur Verurteilung des russischen Angriffskriegs, wie viele andere Länder des Globalen Südens. Dennoch, bevölkerungsreiche und geopolitisch besonders relevante Staaten wie China, Indien oder Südafrika enthielten sich. Die Hälfte der 35 Enthaltungen kam aus afrikanischen Staaten. Viele davon sind langjährige Partner der deutschen Außen- und Entwicklungspolitik. Weder Kenia noch sonst ein afrikanischer Staat hat bislang Wirtschaftssanktionen gegen Russland verhängt, wie es die USA und Europa getan haben. Auch beteiligen sich nur die Hälfte der G20 Staaten an den Sanktionen. Insgesamt leben zwei Drittel der Weltbevölkerung in Ländern, die sich entweder neutral oder Russland-freundlich zum Krieg in der Ukraine geäußert haben.[8] Auch in Asien unterstützt jenseits von Südkorea, Japan, Neuseeland, Australien und Singapur niemand die Sanktionen. Ein ähnliches Bild zeigt sich im Mittleren Osten und in Lateinamerika. Selbst enge

Verbündete der USA wie Mexiko verweigern sich Sanktionen. Der frisch gewählte Präsident Brasiliens, Luiz Inácio Lula da Silva (genannt Lula), sieht eine Mitschuld der NATO. Indien hat den Import russischen Öls seit Inkrafttreten der Sanktionen vervielfacht. Saudi-Arabien kooperiert mit Russland, um den Ölpreis zu stützen.

Die unterschiedlichen Reaktionen vieler Länder des Globalen Südens erklären sich besser, wenn man die mittelbaren Folgen der Invasion in den Vordergrund rückt. Sie beteiligen sich nicht an den Sanktionen, weil für die meisten Länder der Welt andere Krisen wesentlich bedrohlicher sind als ein Landkrieg in Europa. Die Invasion ist aber sehr wohl eine Krise, deren schnelles Ende sie sich wünschen, weil sie bestehende Krisen anheizt. Tatsächlich tragen in vielerlei Hinsicht vor allem die Länder des Globalen Südens die Kosten der westlichen Sanktionen gegenüber Russland. Die Teuerung von Lebensmitteln, Dünger und Treibstoffimporten trifft viele Gesellschaften im Globalen Süden härter als Nordamerika oder Europa. 44 Prozent des in Afrika importierten Getreides kommt aus Russland oder der Ukraine. Die Armut ist ebenso wie die Anzahl von Protesten gestiegen. Wenn man infolge des russischen Angriffskriegs auf den Märkten Karachis oder Accras für Lebensmittel das Doppelte zahlt, weil Getreide-, Energie- und Düngerpreise massiv gestiegen sind, ist das für Menschen und Regierungen dort ein dringenderes Problem als die Sicherheitsarchitektur Europas. Das weiß man mittlerweile auch im Westen. Initiativen der G7 und der Vereinten Nationen versuchten gegenzusteuern. Steigende Preise führten dennoch zu Nahrungsmittelknappheit. Und die Ukraine ist natürlich nicht der einzige Fall von Krieg und Vertreibung. Äthiopien und Eritrea haben im Zuge der Kämpfe im äthiopischen Bundesstaat Tigray mehr Soldaten mobilisiert als die Ukraine und Russland.[9] In den Jahren 2022 und 2023 sind die meisten Todesopfer durch

Krieg und Vertreibung in Äthiopien zu beklagen, wo laut Schätzungen der Universität Gent seit 2020 mindestens 600 000 Menschen ums Leben kamen.[10]

Derweil steigen die Ausgaben für Waffenlieferungen an die Ukraine. Deren Verbreitung wird in Ländern des Globalen Südens gefürchtet. Da passt ins Bild, was ein Teilnehmer aus dem Südsudan am Rande einer Konferenz in Nairobi im September 2022 äußerte. Er wies darauf hin, dass nun auch Europa eine weniger friedliche Realität erreiche, wie man sie am Horn von Afrika schon lange kenne. Und übrigens solle man sich in Europa dafür einsetzen, dass die Waffen, mit denen heute in der Ukraine gekämpft werde, nicht demnächst am Horn von Afrika verkauft würden, so seine eindringliche Bitte. Man versuche nämlich weiterhin, die Bürgerkriege zu beenden, die nach wie vor mit den Waffen aus der ehemaligen Sowjetunion ausgefochten werden. Waffen also, die bis Februar 2022 in Europa nicht mehr gebraucht wurden, jetzt aber im Rekordtempo neu produziert werden.

Hinzu kommen Konjunkturpakete zur Stützung westlicher Volkswirtschaften zunächst während der Pandemie, dann im Zuge der russischen Aggression. Das hat Folgen für die Budgets für humanitäre Hilfe und Entwicklungszusammenarbeit mit dem Globalen Süden. Was zunächst Befürchtung war, ist inzwischen eingetreten. Nach der Invasion hat die internationale Gemeinschaft den von den Vereinten Nationen identifizierten humanitären Bedarf für die Ukraine zu 80 Prozent zugesagt. Der Gebertopf für die humanitären Notlagen im Jemen war hingegen nur zu knapp 30 Prozent und der für den Sudan mit nur 20 Prozent gefüllt.[11] War im Koalitionsvertrag der deutschen Ampel-Regierung noch von einem gleichmäßigen Aufwuchs von Ausgaben für Verteidigung und Entwicklung die Rede, ist eine solche Parallelität seit der Zeitenwende, dem Sondervermögen für die Bundeswehr unwahrscheinlicher geworden. Auch in der ersten nationalen Sicherheitsstrategie der Bundesrepublik ist hiervon keine Rede mehr. Andere handeln ähnlich. Im Dezember 2022 lud US-Präsident Biden zu einem großen USA-Afrika-Gipfel nach Washington ein. Die USA seien «zurück in Afrika». Er unterstrich diese Ankündigung mit einem 55 Milliarden US-Dollar schweren Wirtschaftspaket. Nicht ohne darauf zu verweisen, dass die USA Afrika mehr zu bieten hätten als ihre geopolitischen Rivalen aus China und Russland. 55 Milliarden Dollar sind viel Geld. Aber eben auch nur ungefähr die Hälfte der Summe, die die USA der Ukraine im selben Jahr an Waffenlieferungen und Entwicklungszusammenarbeit zur Verfügung stellen.[12] Für einen Kontinent mit 54 Ländern und geschätzten 1,4 Milliarden Menschen. Aus dieser Perspektive gefährdet die westliche Krisenpolitik zum zweiten Mal innerhalb kurzer Zeit die Erfolge bei der Armutsbekämpfung im Globalen Süden. Denn schon die westliche Corona-Politik mit ihren Reisebeschränkungen und dem Horten von Impfstoffen hatte massive wirtschaftliche Folgen, die wir im Westen weitgehend übersehen haben. Oder erst dann wahrnahmen, als China und Russland die eigenen Impfstoffe längst freigiebig verteilten und sich damit viele Freunde schufen. Da nützte es wenig, darauf hinzuweisen, dass beide Krisen ihren Ursprung jenseits des Westens hatten. Nicht die Krisen selbst, sondern die westlichen Reaktionen darauf, so sehen es viele im Globalen Süden, seien das Problem. So wird verständlich, warum einer Umfrage in Tansania zufolge eine große Mehrheit der Befragten Russlands Invasion zwar als ungerechtfertigte Aggression verurteilt, aber nur eine kleine Minderheit die Entscheidung der tansanischen Regierung, sich in den Vereinten Nationen zu enthalten, für falsch hält.[13]

Die Skepsis gegenüber der westlichen Politik geht tief und sie ist historisch geprägt.[14] Wie glaubhaft ist der Verweis auf den Völkerrechtsbruch in der Ukraine, wenn er von denen kommt, die

2003 völkerrechtswidrig in den Irak einmarschiert sind? Wie erklärt man westliche Waffenlieferungen an das autokratische Saudi-Arabien – übrigens nur eine von insgesamt 35 Autokratien die derzeit US-Waffenlieferungen erhalten –, das im Jemen eine der größten humanitären Katastrophen weltweit mitverursacht?[15] Warum betreffen uns die Opfer des Angriffskrieges in Europa mehr als die vor Krieg und Hunger Fliehenden in Äthiopien? Warum werden afrikanische oder asiatische Flüchtlinge an den Grenzen der EU abgewiesen oder ertrinken im Mittelmeer, während ukrainische Flüchtlinge aufgenommen werden? Diese als rassistisch wahrgenommene Abweisung dominierte zu Beginn der russischen Invasion in die Ukraine die Nachrichten in vielen Ländern des Globalen Südens. Und all das sind Fragen, die wir uns im Westen selbst stellen müssten. Stattdessen werden sie nun zunehmend ungeduldig aus dem Globalen Süden vorgebracht.

Warum ein besseres Verständnis des Globalen Südens gerade jetzt wichtig ist

Im Globalen Süden hat man eine andere Wahrnehmung des Krieges in Europa im Besonderen – und der internationalen Politik im Allgemeinen. Wir im Westen sind tief verunsichert, weil wir glaubten, dass in Europa Landkriege und Imperialismus der Vergangenheit angehörten. Inzwischen hat der russische Angriff auf die Ukraine lange Zeit unumstößliche Grundsätze der deutschen Außenpolitik umgeworfen. Deutschland liefert Waffen in ein Kriegsgebiet. Und die Bundesregierung fordert andere dazu auf, das Gleiche zu tun. Vor allem musste ein in Deutschland besonders bequemes Bild Russlands weichen. Weil es nicht mehr aufrechtzuhalten war angesichts der Grausamkeiten der russischen Kriegsführung und weil der russische Präsident Vladimir Putin jede Hoffnung auf Annäherung verhindert. Und überall begegnet man dem Begriff der «Zeitenwende». In Deutschland wird Außen- und Sicherheitspolitik prominenter diskutiert als vielleicht je zuvor. In Podcasts, Zeitungen und Talk-Runden vertieft man sich in rüstungs- und geopolitische Fachfragen. Es wird neu nachgedacht über den Wert von Bündnisloyalität und was diese konkret von uns verlangt. Dazu hat eine neue Generation von außen- und sicherheitspolitischen Kommentatorinnen und Kommentatoren aus Wissenschaft und Think Tanks beigetragen. Eine Zeitenwende also – für uns, aber eben nicht für alle. Es ist keine Zeitenwende für die, die globale Krisen lange schon ganz konkret und generationenübergreifend erfahren.

Das ist der Auslöser für dieses Buch. In Deutschland und Europa herrscht bei vielen Unverständnis und Überraschung darüber, dass so viele Staaten den russischen Angriff auf die Ukraine nicht sofort, geschlossen und eindeutig verurteilten. Mittlerweile ist deutlich geworden, dass viele Staaten des Globalen Südens die Beziehungen zu Russland auch weiterhin nicht kappen werden. Überrascht ist man im Westen aber nur, weil man hier lange übersehen hat, dass der Epochenbruch längst da war. Der kurze «unipolare Moment», in dem der Westen über globale Regeln und Konflikte fast im Alleingang entscheiden konnte, ist endgültig vorbei. Auch wenn die USA weiterhin das mit Abstand schlagkräftigste Militär der Welt unterhalten, sich die besten Fußballspieler der Welt in europäischen Ligen gegenüberstehen und uns die Treffen der G7-Staaten wichtiger erscheinen als die der BRICS-Staaten. Der eigentliche Epochenbruch ist ein seit Jahren fortschreitender Prozess von einer unipolaren hin zu einer komplexeren multipolaren Welt. Die Reaktionen auf die russische Invasion außerhalb des Westens zeigen uns diese multipolare Welt mit neuen Allianzen und außenpolitischen Optionen. Diesen Epochenbruch nicht anzuerkennen ist ein außenpolitisches Risiko.

Schon der Begriff Multipolarität verunsichert uns im Westen nachhaltig. Er bezeichnet eine Welt mit verschiedenen Zentren auch jenseits des Westens. Je nach Interessen und außenpolitischen Angeboten entstehen neue und ungewohnte Konstellationen. Selbst die USA und China können die meisten ihrer Interessen in dieser Welt alleine nicht durchsetzen. Der Westen ist für viele im Globalen Süden weiterhin attraktiv. Aber er sieht sich zunehmend im Wettbewerb mit anderen. Deutschland, Europa und die USA haben inzwischen immer seltener das beste Angebot für eine vertiefte Partnerschaft mit den Staaten des Globalen Südens. Gleichzeitig stoßen die lange Zeit vom Westen dominierten internationalen Organisationen von den Vereinten Nationen zur Welthandelsorganisation an ihre Grenzen. Ihnen gelingt es immer weniger, Einigkeit herzustellen, innerhalb des Westens ebenso wie mit den aufstrebenden Staaten des Globalen Südens. Offenbar beinhaltet die viel beschworene «regelbasierte internationale Ordnung» Regeln, die nicht alle teilen und durchsetzen wollen. Vielleicht auch, weil sich nicht alle gleichermaßen als Urheber dieser Regeln sehen.

Im Globalen Süden kennt man diese multipolare Welt schon längst und findet sich relativ gut darin zurecht. Mehr noch, vielerorts ist Multipolarität ein emanzipatorisches Versprechen. Der Versuch der Wiederbelebung einer bipolaren Welt, mit Autokratien wie Russland oder China auf der einen und einem westlich geführten, demokratischen Lager auf der anderen Seite, findet auch deswegen im Globalen Süden keine Abnehmer. Man will sich dort nicht vorschreiben lassen, wen man sich zum Feind macht. Und man kann sich einseitige Abhängigkeiten nicht leisten. «Freundschaft zu allen, Bosheit zu niemand», so beschrieb der Staatsgründer Bangladeschs, Sheikh Mujibur Rahman, vor mehr als einem halben Jahrhundert die außenpolitische Philosophie seines Landes. Diese Maxime ist heute sinnbildlich für die

Außenpolitik vieler Länder des Globalen Südens, auf die wir uns in diesem Buch konzentrieren. Aufzuzeigen, warum das so ist, warum die westliche Verwunderung im Kontext des russischen Angriffs auf die Ukraine angesichts dieser aufziehenden Multipolarität irritierend ist, und warum sie für tiefer gehende Missverständnisse zwischen uns im Westen und den Gesellschaften des Globalen Südens steht, ist ein Ziel dieses Buches.

Ein besseres Verständnis der Unterschiede in der Wahrnehmung der internationalen Politik zwischen dem Globalen Süden und dem Westen wird drängender, je mehr der Westen an seiner einstigen Dominanz verliert. Die Menschheitsaufgabe der Klimakrise kann in einer multipolaren Welt nicht durch den Westen allein gelöst werden. Neue politische Allianzen zwischen globalem Norden und Süden werden notwendig, um globale Krisen zu lösen. Zumal eine multipolare Welt zumindest das Potenzial für eine gleichberechtigtere und damit demokratischere internationale Ordnung bietet. Die ist auch im langfristigen Interesse der deutschen und europäischen Außenpolitik. Wir müssen den Blick der Länder des Globalen Südens auf die internationale Politik besser verstehen, denn es lohnt sich. Dort, wo wir bislang vor allem Risiken sehen, warten eigentlich Chancen.

Doch wer kann, soll und darf diese Divergenz zwischen dem Westen und dem Globalen Süden erklären? Wir wollen es zumindest versuchen. Wir, das sind zwei Autoren, die sich seit dem Studium intensiv mit einzelnen Staaten im Globalen Süden und deren Außenpolitiken befassen, dort lebten und arbeiteten und immer versucht haben zu beschreiben und einzuordnen. Manchmal gemeinsam, wie in Mosambik, Indien oder in Bangladesch. Aber meistens getrennt. Und so ist dieses Buch das Ergebnis unserer politikwissenschaftlichen Forschung, aber vor allem unserer Gespräche mit Kolleginnen und Kollegen, politisch Engagierten und befreundeten Menschen aus Ländern des Globalen Südens. In Büros, Konferenzen, Think Tanks, Amtsstuben, Botschaften, Fabriken, Cafés, Bars und Wohngemeinschaften. In Maputo, Dhaka, Pretoria, Neu-Delhi, Kalkutta, Brasilia, Juba, Kampala, Kigali, Nairobi, Seoul, Windhoek. Dennoch, dieses Buch wurde an Schreibtischen in Hamburg und Berlin geschrieben. Und unser Nachdenken fand statt vor dem Hintergrund der größten Neuorientierung deutscher Außen- und Sicherheitspolitik seit dem Ende des Kalten Krieges. Das heißt: Wir bilden uns nicht ein, für den Globalen Süden zu sprechen. Stattdessen sprechen wir mit Akteurinnen und Akteuren im oder aus dem Globalen Süden und wir wollen diese Gespräche fruchtbar machen. Wir hoffen, damit die eine oder andere Perspektive vorwegzunehmen, die uns heute noch neu, bald aber schon normal vorkommen wird.

Als Kinder der 1990er Jahre sind wir aufgewachsen mit den Versprechen US-amerikanischer Soft Power, der Globalisierung und den – zumal damals an deutschen Universitäten – optimistischen Diskussionen über globale Gerechtigkeit, Weltinnenpolitik und Kosmopolitisierung. Dieser Optimismus erlitt ab Anfang der 2000er Jahre Brüche. Immer unübersehbarer wurde, dass viele Menschen im Globalen Süden, aber auch in Europa nicht gerecht an den Gewinnen der Globalisierung beteiligt waren. Und der Westen brach das Völkerrecht. Als die USA mit einer Koalition der Willigen 2003 in den Irak einmarschierten, demonstrierten wir auf denselben Straßen, auf denen wir fast auf den Tag genau 19 Jahre später gegen den russischen Angriffskrieg protestierten.

So prägen uns die Erfahrungen, die wir als weiße, männliche und in vielerlei Hinsicht auch darüber hinaus privilegierte Europäer gemacht haben. Das hat natürlich Folgen. Nur ein Beispiel von vielen: Als junger Wissenschaftler führte einer der Autoren dieses Buches 2009 Interviews mit lokalen Regierungsvertretungen in der mosambikanischen Provinz Sofala. Die Gespräche fanden auf Portugiesisch statt, der Amtssprache Mosambiks, die für die Mehrheit der Mosambikaner Fremd- und Kolonialsprache ist. Trotz aller Versuche, den politischen Kontext zu erfassen, waren schon die Fragen bestimmt durch ein Erkenntnisinteresse, das an einer deutschen Universität vorformuliert worden war. Die Antworten waren von der Erfahrung der Interviewten geprägt, dass der Westen die Herausforderungen eines Landes wie Mosambik oft verkennt. Ein weiteres Beispiel: Immer wieder besuchte einer der Autoren gemeinsam mit eng vertrauten bangladeschischen Gewerkschafterinnen zwischen 2013 und 2016 Textil- und Lederfabriken in Dhaka. Fast immer traf er auf Misstrauen. Denn ein weißer Mann in einer Textilfabrik im Globalen Süden ist üblicherweise ein Auftraggeber oder der Inspekteur einer großen westlichen Modemarke, die zu oft mitverantwortlich für schlechte Arbeitsbedingungen sind. Die genauen Herausforderungen der Belegschaft konnte man höchstens erahnen.

Kaum jemals wird man also als unvoreingenommen wahrgenommen, und vieles, was wichtig wäre, bleibt unausgesprochen. Die eigene Rolle verändert Gesprächssituationen im Globalen Süden. Auch dann, wenn man lange vor Ort lebt, dort Freundschaften und Arbeitskontakte jahrelang pflegt und aktiv nach unterschiedlichen Perspektiven sucht. Aus gutem Grund: Deutschsprechende, weiße Männer kauften Sklaven, verübten Genozide, raubten Kunst und verbreiteten unheilbare Krankheiten im Globalen Süden. Wir Europäerinnen und Europäer verkörpern diese Geschichte dort weiterhin. Sie prägt bis heute die Diskurse. Dennoch glauben wir, dass die Übersetzung aus diesen Diskursen im Globalen Süden für unsere Debatten in Deutschland und Europa wichtig ist. Vielleicht braucht es sie sogar mehr denn je angesichts der Klimakrise, geopolitischer Spannungen, globaler Seuchen und der Vertiefung von Ungleichheit mit all ihren politischen und wirtschaftlichen Folgeerscheinungen. Aber auch weil wir im Umgang mit den Realitäten der internationalen Politik von heute vom Globalen Süden lernen können. So wollen wir unseren Beitrag verstanden wissen – als Versuch einer Übersetzung von Diskussionen die wir in unserer Arbeit mit Aktivistinnen und Aktivisten, Politik, Diplomatie und Wissenschaft im und aus dem Globalen Süden führen. Dazu gehören Globalisierungsverlierende ebenso wie diejenigen, die vom Wachstum und politischen Aufstieg des Globalen Südens in den vergangenen Jahren profitiert haben. Und die vielen Menschen dazwischen.

Eine solche Übersetzung kann die Lektüre und den Austausch mit Stimmen aus dem Globalen Süden natürlich nicht ersetzen. Lesen Sie Nanjala Nyabola, Pankaj Mishra, Adom Getachew, Ahmed Rashid, Amartya Sen und die vielen anderen Autorinnen und Autoren, die in jüngster Zeit – wenn auch zögerlich – ins Deutsche übersetzt wurden. Sie haben Ihnen mehr zu sagen als wir. Aber vielleicht kann eine Übersetzung durch Zusammenfassung und kritische Einordnung in laufende außenpolitische Debatten in Deutschland und Europa dennoch einen Beitrag leisten. Schließlich teilen wir mit vielen Ländern des Globalen Südens die Sorge um eine geteilte Zukunft, nicht nur die der internationalen Ordnung. Nicht zuletzt das verdeutlichen wir im Rest des Buches.

Ausblick auf den Inhalt des Buches

Im kollektiven Gedächtnis des Westens stehen die Wegmarken 1945 und 1989 für den historischen Triumph über Nazi-Deutschland und den Sowjetkommunismus – politisch ebenso wie wirtschaftlich, militärisch und normativ. All das verliert an Glanz, sobald man den Versuch unternimmt, die vergangenen drei Jahrhunderte aus Sicht des Globalen Südens wahrzunehmen. Nicht

Faschismus oder Militarismus, sondern der Sklavenhandel und der westliche Imperialismus als Ganzes werden heute wie damals als Ursünde des Westens betrachtet. Während die 1990er Jahre für viele im Westen mit dem Triumph westlicher Werte und Ordnungsvorstellungen verbunden sind, werden sie im Globalen Süden eher als eine Zeit der fortgesetzten Abhängigkeit und der sozio-ökonomischen Krisenerfahrungen gesehen. Das erklärt, warum die meisten Staaten und Gesellschaften im Globalen Süden der westlichen Dominanz der 1990er und 2000er Jahre in Wirtschaft und Politik so ablehnend gegenüberstanden. Und warum es dort nur konsequent ist, eine multipolare Welt zu begrüßen. Darum soll es im ersten Kapitel gehen.

Die neue Autonomie vieler Staaten im Globalen Süden beschreiben wir im zweiten Kapitel. Beispielhaft zeigen wir anhand von Kenia und Bangladesch, wie sich auch vermeintlich weniger international einflussreiche Staaten in einer multipolaren Welt behaupten. Und wir beschreiben, welchen Schwierigkeiten China, Russland und andere Staaten, die sich als Alternativen zum Westen darstellen, in den Gesellschaften des Globalen Südens gegenüberstehen.

Im dritten Kapitel kommen wir zurück auf die Krisenpolitik des Westens und ihre Folgen im Globalen Süden. Denn Krisen gab es zur Genüge. Besonderes Augenmerk legen wir auf die Klimakrise, die Auswirkungen der Pandemie und die im Globalen Süden grassierende Schuldenkrise. So illustrieren wir den verbreiteten Vorwurf, dass der Westen die eigenen Krisen in den Rest der Welt exportiert – und die von ihm vorgeschlagenen Lösungen die Krisen dann noch verschärfen. Und wir zeigen, dass wir uns die Ignoranz gegenüber den Folgeproblemen westlicher Politiken im Globalen Süden in einer multipolaren Welt immer weniger leisten können.

Im vierten Kapitel beleuchten wir, wie der Globale Süden internationale Organisationen wahrnimmt und was er von ihnen erwartet. Wir diskutieren, welchen Einfluss eine relative Gleichverteilung von staatlicher Macht weltweit auf die Funktionsweise von Organisationen wie den Vereinten Nationen oder der Welthandelsorganisation hat. Und wir beschreiben, wie Großmächte seit jeher Gründe dafür gefunden haben, ihre Außenpolitiken durch Zwang und exklusive Übereinkommen zu verfolgen. Auch das ist ein Element von Multipolarität.

Das letzte Kapitel diskutiert einige der Folgen all dieser Entwicklungen für die deutsche und europäische Außenpolitik. Wir beschreiben, warum in einer multipolaren Welt auch die Einigkeit des Westens brüchig ist. Diversifizierung und Partnerschaften entlang gemeinsamer langfristiger Interessen werden wichtiger. Die werden ohne die Beteiligung des Globalen Südens nicht funktionieren. Auch vor diesem Hintergrund macht eine Zweiteilung der Welt in einen autokratischen und einen demokratischen Block keinen Sinn. Das heißt auch: Eine multipolare Welt mit einem erstarkten Globalen Süden hält keine einfachen Lösungen bereit. Umso wichtiger ist die Demokratisierung der internationalen Politik. Weil nur so die Macht der wenigen über die vielen gebrochen werden kann.

1. Kapitel: Triumph der Wenigen

Warum man im Globalen Süden ein anderes Geschichtsverständnis hat als im Westen

Mosambik am 25. Juni 2009: Es ist Feiertag in Beira, einer Hafenstadt im Zentrum des Landes. Familien mit kleinen Kindern strömen zu einem vor der Stadt gelegenen Platz, um den Tag der Unabhängigkeit von Portugal zu feiern. Einer der Autoren dieses Buches ist als Forschungspraktikant zum zweiten Mal für einige Monate in dem portugiesisch-sprachigen Land. Fahnen in den Nationalfarben grün, rot, schwarz und gelb sind von weitem zu erkennen. Frauenverbände, die ehemalige Befreiungsbewegung und heutige Regierungspartei FRELIMO und andere Gruppen haben bedruckte Banner aus Stoff aufgespannt. «Es leben die Helden des Befreiungskrieges» steht auf einem. Die Stimmung ist ruhiger als der Autor es von großen Menschenansammlungen in Mosambik gewohnt ist. Männer in grauen Anzügen halten Reden, die schwer verständlich sind. Wichtiger scheinen ohnehin die jungen Soldaten zu sein, die in olivgrünen Uniformen mit hochgekrempelten Ärmeln und roten Bändern an den Baretten paradieren.

Überhaupt erschien die Feierlichkeit merkwürdig gestrig zu sein, mit ihren anti-kolonialen Parolen und der sozialistischen Bildsprache aus Kalaschnikow und Hacke, wie sie sich auch auf der Flagge des Landes wiederfindet. Erinnerungen an die DDR und ihre politische Folklore, nicht demokratischer Aufbruch. Aber die Feierstunde war ernst gemeint. Die Menschen versammelten sich freiwillig hier. Weil es etwas zu sehen gab. Aber vor allem, weil die Unabhängigkeit wie kein zweites Ereignis in der Geschichte des Landes die Mosambikaner eint. Beira ist eigentlich die Hochburg der Opposition. Hier hatte die Rebellenbewegung RENAMO lange Zeit viele Unterstützer. 2009 regierte eine Splitterpartei der RENAMO unter dem mittlerweile verstorbenen Bürgermeister Daviz Simango. Sicher, wie im Rest des Landes versucht die Regierungspartei FRELIMO auch hier die Geschichte des von ihr angeführten Unabhängigkeitskampfes politisch zu vereinnahmen. Sie tut das, weil man um die Bedeutsamkeit des Endes der Fremdherrschaft im historischen Bewusstsein der Mosambikanerinnen und Mosambikaner weiß. Kein Wunder, schließlich währte der portugiesische Kolonialismus besonders lange. Erst 1974, nach zehn Jahren Guerrilla-Krieg und Terrorisierung der mosambikanischen Bevölkerung durch die portugiesische Armee und Geheimpolizei, gab sich das selbst politisch in Aufruhr befindliche Portugal geschlagen.

Am 25. Juni begehen die Menschen in Mosambik also den Tag der Unabhängigkeit, der in der Hauptstadt Maputo ungleich prächtiger zelebriert wird als im verschlafenen Beira. Auch gedenken die Mosambikanerinnen und Mosambikaner am «Tag der Helden» am 3. Februar den Kämpferinnen und Kämpfern, die im Krieg gegen die Kolonisatoren ihr Leben lassen mussten. Sie begehen den Frieden, die Streitkräfte und den Sieg über Portugal mit nationalen Feiertagen. Nicht aber die Einführung freier Wahlen 1994 oder die Abschaffung der sozialistischen Kommandowirtschaft. Vielleicht weil weder das eine noch das andere wirklich von Mosambikanerinnen und Mosambikanern selbst entschieden worden ist.

Natürlich hat jede Gesellschaft ihren eigenen Blick auf die Geschichte. In Frankreich spricht man bis heute vom Ersten Weltkrieg als *la Grande Guerre*, weil das Leid, die Zerstörung und auch der Triumph hier größer waren als im Zweiten Weltkrieg.

Ganz anders in Russland, wo der opfer- und siegreiche Zweite Weltkrieg «großer vaterländischer Krieg» heißt und fester Bestandteil des kollektiven Gedächtnisses ist. Und in Deutschland ist ohnehin klar, dass der Holocaust und die von Deutschen verübten Grauen des Zweiten Weltkriegs die zentralen historischen und außenpolitischen Bezugspunkte für die Bundesrepublik sind.

Auch die verschiedenen Gesellschaften des Globalen Südens haben ihren jeweils eigenen Blick auf die Geschichte. Eine Geschichte, die im Westen oftmals nicht bekannt ist oder deren Interpretationen immer noch von kolonialen Mustern durchdrungen sind. Bei genauerem Hinsehen offenbaren sich aber Bruchlinien im historischen Verständnis, die den Westen vom Globalen Süden trennen. Diese Bruchlinien sind bedeutsam für die jeweilige Wahrnehmung von internationaler Politik, von nationalen Interessen – und vom Gegenüber. Der Kern einer im Globalen Süden breit geteilten Wahrnehmung ist, dass der Ursprung der ökonomischen, politischen und ökologischen Großkrisen der Gegenwart im Westen liegt. Die Momente des größten Triumphes im kollektiven Gedächtnis des Westens im 20. Jahrhundert – 1945 und 1989 – sind im Globalen Süden vor allem Chiffren für eine Fortsetzung von Ausbeutung und gebrochene Versprechen. Sie stehen für den Triumph des Westens, nicht für den historischen Fortschritt an sich, den wir bei diesen Wegmarken oft habituell mitdenken. So erklärt sich die Skepsis im Großteil der Welt gegenüber wortmächtig vorgetragenen weltpolitischen Idealen und ihren Übersetzungen in konkrete Außenpolitik durch den Westen. Darum soll es in diesem Kapitel gehen. Eine solche Darstellung bleibt schematisch angesichts der Vielfalt historischer Erfahrungen und Debatten darüber im Globalen Süden. Sie liefert dennoch wichtige Anhaltspunkte dafür, auf welchem historischen Fundament in Ländern des Globalen Südens heute internationale Politik gestaltet wird.

Unser Beginn der Moderne

Für uns im Westen beginnt die Moderne mit der europäischen Aufklärung im späten 17. und 18. Jahrhundert. An deutschen Schulen lernten wir, dass in dieser Zeit die (weißen, männlichen) Menschen Europas und Nordamerikas Unmündigkeit, Aberglaube und Mangel mithilfe von Rationalität, Wissenschaft und einem neuen Glauben an den gesellschaftlichen Fortschritt hinter sich ließen. Die Fortschrittserzählung der westlichen Moderne geht meist so: Die industrielle Revolution vereinfachte den internationalen Austausch mittels Dampfbooten, Telegrafen und Eisenbahn. Sie erlaubte einen nie dagewesenen Reichtum, zumindest in den Metropolen. Mit zunehmender landwirtschaftlicher Produktivität und neuen Erkenntnissen in Medizin und Naturwissenschaften stieg auch die Lebenserwartung. Fabriken in den Städten benötigten Arbeitskräfte. Bauern, die aufgrund von Landreformen ihre Felder verlassen mussten, suchten ein Auskommen in den rasant wachsenden Städten. Die ersten historischen Slums bildeten sich in der Folge in Europa. Darüber wuchs eine neue Oberschicht jenseits von Klerus und Feudalismus. Dieses vergleichsweise liberale Bürgertum, bestehend aus Handeltreibenden, Finanzwirtschaft sowie technik- und wissenschaftsaffinen Unternehmerinnen und Unternehmern und schließlich auch der Arbeiterbewegung, verlangte nach Mitbestimmung entsprechend ihrer stetig anwachsenden gesamtgesellschaftlichen Bedeutung. Allmählich schälte sich eine neue Schicht aus den alten feudalen Strukturen heraus. Auch die Bewegung zur Gleichstellung der Frauen nahm – wenngleich langsam – Fahrt auf. Bis heute zentrale Denker des politischen Liberalismus von Montesquieu und Immanuel Kant bis Jean-Jacques Rousseau und David Hume prägten diese Zeit des Aufbruchs und Aufbegehrens. Sie legten den ideellen Grundstein für immer lauter werdende Rufe nach politischer Teilhabe und unser Demokratieverständnis heute. Die Unabhängigkeitserklärung der Vereinigten Staaten von Amerika am 4. Juli 1776 und die Französische Revolution ein Jahrzehnt später symbolisieren die fortschrittlichen politischen und gesellschaftlichen Ideen des neuen Denkens in einer neuen Zeit. So die eine Wahrnehmung.

Fremdherrschaft statt Aufklärung in den Kolonien

Eine ganz andere Wahrnehmung sieht zwischen dem 16. und 18. Jahrhundert vor allem eine Zeit der Expansion des Imperialismus. Das aufzuzeigen hat sich die Literatur des Postkolonialismus zum Ziel gemacht. Denn, so schreiben der indische Historiker Dipesh Chakrabarty, der kamerunische Politikwissenschaftler Achille Mbembe und viele andere postkoloniale Autorinnen und Autoren, der Kolonialismus prägt die sozialen, politischen und kulturellen Realitäten der Welt bis heute – in den ehemaligen Metropolen ebenso wie den ehemaligen Kolonien. Der wirtschaftliche Aufstieg Europas wurde erst durch den Raubbau an Rohstoffen, Versklavung, Ausbeutung und Kolonialismus möglich. Aus dieser Perspektive erkennt man nicht nur die Expansion Europas, sondern auch das Verschwinden vormals mächtiger Reiche in Asien oder Afrika. An deren Stelle traten zunächst Handelsunternehmen – die berühmt-berüchtigte britische *East India Company* oder die niederländische *Vereenigde Oostindischen Compagnie* –, bis schließlich der Großteil der Welt einer der europäischen Kolonialmächte zugeordnet war. Eine Katastrophe für die große Mehrheit der Weltbevölkerung, kein Triumph. So wirft der indische Intellektuelle Pankaj Mishra dem Westen vor, dass man die Bürgerkriege, imperialistischen Eroberungen und Genozide, die zur Modernisierungs- und Aufklärungsgeschichte gehören, absichtlich verharmlost, um seine Erzählung vom Modellcharakter liberaler Demokratie etablieren zu können. Weil aber die Versprechen von Modernisierung, Wohlstand und liberaler Demokratie vor allem im Globalen Süden nicht eingelöst wurden, komme es heute zu einer zunehmenden Radikalisierung, wie man an Straßenprotesten, aber auch dem Zuwachs jihadistischer Terrorgruppen sehen könne.[1]

Und tatsächlich bestimmt die in ihren Grundzügen geteilte Erfahrung der Fremdherrschaft bis heute die Wahrnehmung der internationalen Politik im Globalen Süden. Sie eint die ansonsten so heterogenen Weltregionen von Lateinamerika über Afrika bis Südostasien. Weite Teile von Lateinamerika und der Karibik waren bis Ende des 17. Jahrhunderts unter französischer, spanischer und portugiesischer Kolonialherrschaft. Massenweise verstarben Amerikas Indigene an aus Europa importierten Krankheiten sowie durch die Eroberungszüge weißer Siedler und iberischer Konquistadoren. Bedingt durch einflussreiche Unabhängigkeitsbewegungen und die politische Schwäche Spaniens gegenüber seinen europäischen Widersachern vollzog sich die Dekolonisierung in Lateinamerika früher als in anderen Teilen der Welt. Zum Ende des 18. Jahrhunderts geriet das spanische Handelsmonopol über den Atlantik durch den Aufstieg Großbritanniens ins Wanken. Die amerikanischen Kolonien Spaniens sahen sich einem immer stärker werdenden Druck ausgesetzt, durch höhere Steuern und Zölle das bröckelnde spanische Kolonialreich zu stützen. Nach einer Vielzahl von lokalen Aufständen von Mexiko bis Argentinien hatte 1826 das einst so mächtige spanische Imperium mit Ausnahme der beiden Inselkolonien Kuba und Puerto Rico alle seine bisherigen Eroberungen verloren. In der westlichen Wahrnehmung kaum beachtet, aber für den Globalen Süden ein besonders relevanter Moment ist dabei die Revolution in Haiti. Hier befanden sich die Plantagen, die der industriellen Revolution in Europa auf dem Rücken von Sklaven aus Afrika günstigen Zucker zuführten. Auch deutsche Handelshäuser verdienten kräftig mit. Ein Sklavenaufstand, der 1791 in der französischen Kolonie begann, ging schließlich in eine Revolution über. Nirgends sonst beendete der Aufstand von Sklaven die Kolonialisierung. So gewann Haiti nach den USA als zweites Land Amerikas 1804 die Unabhängigkeit. Zu den prominentesten Anführern der Revolution gehörte Toussaint Louverture. Der in Sklaverei geborene Unabhängigkeitskämpfer wurde eine wichtige Symbolfigur im Kampf gegen koloniale Ausbeutung im Globalen Süden. Einer der berühmtesten Künstler des Senegals, Ousmane Sow, schuf 1989 in Dakar eine Skulptur von Louverture, die heute im berühmten *National Museum of African American History and Culture* in Washington D.C. zu bewundern ist.

Mit dem Ende des Kolonialismus verschwand die Fremdherrschaft in Lateinamerika nicht. Vielmehr wurde die Abhängigkeit von Europa abgelöst durch die Dominanz der USA. So verlor Mexiko 1836 Texas an weiße Siedler. Zehn Jahre später, im Mexikanisch-Amerikanischen Krieg, eroberten die USA insgesamt fast die Hälfte des mexikanischen Territoriums. Und die formal unabhängigen Staaten in Lateinamerika waren weiterhin wirtschaftlich abhängig vom Export ihrer Rohstoffe nach Europa. Der transatlantische Handel verblieb unter der Kontrolle insbesondere der britischen Marine. Dieser Umstand verhalf den Briten zu erheblichen Handelsvorteilen. Niedrige Einfuhrzölle begünstigten die britische Industrie. Andersherum bedingten niedrige Ausfuhrzölle für Zucker, Kaffee, Kautschuk und andere Waren das Fortbestehen der agrarisch orientierten Volkswirtschaften Lateinamerikas zugunsten kleiner, aber machtvoller Wirtschaftseliten. Nicht die einheimische Industrialisierung, sondern der ungehinderte Abbau und Export von Rohstoffen war das Ziel. Die Folge, so sehen es Generationen von Ökonominnen und

Ökonomen in der Region,[2] war das Ausbleiben wirtschaftlichen Fortschritts, die massive Ungleichheit zwischen arm und reich und eine neo-feudalistische Gesellschaftsstruktur.

Und tatsächlich lebten die von den europäischen Sklavenhaltern und Kolonisatoren etablierten politischen und gesellschaftlichen Institutionen fort. Die Sklavenarbeit in der Plantagenwirtschaft Lateinamerikas florierte noch bis Mitte des 19. Jahrhunderts. Und auch der koloniale Rassismus verschwand nicht, obwohl Staaten wie Brasilien die eigene Vielfalt lange als *democracia racial* idealisierten. Die quasi-offizielle Leugnung des Rassismus ist erst mit dem Ende des vergangenen Jahrhunderts abgelöst worden durch einen offensiveren Umgang mit sozialer Ungleichheit und den Spätfolgen von Sklavenwirtschaft und Feudalismus. So galt in Venezuela noch bis in die 1990er Jahre, dass Rassismus ein Problem der anderen sei.[3] Bis der Aufstieg des Linkspopulisten Hugo Chávez zum Präsidenten 1998 offenlegte, dass die nichtweiße Mehrheit der Bevölkerung durchaus bemerkt hatte, dass Wohlstand und gesellschaftliche Anerkennung massiv zugunsten der Nachkommen europäischer Kolonisatoren und der später dazugekommenen europäischen Siedler verteilt waren. Im benachbarten Bolivien gewann 2005 mit Evo Morales erstmals ein Indigener die Präsidentschaftswahl. Seine Beliebtheit beruhte nicht zuletzt darauf, dass er glaubwürdiger als die traditionellen Eliten die Mehrheitsbevölkerung des Andenstaates repräsentierte.

Das vergleichsweise frühe Ende des Kolonialismus in Lateinamerika und die anhaltende politische Dominanz von Siedlern und Sklaven gegenüber Indigenen in Lateinamerika bedingen ein besonderes Verhältnis zum Westen. Der Anti-Imperialismus postkolonialer Gesellschaften von Ghana bis Indonesien ist in Lateinamerika vor allem ein Anti-Amerikanismus. Schließlich sind die USA noch bis vor Kurzem der dominierende Akteur in den wesentlichen innen- und außenpolitischen Fragen der meisten lateinamerikanischen Staaten gewesen. Auch wirtschaftlich waren die USA bis in die 2000er Jahre von herausragender Bedeutung – als wichtiger Abnehmer von Rohstoffen wie Öl und Fleisch ebenso wie als Quelle von ausländischen Direktinvestitionen und Rüstungsgütern. Politisch formulierte die «Monroe Doktrin» von 1823, benannt nach dem US-amerikanischen Präsidenten James Monroe, den Anspruch, dass sich die europäischen Mächte aus den Angelegenheiten Nord- und Südamerikas heraushalten sollten. Ihre Gültigkeit verteidigten US-amerikanische Offizielle bis in die 2000er Jahre. Was als Widerstand gegenüber kolonialer Expansion begann, endete in den Augen vieler Latinas und Latinos als US-amerikanischer Neokolonialismus in Form von geheimdienstlichen Operationen gegen missliebige Regierungen, ökonomischer Übervorteilung und politischer Bevormundung. Ein Grund dafür, dass die regionalen Organisationen in Südamerika in den vergangenen Jahrzehnten Wert daraufgelegt haben, sich von den USA abzugrenzen, während die panamerikanische Organisation Amerikanischer Staaten vielerorts als Handlanger US-amerikanischer Interessen firmiert.

Dabei ist das Bild der USA in Lateinamerika gespalten. Migranten auf der Suche nach Arbeit überqueren den halben Subkontinent, um in die USA zu kommen. Lateinamerikas Wissenschaftlerinnen und Wissenschaftler sowie Intellektuelle haben nicht selten an US-amerikanischen Universitäten geforscht. Der brasilianischen Oberschicht galt die USA ab dem 19. Jahrhundert als Vorbild einer Siedlergesellschaft, die mittels Industrialisierung und wachsendem materiellen Wohlstand den Weg in die Zukunft finden sollte. Für Linkspopulisten wie Evo Morales in Bolivien und Hugo Chávez in Venezuela waren die USA hingegen das liebste Feindbild zur Mobilisierung der marginalisierten Massen. Nicht ohne Grund. Bevor Morales 2006 Präsident Boliviens wurde, war sein Land ein eifriger Partner der USA in deren «Krieg gegen die Drogen». Es zeigt sich ein Muster. Die Nachfrage nach Kokain in den USA befeuert die organisierte Kriminalität in Südamerika. Anstatt die Wurzel des Problems in der Drogensucht in den USA zu sehen, entschied sich die Regierung unter Präsident Nixon für die Militarisierung des Problems im Ausland. Die Kosten einer toxischen amerikanischen Innenpolitik wurden ins Ausland getragen, wo die Drogenkartelle mit in den USA gefertigten Schusswaffen Jahr für Jahr zehntausende Morde begehen. Im Zuge des heute auch in den USA als gescheitert angesehenen «Kriegs gegen die Drogen» drängte Washington Regierungen in Bolivien, Kolumbien und anderen Staaten dazu, Koka-Plantagen mit hochgiftigen Pflanzenvernichtungsmitteln zu bekämpfen. Sie schädigte damit Generationen von Kleinbauern. Erst nach dem Abbruch diplomatischer Beziehungen zu den USA unter dem Anführer der Koka-Bauern Morales wurde der Anbau von Kokapflanzen unter dem Motto «Koka Ja, Kokain Nein!» legalisiert.

Auch die in Europa gebräuchliche Teilung des politischen Spektrums in links und rechts ist in Lateinamerika ausgeprägter als in Afrika oder Asien. Der Mitbegründer der Dependenz-Theorie und spätere brasilianische Präsident Fernando Henrique Cardoso sah sich selbst als Sozialdemokrat des «dritten Weges», eng verbunden mit dessen Führungsfiguren der 1990er Jahre von Bill Clinton über Tony Blair und Gerhard Schröder. Zuletzt kopierte der ehemalige brasilianische Präsident Jair Bolsonaro den Trumpismus bis in Details, etwa bei der Verunglimpfung von Migrantinnen und Migranten, Journalismus und Wissenschaft oder bei der vorauseilenden Beschreibung von zu erwartender Wahlmanipulation im eigenen Land. Viele, insbesondere konservative Intellektuelle, Politikerinnen und Politiker in Lateinamerika sehen sich durchaus als Teil des Westens – freilich ohne dafür so recht anerkannt zu werden. Diese Kränkung mag ein Grund dafür gewesen sein, dass sich außenpolitisch aktive Regierungschefs Lateinamerikas seit den 2000er Jahren stärker in Süd-Süd-Kooperationen engagieren. So haben viele ihre Handelsbeziehungen diversifiziert und zugunsten von China, Iran oder Russland ausgebaut. Auch Brasilien unter der ersten Regierung Lula (2003–2010) sah die Zukunft im Globalen Süden. Mit Verve knüpfte der ehemalige Gewerkschaftsführer Beziehungen nach Afrika und China.[4] Lula war Mitbegründer des Indien-Brasilien-Südafrika Dialogforums (IBSA) und eifriger Verfechter des BRICS-Forums. Schließlich bot der Schulterschluss mit China, Russland, Indien und Südafrika einen Einfluss auf globaler Ebene, den die Selbstverortung als Peripherie des Westens ausschloss.

Wie in Lateinamerika ist der Kolonialismus in Asien und Afrika in erster Linie die Folge wirtschaftlicher Interessen gewesen. Die Expansion des europäischen Kolonialismus basierte auf der überlegenen Seemacht und dem darüber gewonnen Zugriff auf den globalen Handel mit Edelmetallen, Gewürzen und anderen Gütern. Im Gegensatz dazu waren die Mogulreiche in Indien, aber auch die Qing-Dynastie in China Landmächte, deren Reichtum sich aus der Besteuerung der Landwirtschaft speiste. Zwar hatten chinesische Schiffe schon lange vor den Europäern Häfen in Südasien und Afrika angelaufen. Den nautisch versierten Portugiesen gelang es dennoch im 16. Jahrhundert, die Kontrolle über den Indischen Ozean zu erringen. Damit einher gingen enorme portugiesische Zolleinnahmen und andere Gewinne aus dem zuvor schon florierenden Handel zwischen Westafrika und Südasien, der nun verstärkt die europäischen Märkte miteinbezog. Indem sie ihren indischen Vertragspartnern niedrige Festpreise aufzwangen und die so gewonnenen Waren zu hohen Festpreisen in Europa verkauften, zahlte sich die portugiesische Seemacht schnell aus.[5] Letztlich waren die Portugiesen aber zu sehr konzentriert auf das Abschöpfen von Gewinnen aus dem

Handel über die von ihnen kontrollierten Seewege, den systematischen Sklavenhandel und Seeräuberei inklusive. Im Unterschied zu Südamerika und Teilen Afrikas beschränkte sich die portugiesische Präsenz in Asien auf befestigte Stützpunkte an den Küsten. Auf die Portugiesen folgten die besser organisierten niederländischen und englischen Handelshäuser, die sich mit der Kontrolle der Seewege allein nicht mehr zufriedengaben.

Die britische Krone folgte Ende des 19. Jahrhunderts der *East India Company* auf der Suche nach Rostoffen in Afrika, Nahost und Süd- und Ostasien. Während das indische Mogulreich verfiel, ging Großbritannien über die unsystematische Plünderung von See hinaus. Bestärkt auch durch inner-indische Rivalitäten gewann Großbritannien zum Ende des 18. Jahrhunderts die Vorherrschaft im Indischen Ozean und auf dem indischen Subkontinent. Wohlgemerkt, unter der Ägide einer Handelsgesellschaft – der *East India Company* –, die erst Mitte des 19. Jahrhunderts auch formal der britischen Krone weichen sollte. Die dafür notwendigen Kriege bezahlten die kostenbewussten Briten durch Raubzüge ebenso wie durch die Erhebung von Steuern. Die Fremdherrschaft finanzierte sich von Beginn an parasitär auf dem Rücken der Beherrschten. Das war nur logisch, schließlich regierte hier ein Wirtschaftsunternehmen mit Teilhabern im englischen Parlament.

Der Freiheitskämpfer und erste Premierminister Indiens, Jawaharlal Nehru, formulierte in seiner im britischen Gefängnis verfassten Geschichte Indiens seine Verwunderung darüber, dass es dem Mogulreich im heutigen Indien trotz aller kulturellen und militärischen Finesse nicht gelang, den Anschluss an die wissenschaftliche Entwicklung Europas zu finden.[6] Stattdessen beschreibt Nehru Stillstand und eine wachsende Abhängigkeit von der technischen Expertise aus dem Ausland in Indien wie auch in China. Und dennoch: was die Kolonialmächte in Südasien oder in Afrika vorfanden, waren weder primitive Gesellschaften noch unterentwickelte Volkswirtschaften. Im Gegenteil. Der Sultan des mächtigen malischen Imperiums galt im 14. Jahrhundert als reichster Mann der Welt. Wirtschaftshistorikerinnen und -historiker schätzen, dass Indien zu Beginn der Kolonisierung etwa ein Fünftel der weltweiten Wirtschaftsleistung ausmachte. In Südasien gewobene Stoffe und Kleider waren weltweit gefragt, bis Großbritannien begann Produktionsanlagen zu zerstören, prohibitive Ausfuhrzölle zu erheben und auf andere Weise etablierte Handelswege zu unterbrechen.[7] Ziel und Ergebnis dessen war es, die indische Konkurrenz auszuschalten. Anstatt fertige Stoffe zu produzieren, wurde Südasien so zum reinen Lieferanten von Rohstoffen für die in Großbritannien einsetzende industrielle Revolution. Anstatt Indien am industriellen Fortschritt teilhaben zu lassen, zwangen die Engländer das Land zur Deindustrialisierung. Ein Muster, das sich in anderen europäischen Kolonien wiederholte.

Das räuberische Wesen und Ausmaß an Korruption der *East India Company* schuf eine eigene Klasse an wirtschaftlichen Emporkömmlingen Großbritanniens. Die Arbeit für das Handelshaus, das wusste man in England ebenso wie in Indien, bedeutete mannigfaltige Möglichkeiten der persönlichen Bereicherung. Indem die Ausbeutung privatisiert wurde, verschärfte sie sich – in Form von einer erstickenden Steuerlast, Raub, Erpressung und der Einverleibung der Reichtümer lokaler Eliten. So wurde Indien am Ende des 19. Jahrhunderts Großbritanniens wichtigste Einnahmequelle, der wichtigste Abnehmer britischer Exporte und Arbeitgeber einer Vielzahl hochbezahlter Bürokraten und Militärs. Sogar deren großzügige Renten in Großbritannien wurden von indischen Steuern bezahlt.[8] Gerade der Abfluss der indischen Reichtümer machte die Kolonisierung in wirtschaftlicher Hinsicht so desaströs. Schließlich wurde so systematisch verhindert, dass die in Indien erwirtschafteten Reichtümer reinvestiert wurden. Stattdessen verschwanden sie einfach. Indien wurde ärmer, damit Großbritannien reicher werden konnte.

Während im 18. und 19. Jahrhundert also in Europa das Verhältnis von Herrschenden und Beherrschten neu verhandelt wurde, während hier die Vorstellung des frei geborenen Individuums die Autorität von Kirche und Monarchie in Frage stellte, nahm in weiten Teilen des Globalen Südens die politische Unterdrückung durch Europäer und mit diesen verbundenen lokalen Eliten zu. Anstelle von Selbstbestimmung verfestigte sich die Fremdbestimmung durch Spanien, Großbritannien, Frankreich, Portugal, den Niederlanden und später auch durch den Kampf um einen «Platz an der Sonne» des deutschen Kaiserreichs. Und während in Europa Adam Smith, David Ricardo und andere liberale Denker die Vorzüge des Freihandels beschrieben, verteidigten die europäischen Kolonisatoren erbarmungslos ihre Handelsmonopole. Leidtragende waren die Bauern und Gewerbetreibenden in Asien und Afrika, die sich der Möglichkeit beraubt sahen, die eigenen Produkte zu marktgerechten Preisen zu veräußern.

Zuletzt veranschaulichte Howard French in seinem beeindruckenden Buch *Born in Blackness*, wie der transatlantische Sklavenhandel seit dem 16. Jahrhundert die europäische Industrialisierung erst ermöglichte, die dann vom Kolonialismus weiter angetrieben wurde. Der Dreieckshandel zwischen Afrika, Europa und Lateinamerika entführte mehr als 10 Millionen Menschen aus Afrika auf die Plantagen Lateinamerikas, um Baumwolle und Zucker für europäische Märkte zu produzieren. Erst dadurch gelang der Aufbau verarbeitender Industrien und die günstige Versorgung mit Kalorien einer wachsenden Arbeiterklasse in den Städten Europas. Der europäische Reichtum ist also in Afrika begründet worden – eine Selbstverständlichkeit unter Intellektuellen (und darüber hinaus) im und aus dem Globalen Süden. Besonders krass war das Verhalten Belgiens im Kongo, das der belgische König Leopold II. zu seinem persönlichen Besitz machte. Seine Verwalter schufen hier einen «gigantischen Tropen-Gulag [...] der nur einem einzigen Zweck diente: der Gewinnung von Kautschuk.»[9] In den Jahren nach der Aufteilung Afrikas unter den Kolonialmächten auf der Berliner «Kongo-Konferenz» 1885 bezahlten allein im Kongo mehr als 10 Millionen Menschen den europäischen Bedarf an Elfenbein und Kautschuk mit ihrem Leben. Kulturgüter wurden aus Nigeria und den Südseeinseln gestohlen, die erst heute nach und nach zurückgegeben werden. In Namibia verübte die deutsche Kolonialmacht zwischen 1904 und 1908 den ersten Genozid des 20. Jahrhunderts. Ein offizieller Versöhnungsprozess steht jedoch mehr als 100 Jahre später noch am Anfang. Noch immer sind Straßen in Deutschland nach Völkermördern und Sklavenhändlern der Kolonialzeit benannt.

Der lange Atem des Kolonialismus

Noch immer sind auch die Straßen Afrikas vom Kolonialismus durchsetzt. Infrastrukturen der Ausbeutung sind nicht nur an Erinnerungsorten der Sklaverei wie Cape Coast Castle in Ghana oder auf der Insel Gorée im Senegal zu besichtigen, sie prägen die wirtschaftliche Struktur des Kontinents bis heute. Die vielleicht sichtbarste Folge von Kolonialismus und Sklaverei in Afrika sind die Straßen und Schienen aus dem Landesinneren an die Küsten. Zwar tragen sie heute keine Sklaven und Kautschuk mehr. Es sind aber weiterhin zumeist unverarbeitete Rohstoffe, die ins Ausland exportiert werden. Heutige Handelsregime, beispielsweise der Europäischen Union, erschweren nach wie vor eine Weiterverarbeitung vor Ort, während sie die Anreize zum direkten Export von Rohstoffen erhöhen. Auch das gehört zum Hintergrund der Vorwürfe des Neokolonialismus, die aus dem Globalen Süden zu hören sind.

Wie politisch wirkmächtig der Kolonialismus noch heute ist, zeigt die in China sprichwörtliche Formulierung der «100 Jahre der Erniedrigung». Gemeint ist die Zeit zwischen der Niederlage der Qing-Dynastie im ersten Opiumkrieg gegen Großbritannien (1839–1840) und dem Ende des chinesischen Bürgerkriegs 1949, der die kommunistische Partei unter Mao Tse-tung in Peking an die Macht brachte. Zu Beginn des 19. Jahrhunderts war der britische Export von indischem Opium nach China zu einer beträchtlichen Einnahmequelle geworden. Nicht nur verdiente Großbritannien durch die Besteuerung in Indien und den monopolisierten Handel doppelt, als Exportgut nach China glich das Opium die steigenden Ausfuhren von Tee und Seide aus.[10] Die Opiumsucht verbreitete sich immer weiter und trug zur wirtschaftlichen und sozialen Misere Chinas im 19. Jahrhundert bei. Versuche des chinesischen Kaisers, ein Verbot durchzusetzen, scheiterten am Widerstand Großbritanniens. Mit dem zynischen Verweis auf das Recht auf freien Handel und gestützt auf die überlegene Waffentechnik der eigenen Marine erzwang das Vereinigte Königreich im ersten Opiumkrieg den Marktzugang. Eine Reihe von weiteren kurzen Kriegen im 19. Jahrhundert bestätigten die militärische Überlegenheit der europäischen Imperialisten und fraßen sich in die Ränder des chinesischen Reiches. Und wieder zeigt sich ein Muster. Unter dem Deckmantel hehrer Prinzipien und mit dem Ziel, eigene Profite aufrechtzuerhalten, erzwangen Europäer einen für China katastrophalen Konsum des Rauschmittels, der in Großbritannien selbstverständlich verboten war. Die Opiumkriege lösen bis heute eine tiefe Bitterkeit auf Seiten Chinas aus – während sie in Europa kaum im Geschichtsunterricht auftauchen.

Auf die Opiumkriege folgten die japanische Kolonisierung Taiwans, die Vertreibung Chinas von der koreanischen Halbinsel und die Besetzung weiterer Teile Chinas durch Russland, Großbritannien, Frankreich und das Deutsche Kaiserreich. Die Inbesitznahme chinesischen Territoriums durch imperiale Mächte war auch deswegen so schmerzhaft, weil sie in krassem Kontrast steht zum von China in Anspruch genommenen Status der ältesten Zivilisation der Welt. China, so die Wahrnehmung, ist nicht bloß eine Nation unter vielen. Stattdessen, so argumentiert die staatliche Propaganda ebenso wie viele chinesische Intellektuelle und Philosophen, sei China eine, wenn nicht dem Westen als Ganzes, dann zumindest wesentlichen Teilen davon politisch, moralisch und spirituell überlegene Zivilisation. Allein schon daraus erwächst ein Anspruch auf Weltmachtstatus. Das ist der Hintergrund, vor dem der chinesische Präsident Xi Jinping Anfang 2023 seine *Global Civilization Initiative* vorstellte – als «weiteres Geschenk an die Welt», wie es die der kommunistischen Partei unterstellte Zeitung *Global Times* formulierte. Und als Nachweis der weltweiten Bedeutsamkeit Chinas. Der wirtschaftliche und militärische Aufstieg des Landes in den letzten drei Jahrzehnten bekräftigt den Anspruch auf Weltmachtstatus, ist aber nicht seine Ursache. Eine solche Haltung ist selbst nicht frei von der Herabsetzung anderer, insbesondere kleiner benachbarter Länder.[11] In jedem Fall sind von Peking aus gesehen nicht nur die 100 Jahre der Erniedrigung, sondern, weiter gefasst, die vergangenen drei Jahrhunderte unter westlicher Dominanz eine historische Abweichung. Ein Irrweg, den es alsbald zu korrigieren gilt. Man kann das als bloße Propaganda abtun. Darüber vergisst man aber, dass der Erfolg dieser Darstellungen auch außerhalb Chinas nicht darin begründet liegt, dass sie so geschickt vorgetragen werden. Vielmehr erkennen sich andere Gesellschaften in Afrika, Lateinamerika, Asien und Nahost wieder in der Erfahrung von Fremdherrschaft und dem Wunsch nach Wiederherstellung vergangener Größe.

Anders als im westlichen Denken beginnt die Vorstellung von nationaler Selbstbestimmung im Globalen Süden also nicht mit Einsetzen der Aufklärung im 18. Jahrhundert. Und sie ist hart erkämpft, nicht gegen die eigene feudale Herrschaft und Aberglauben, sondern zuvorderst gegen externe Mächte. Genauer: gegen den europäischen Imperialismus und deren Statthalter. Erst infolge des Zweiten Weltkrieges nahm die Dekolonialisierung an Fahrt auf. Indien und Pakistan wurden 1947 unabhängig. Der Krieg in Algerien von 1954 bis 1962 war ein letztes, blutiges Aufbäumen der Kolonialmacht Frankreich, in dessen Folge nicht nur Algerien, sondern auch die meisten anderen afrikanischen Kolonien die Unabhängigkeit erlangten. Die winzigen Niederlande versuchten noch bis 1949 verbissen und mit aller Gewalt, die ihnen von Japan entrissene Kolonie Indonesien zurückzuerlangen. Erst ein Umschwenken der USA, auf dessen Unterstützung die Niederlande nach Ende des zweiten Weltkrieges angewiesen war, führte zur Dekolonisierung. Freilich zeigte sich die wirtschaftliche Abhängigkeit der Niederlande von ihrer über dreieinhalb Jahrhunderte ausgebeuteten Kolonie bis zuletzt. Aus heutiger Sicht bizarr musste sich Indonesien de facto für den damals astronomischen Betrag von 4,3 Milliarden Gulden von den Niederlanden freikaufen.[12] So finanzierte die ehemalige Kolonie den Aufbau des Wohlfahrtsstaates in den Niederlanden mit.

Im Westen war der «Postkolonialismus» bis vor kurzem noch Gegenstand von Diskussionen in akademischen Nischen. Tatsächlich ist dessen Kerngedanke aber in weiten Teilen des Globalen Südens schon lange populärer Mainstream. Postkolonialismus beschreibt das Fortbestehen wirtschaftlicher, sozialer und rassistischer Ausgrenzung in der Folge von Imperialismus und Kolonisierung. Diese Kontinuität soll die weiterhin bestehende und teilweise sogar zunehmende Ungleichheit zwischen globalem Norden und Süden erklären. Dass dieser Blick auf die Welt bisher im Westen kaum über den linken Rand und sozialwissenschaftliche Fachzirkel hinausgekommen ist, zeigt die Ignoranz des Westens und erschwert heute strategische Außen- und Entwicklungspolitik. Denn natürlich war die gewaltsame Inbesitznahme durch weit entfernte imperiale Mächte leidvoll, ungewollt und folgenreich bis heute. Sie war auch Bedingung für den heutigen Reichtum des Westens. Natürlich war der imperiale Anspruch der Zivilisierung und Missionierung, der Verbreitung des wissenschaftlichen Fortschritts oder der Vorzüge des Freihandels vor allem eine Ausrede für wirtschaftliche Ausbeutung und Verbrechen gegen die Menschlichkeit. Und natürlich lag all diesen Elementen ein tiefsitzender Rassismus und Sozialdarwinismus zugrunde, der es den weißen Kolonialherren einfach machte, den nicht-weißen Menschen der Kolonien die wirtschaftlichen, politischen und sozialen Freiheiten zu verwehren, die in Europa selbstverständlich waren.

Wenig überraschend sind die Urteile der Historikerinnen und Historiker aus den ehemaligen Kolonien vernichtend.[13] Der indische Intellektuelle und Politiker Dadabhai Naoroji veröffentlichte 1901 eine Kritik, der zufolge Großbritannien Indiens Reichtum systematisch und geplant abschöpfte («wealth drain»). Der indische Ökonom und Träger des Wirtschaftsnobelpreises Amartya Sen dokumentierte anhand der Geschichte Indiens und anderer kolonialisierter Staaten, dass Hungersnöte nur in Abwesenheit von Demokratie – und das heißt auch Selbstbestimmung – auftreten.[14] Tatsächlich litt das koloniale Indien regelmäßig unter massiven Hungersnöten. Dass das kein spezifisch indisches Problem war, illustriert das ebenso britisch kolonisierte Irland. Auch hier kam es im 19. Jahrhundert zu traumatischen Hungersnöten, weil die Krone Nahrungsmittel nach England schaffte. Mit der Unabhängigkeit und Demokratisierung Indiens ab 1947 verschwand zwar nicht die Armut, wohl aber unterblieben menschengemachte Hungersnöte. Das ist ein Grund dafür, dass erst mit Ende der Kolonialisierung die Lebenserwartung in Indien anstieg. Der Historiker und spätere Premierminister von Trinidad und Tobago, Eric Williams, schrieb bereits 1944, dass die Arbeit afrikanischer Sklaven auf Zuckerplantagen der Karibik überhaupt erst die Industrialisierung Europas ermöglichte. Die Abschaffung des Sklavenhandels durch Großbritannien im Jahre 1807 sei nicht primär die Folge moralischer Einsicht gewesen. Vielmehr hielt man einen britisch dominierten Freihandel und Lohnarbeit für effizienter.[15] Franz Fanon wies 1961 auf die psychosozialen Folgen von westlichem Kolonialismus und Imperialismus und dessen Gewaltgeschichte hin. Mitte der 1960er Jahre beschrieb die auch in Europa rezipierte Dependenztheorie lateinamerikanischer Ökonomen und Intellektueller die wirtschaftliche Unterentwicklung als Folge hierarchischer Wirtschaftsbeziehungen nach Europa und Nordamerika. Walter Rodney beschrieb 1972 Afrikas andauernde «Unterentwicklung» als direkte Folge kolonialer Ausbeutung. Rodney gehörte der sogenannten «Dar es Salaam School» an, einer Gruppe von Intellektuellen und um Unabhängigkeit Kämpfenden, die sich an der Universität in der tansanischen Großstadt in den frühen 1970er Jahren versammelte. Deren Ablehnung der an westlichen Universitäten erdachten Modernisierungstheorie teilt die ihnen nachfolgende Generation von Autorinnen und Autoren mit afrikanischen Wurzeln. In Europa entdecken wir diese Stimmen über die in der *New York Times* oder der *ZEIT* euphorisch rezensierten Bücher von Howard French oder Adom Getachew neu. Grund für unser Interesse heute ist die verbreitete Verunsicherung über das mögliche Ende einer westlich geprägten Welt. Unter Intellektuellen im Globalen Süden gehören sie seit fast 50 Jahren zum Kanon.

Die in Teilen der westlichen Geschichtsschreibung und öffentlichen Wahrnehmung vorgenommene Gegenüberstellung von zwar aus heutiger Sicht bedauerlichen, aber aus damaliger Sicht verständlichen Eigenarten der Kolonialherrschaft (Zwangsarbeit, Fremdherrschaft) mit deren nur vermeintlich handfesten Errungenschaften (Infrastruktur, Rechtsstaat) konnte sich nur so lange halten, weil der akademische Diskurs wenig Notiz von Beiträgen aus dem Globalen Süden nahm. Genauso abwegig ist, was der in Großbritannien einflussreiche Historiker John Robert Seeley (1834–1895) über die Entstehung des Kolonialismus selbst behauptete. Das britische Imperium sei «in einem Anfall von Geistesabwesenheit» geschaffen und die Besitztümer in Asien und Afrika seien den Briten ohne Plan und größere Mühen zugefallen.[16] Aus Perspektive des Globalen Südens ist diese lange populäre Annahme nur haltbar, wenn man die Leiden der kolonisierten Völker ebenso ausblendet wie die in der Tat planmäßig verfolgten, finanziellen und politischen Interessen der Kolonisatoren. Wie der indische Politiker und Autor Shashi Tharoor lesenswert nachweist, war den britischen Zeitgenossen durchaus bewusst, dass Sinn und Zweck des Kolonialismus die Abschöpfung von Reichtum war.[17] Schließlich beruhte der persönliche Reichtum eines beträchtlichen Teils der britischen Elite ebenso wie die Expansion des britischen Imperiums im 19. Jahrhundert wesentlich auf den Vermögensabflüssen aus Indien. Diese einfache Tatsache geriet mit zunehmendem zeitlichem Abstand zum Kolonialismus im Westen aber bequemerweise in Vergessenheit. Tharoor machte 2015 aus einem Allgemeinplatz im Globalen Süden einen provokativen Punkt, als er bei einer Debatte an der Universität Oxford[18] den symbolischen Betrag von einem Pfund pro Jahr Kolonialherrschaft als Reparationen von Großbritannien für das in Indien verursachte Leid einforderte. Seine Ansprache ging viral und löste eine breite Diskussion über Recht und Unrecht der Kolonialisierung aus. Die westliche Geschichtswissenschaft ist längst weiter. Die Debatte zeigte dennoch, dass bis heute einer Mehrheit in Großbritannien (und Europa) nicht bewusst ist, welch Grauen und welch langfristige Folgen die Kolonialisierung mit sich brachte. Diese Ignoranz erklärt das Unverständnis vieler im Westen, wenn die Denkmäler von Kolonisatoren von Protestierenden angegriffen werden. Auch aus Sicht von vielen im Globalen Südens sind diese Denkmäler in europäischen Hauptstädten ein Hohn.

Zwei Weltkriege und kein Ende der Fremdherrschaft

Die Brüche in der Wahrnehmung der politischen Vergangenheit gehen über die Hochzeit des Kolonialismus im 18. und 19. Jahrhundert hinaus. Während in Deutschland die zwei Weltkriege und der Holocaust unser Verständnis einer deutschen Rolle in der internationalen Politik der Gegenwart prägen, spielen diese im politischen Selbstverständnis der meisten Staaten des Globalen Südens nur mittelbar eine Rolle. Als Beispiel impererialer Großmannssucht etwa oder als Nachweis westlicher Verkommenheit. Schon in den Schützengräben des Ersten Weltkriegs starben indische und afrikanische Soldaten für Ideale der Alliierten, die ihnen zu Hause verwehrt wurden. Gedankt wurde es ihnen nicht. Dabei war den Führern der Befreiungsbewegungen in Afrika und Asien das vom amerikanischen Präsidenten Woodrow Wilson zum Ende des Ersten Weltkrieges proklamierte Selbstbestimmungsrecht der Völker nicht entgangen.[19] Die verklausulierte Forderung Wilsons, dass eine zukünftige Friedensordnung den «unparteiischen Ausgleich aller kolonialen Ansprüche» beinhalten müsste, nahmen die kolonisierten Völker als Zugeständnis wahr, die europäischen Kolonialreiche aufzulösen – zumal deren Vertretungen in Paris darauf verweisen konnten, dass ihre Völker zum Sieg der Alliierten erheblich beigetragen hatten. Wenn die Unabhängigkeit also nicht aus Gründen der politischen Gerechtigkeit gewährt wurde, dann doch zumindest als Ausgleich für die Soldatenleben und kriegsnotwendigen Rohstoffe aus China, Indien und den Kolonien in Afrika, so ihre Argumentation. Und tatsächlich hatten Großbritannien und Frankreich ihren Kolonien in Indien und Vietnam vage zwar, aber immerhin, Selbstbestimmung im Gegenzug für ihre Unterstützung im Krieg versprochen. Die Hoffnungen wurden bitter enttäuscht.

Wütend und gedemütigt verließen die Repräsentanten Ägyptens, Chinas und Indiens 1919 die Pariser Friedenskonferenz. Keine der Forderungen nach Unabhängigkeit oder auch nur einem teilweisen Rückzug europäischer Mächte in Afrika, Asien und dem Mittleren Osten war erfüllt worden. Das Signal war eindeutig: Selbstbestimmung und Demokratie waren Europa vorbehalten. Für den nicht-europäischen Teil der Welt dagegen galten sie nicht. Anstatt ihn zu begraben, befeuerte der Ausgang des Ersten Weltkriegs den Kolonialismus noch. Auch die USA unter Woodrow Wilson erwogen nicht, das Selbstbestimmungsrecht der Völker den eigenen Kolonien auf den Philippinen, Hawaii oder Puerto Rico zuzugestehen. Und so folgte auf den Kampf gegen den deutschen Militarismus und das Osmanische Reich ein beispielloses Geschacher der Siegermächte um die Restmasse der gesunkenen Imperien. Lediglich die Namen der Kolonisatoren wechselten. Das Deutsche Reich verlor seine Kolonien in Afrika zugunsten Frankreichs und Großbritanniens. Mit Japan war zudem schon zum Ende des 19. Jahrhunderts ein weiteres Kolonialreich auf die Bühne getreten. Als Siegermacht des Ersten Weltkriegs ging das Land nun aggressiv daran, weiter zu expandieren. Ehemals deutsche Besitztümer in China und dem Pazifik wurden Japan zugeschlagen. Japanische Truppen besetzten die gesamte koreanischen Halbinsel, stießen tief bis nach Russland vor und kolonisierten die Mandschurei sowie Teile Chinas. Auch Taiwan, später die Philippinen, Vietnam und Indonesien wurden japanische Kolonien.

Wie der Erste Weltkrieg war auch der Zweite Weltkrieg ein Beispiel dafür, wie es Europa gelang, die eigenen Konflikte auf dem Rücken ihrer Kolonien auszutragen. Jawaharlal Nehru beschreibt in seiner Geschichte Indiens, wie geschlossen die Repräsentanten der indischen Befreiungsbewegung vor Ausbruch des Zweiten Weltkriegs ihr Recht einforderten: dass Indien nicht ohne die Zustimmung der eigenen Bevölkerung zur Kriegspartei werde. Aus gutem Grund: Indische Söldner waren von ihren britischen Kolonialherren in Burma, China, dem Iran und Afrika zur Sicherung und Expansion des britischen Kolonialreichs eingesetzt worden. Auch das eine Wunde, die noch 70 Jahre später nur schwer zu heilen ist. Der Zweite Weltkrieg sollte dann dazu führen, dass die unfreien Völker der kolonisierten Welt ihren Unterdrückern dabei halfen, die ihnen vorenthaltene Demokratie in Europa zu verteidigen – eine Absurdität. Und dennoch, sobald der Krieg ausbrach, kündigte der britische Generalgouverneur und Vizekönig von Indien, Linlithgow, an, dass auch Indien auf Seiten Großbritanniens Kriegspartei sei – ohne dass die Inderinnen und Inder selbst nach ihrer Haltung dazu gefragt worden wären.[20] Derweil litt auch die indische Bevölkerung unter den Folgen des Krieges. Der Hungersnot von Bengal 1943 fielen geschätzte zwei bis drei Millionen Menschen zum Opfer. Eine vermeidbare Katastrophe, die nicht zuletzt dadurch entstand, dass das Vereinigte Königreich verfügbare Nahrungsmittel zu Kriegszwecken hortete. Ein im Kern inner-europäischer Konflikt bedingte also den Hunger in Südasien. Und wie schon 1918 lösten sich die vagen Versprechen der Unabhängigkeit als Lohn für die

Unterstützung der Alliierten auf, sobald klar wurde, auf wessen Seite das Kriegsglück lag.

Das vergessene Chaos der Dekolonisierung

Im Unterschied zum Ersten Weltkrieg waren aber beide verbliebenen großen Kolonialmächte, Frankreich und Großbritannien, mit Ende des Zweiten Weltkrieges derart geschwächt, dass sie dem Druck in den Kolonien nicht mehr standhielten. Vielleicht ist es dieser Zustand der Erschöpfung der Metropolen zum Ende ihrer Kolonialherrschaft – in Lissabon zur Zeit der Nelkenrevolution ebenso wie in Paris, London und Den Haag nach dem Zweiten Weltkrieg –, der beiläufigen Beobachtenden im Westen vormachte, die Kolonien seien nicht vor allem ein Mittel der Bereicherung gewesen. Den Menschen in den ehemaligen Kolonien war längst klar, dass sich Frankreich, die Niederlande oder Großbritannien ihre Kolonien nicht «leisteten», um etwa einen Beitrag zur Zivilisierung der Welt zu erbringen. Ebenso irreführend ist die noch immer populäre Vorstellung, dass London, Paris oder Den Haag den Kolonien die Freiheit schenkten. Tatsächlich war es andersherum. Die Kolonien schufen den Reichtum, der den Metropolen ihren Glanz verlieh. Und sie erkämpften sich die Freiheit gegen verbissenen Widerstand.

Das britisch-indische Imperium erlebte 1947 einen gewaltsamen Prozess der Teilung zwischen Pakistan und Indien. Ein besonderes koloniales Vermächtnis lag in den inter-religiösen Beziehungen. Die britische Vorstellung, dass die Bevölkerung anhand ihrer Religionen segregiert werden sollte, trug zur chaotischen Teilung Südasiens in ein mehrheitlich muslimisches Pakistan und ein mehrheitlich hinduistisches Indien bei – eine Teilung also, die die anti-koloniale Befreiungsbewegung so nie vorhergesehen hatte. Weder gelang es, den südasiatischen Subkontinent als Staat zu einen – eine Leistung, auf die sich Großbritannien lange viel einbildete –, noch verlief die Teilung selbst friedvoll. Stattdessen folgte auf die Unabhängigkeit Indiens und Pakistans einer der größten Flucht- und Vertreibungsprozesse der Weltgeschichte. Mehr als 14 Millionen Menschen sahen sich gezwungen, als Hindu nach Indien bzw. als Muslim nach Pakistan zu flüchten. Dabei starben bis zu zwei Millionen Menschen; manchen Schätzungen zufolge kam es zu 100 000 Vergewaltigungen. Die Teilung löste keines der sich schon 1947 andeutenden Probleme zwischen den beiden Staaten. Vielmehr leitet das pakistanische Militär bis heute die Rechtfertigung der eigenen, maßgeblichen Stellung in der pakistanischen Politik aus dem Konflikt mit Indien ab – und führt ihn deshalb fort. Die mittlerweile nuklear bewaffneten Erbfeinde haben seit 1947 vier Kriege geführt. Vom pakistanischen Militärgeheimdienst finanzierte Terroristen führten zahllose Anschläge in Indien aus, und für den populistischen Premierminister Narendra Modi ist Pakistan der liebste Feind, wenn es darum geht, innenpolitisch Stärke zu demonstrieren. Bis heute leiden Indiens Beziehungen zu den Nachbarstaaten Pakistan sowie China unter strittigen Grenzen. Mit fatalen Folgen. Streit um Land ist schwieriger beizulegen und giftiger als andere bilaterale Konflikte. Und der Streit um Land ist eine der Hinterlassenschaften, die viele Kolonialreiche vereint.

So chaotisch wie in Südasien war auch der Weg zur Unabhängigkeit im belgisch kolonisierten Kongo. Aufgeschreckt von gewaltsamen Protesten im ganzen Land und in Angst vor einem Unabhängigkeitskrieg, wie er in Algerien tobte, lud die belgische Regierung im Januar 1960 die Vertreter von 13 kongolesischen Parteien ein. Eine aus damaliger belgischer Sicht besonders großzügige Geste. Ziel der Regierung in Brüssel war es, über einen Zeitraum von vier Jahren den Kongo in die Unabhängigkeit zu entlassen. Ein weltfremdes Vorhaben, dass die Dringlichkeit vor

Ort massiv unterschätzte. Stattdessen forderten die aufgebrachten Kongolesen die Unabhängigkeit noch im Sommer desselben Jahres.[21] Mit Erfolg. Nur brachte sie nicht die erhoffte politische Stabilität, weil Belgien und die USA weiterhin versuchten, sich Kongos Rohstoffe und politischen Einfluss zu sichern. Unter aktiver Mithilfe Washingtons wurde der erste Premierminister des nach-kolonialen Kongos, Patrice Lumumba, durch ein von belgischen Offizieren geführtes Kommando am 17. Januar 1961 ermordet. Bis heute gilt Lumumba als anti-kolonialer Märtyrer, nach dem zahllose Straßen und Plätze – vom ukrainischen Bachmut bis Maputo in Mosambik – benannt wurden. Sein Nachfolger war der für seinen Personenkult und seine Verschwendungssucht berüchtigte Mobuto Sese Seko. Er galt trotz der unübersehbaren Korruption und Misswirtschaft in Washington als «freundlicher Tyrann». Ihn zu stützen bedeutete in den Augen des Westens das Chaos und den Kommunismus zu verhindern.[22] Bis zum Ende des Kalten Krieges blieb Mobutu ein gern gesehener Gast im Weißen Haus.

Wenn es um verspätete Dekolonisierungsprozesse geht, sollte Portugal nicht fehlen. Ausgezehrt von einem langen, blutigen und zum Schluss prohibitiv teuren Bürgerkrieg gegen entschlossene Befreiungsbewegungen gewannen Portugals afrikanische Kolonien in Angola und Mosambik erst 1975 die Unabhängigkeit. Die Unterstützung durch die Sowjetunion und Kuba reichte aus, um die im unabhängigen Mosambik regierende Ex-Befreiungsbewegung FRELIMO zum Feind des Westens zu machen. Ein Einsehen hatte man erst zum Ende der 1980er Jahre. Bis dahin wurde auch der südafrikanische Apartheid-Staat vom Westen als Bollwerk gegen den Kommunismus protegiert. Das Apartheid-Regime finanzierte die mit Kindersoldaten kämpfende Rebellenbewegung RENAMO, die das nun unabhängige Mosambik sabotierte, während der von den Nachbarstaaten und der Sowjetunion unterstützte *African National Congress* (ANC), die Partei Nelson Mandelas, im Westen als Terrororganisation eingestuft wurde. Der ANC regiert bis heute. Die eigene Geschichte hat er nicht vergessen.

Der Kolonialismus ist keine allein dem europäischen Westen vorbehaltene Schuld. Erinnerungen an die japanische Kolonisierung sind in Südkorea allgegenwärtig. Sadistisch, rassistisch und habgierig – das sind die typischen Merkmale der Kolonisatoren in koreanischen Filmen ebenso wie in den jüngeren Darstellungen der Kolonialzeit aus Indien und andernorts. Um Öl und andere Rohstoffe für den Krieg gegen die chinesische Unabhängigkeitsbewegung und die Alliierten zu gewinnen, besetzte das imperiale Japan 1943 Indonesien. Auch Teile Chinas, die Philippinen, Myanmar und Singapur waren japanische Kolonien. Die Art und Weise der Besatzung unterschied sich von Fall zu Fall. In Taiwan und auf den Philippinen etwa wird die japanische Kolonialisierung weniger traumatisch wahrgenommen als in Südkorea und China. Eine Erklärung dafür ist, dass Japan in Süd- und Südostasien keine unabhängigen Staaten besetzte. Vielmehr vertrieb man die verhassten weißen Kolonisatoren. Die Niederlande in Indonesien, Großbritannien in Burma, Frankreich in Indochina und die USA auf den Philippinen. Die phänomenal schnellen Siege Japans zu Beginn des Krieges zeigten auch den Unabhängigkeitsbewegungen in ganz Asien, dass der Westen verwundbar war. Schon der vollständige und gänzlich unerwartete Sieg der japanischen Marine gegen Russland in der Seeschlacht von Tsushima im Mai 1905 war im kolonisierten Asien als Fanal wahrgenommen worden.[23] Eine Darstellung dessen ziert das Cover von Pankaj Mishras Bestseller *Aus den Ruinen des Empires*, der erstmals einem breiteren Publikum im Westen deutlich machte, wie tief die kolonialen Erniedrigungen in den Gesellschaften Asiens verwurzelt sind. Japans imperiale Expansion im Zweiten Weltkrieg war ein fundamentaler Angriff auf das koloniale Selbstverständnis der Überlegenheit Europas, das man dort über Jahrhunderte kultiviert hatte.

Nicht nur die Bewohner der fortan von Japan besetzten Staaten waren angetrieben von dem Wunsch nach Vergeltung. Auch Menschen in Japan selbst trachteten danach, sich und der Welt zu beweisen, dass die Erniedrigungen durch ein weißes Europa fortan der Vergangenheit angehörten. Unter dem Motto «Asien den Asiaten» schlug die japanische Kriegspropaganda Kapital aus der zu diesem Zeitpunkt längst politisch und moralisch abgewirtschafteten europäischen Kolonialherrschaft. Der einflussreiche japanische Historiker und Journalist Tokutomi Iichirō formulierte das Sendungsbewusstsein des imperialen Japans. Während die USA für ihren eigenen Luxus kämpften, ginge es Japan um die eigene Existenz. Mehr noch, das imperiale Japan wolle nicht weniger als die Errichtung einer neuen Weltordnung.[24] So wurde die Befreiung Asiens 1943 zum offiziellen Kriegsziel erklärt. Und tatsächlich förderte Japan die anti-kolonialen Befreiungsbewegungen in Burma, Indonesien und anderswo. Unter der Abkürzung «AAA» verbreiteten japanische Propagandisten in Indonesien die Losung, Japan sei «Asiens Licht, Asiens Beschützer, Asiens Führer». Der spätere Präsident des unabhängigen Indonesiens Sukarno wurde als Berater der japanischen Kolonialverwaltung eingestellt.

Aber der räuberische Charakter der Kolonialisierung war auch im Falle Japans unübersehbar. Nachdem die Niederlande vertrieben waren und man sich Indonesiens Öl gesichert hatte, ging Japan daran, Hunderttausende Indonesierinnen und Indonesier für die Zwangsarbeit zu rekrutieren. Sie errichteten neben britischen, niederländischen, australischen und amerikanischen Kriegsgefangenen unter höllischen Bedingungen kriegswichtige Infrastrukturen in Südostasien. Geplagt von Hunger und Erschöpfung fanden viele der Arbeitssklaven ihren Tod in der Ferne. Wie in Südkorea waren japanische Soldaten auch in Indonesien und Burma berüchtigt für sexuelle Gewalt gegen einheimische Frauen und Mädchen, die sie als Zwangsprostituierte versklavten. Mit der unumkehrbar gewordenen Wende des Kriegsgeschehens zugunsten der Alliierten ab 1944 verschlechterte sich das Verhältnis der japanischen Herrscherklasse zu ihren kolonialen Untertanen immer weiter. Die Zustände auf den Baustellen wurden vollends unerträglich angesichts des verschärften Zeitdrucks. Zur Stützung der eigenen Kriegswirtschaft brachte Japan Indonesiens Rohstoffe und Nahrungsmittel aus dem Land. Und wieder zeigte sich: Hungersnöte gedeihen dort, wo die Fremdherrschaft blüht. Die Lebensmittelknappheit führte zu Hunger und Hunger führte zu Verbitterung. Im ebenfalls japanisch besetzten Vietnam, das teilweise unter Verwaltung des französischen Vichy Regimes stand, starben 1944/1945 sogar acht Prozent der Bevölkerung – etwa eine Million Menschen – durch Hunger.[25] Ein Schicksal, das in der westlichen Geschichtsschreibung des Zweiten Weltkriegs allenfalls eine Randnotiz ist. Treffend weist der belgische Autor und Historiker David Van Reybrouck daraufhin, dass das Verhungern von schätzungsweise fünf Prozent der damaligen Bevölkerung Javas kaum Beachtung im kollektiven historischen Gedächtnis der Niederlande findet, das sich vor allem um die Leiden der von den Japanern internierten Niederländer und die kriegsbedingten Härten in Europa selbst dreht.[26]

Nicht nur Faschismus oder Militarismus, sondern der westliche Imperialismus als Ganzes wird heute wie damals als Ursünde des globalen Nordens gegenüber den Staaten im Globalen Süden betrachtet. So beschrieb der als «Vater des modernen Chinas» verehrte Revolutionär und Politiker Sun Yat-sen 1912 in seinen *Drei Prinzipien des Volkes*, wie eine globale Minderheit versuchte, die Mehrheit der Welt zu unterjochen. Auch indem sie den Freiheitskämpferinnen und -kämpfern in Asien und Afrika erklärten, dass der Nationalismus ein Ding der Vergangenheit sei. Im Angesicht der eigenen Schwäche berufe sich der Westen auf höhere Werte – Liberalismus und Kosmopolitismus –, die er selbst lange ignoriert hat. Auch der bengalische Literaturnobelpreisträger und Philosoph Rabindranath Tagore (1861–1941) wusste in seinen Reden und Aufsätzen genau zu unterscheiden zwischen den Werten der westlichen Zivilisation im Inneren und ihrem Gebaren in Indien und anderen Teilen der kolonisierten Welt.[27] In seinem und dem Verständnis vieler seiner Zeitgenossen waren die zwei Weltkriege nicht zuvorderst ein Konflikt zwischen Demokratie und Diktatur oder zwischen Liberalismus und Faschismus, sondern immer auch die Begleiterscheinung von Imperialismus, Kolonialismus und dem daran gebundenen moralischen Verfall.[28] Tatsächlich ist sogar die uns im Westen geläufige Beschreibung des Zweiten Weltkriegs als ultimativen Konflikts zwischen Gut und Böse nur schwer vermittelbar gegenüber denjenigen, denen seit Jahrhunderten die politische Freiheit ebenso vorenthalten wurde wie die Möglichkeit der wirtschaftlichen Entfaltung. Indische Söldner kämpften im Zweiten Weltkrieg gegen Japan und für das britische *Empire*, nicht für die eigene Freiheit. Deutsche errichteten Konzentrationslager in der namibischen Wüste, bevor die Nazis die Macht ergriffen. Die wiederum begründeten ihren wahnhaften Kampf um «Lebensraum» im Osten auch mit den Kolonien Großbritanniens und Frankreichs. Also beschreibt der jamaikanische Philosoph James W. Mills (1951–2021) die internationale Ordnung infolge des Kolonialismus als globalen weißen Suprematismus – als eine im Kern rassifizierte Differenzierung zwischen sich als höherwertig verstehenden weißen Menschen und minderwertigen nicht-weißen Menschen. Obwohl diese Unterscheidung offensichtlich zentral war, habe man sich im Westen lange darum bemüht, genau das zu verschleiern.[29] Das gelang in den Gesellschaften der Täter. In den Gesellschaften der Opfer hatte das Vergessen weniger Aussicht auf Erfolg.

So wird auch ersichtlich, warum viele postkoloniale Theoretikerinnen und Theoretiker im Globalen Süden zwischen den Genoziden, Verbrechen, und Ausbeutung in den Kolonien und dem industrialisierten Verbrechen des Holocaust eine Kontinuität erkennen, was besonders in Deutschland auf Unverständnis stößt.[30] Zumal der Zweite Weltkrieg auch auf dem Boden der kolonisierten Völker ausgefochten wurde, während er gleichzeitig deren wirtschaftliche Ausbeutung befeuerte. Auch Frankreich und Großbritannien setzten in ihren Kolonien auf Zwangsarbeit zur Unterstützung der Kriegswirtschaft.

Bandung und die Sehnsucht nach einer multipolaren Welt

Der Kolonialismus in Indien und anderswo lebte davon, dass lokale Herrscher ungleiche Allianzen mit den Briten eingingen und sich so in Abhängigkeit begaben, um andere lokale Herrscher abzuwehren. Jawaharlal Nehru, Mahatma Gandhi und andere Denker der indischen Unabhängigkeitsbewegung zogen daraus den naheliegenden Schluss, dass politische Souveränität und wirtschaftliche Autonomie am Anfang stehen müssten. Die traumatische Erfahrung des Kolonialismus nährte also die Angst vor Unterwerfung von außen weit über die Unabhängigkeit hinweg.[31] Das erklärt das in den Augen westlicher Diplomatie renitente Festhalten Jawaharlal Nehrus an der Blockfreiheit zu Zeiten des Kalten Krieges. Der Kern des außenpolitischen Denkens Indiens ist seither die Priorisierung von Autonomie und Unabhängigkeit gewesen.

Der Kalte Krieg hat in dieser Wahrnehmung die Konflikte des Westens – die Teilung Europas und der Systemkonflikt mit der Sowjetunion – erneut den post-kolonialen Staaten aufgezwungen. Daher die in vielen Ländern des Globalen Südens prinzipielle Ablehnung bindender Allianzen mit sowohl dem westlichen als auch dem östlichen Block. Immer wieder hat beispielsweise Nehru sich auf der internationalen Bühne mit idealistischem Eifer gegen die Militarisierung der internationalen Beziehungen, gegen das Wettrüsten des Kalten Krieges, das starre Festhalten Europas am Kolonialismus und gegen das geopolitische Kalkül eines Gleichgewichts der Mächte ausgesprochen. Als ehemaliger Unabhängigkeitskämpfer, der für seine politischen Überzeugungen mit vielen Jahren im Gefängnis hatte bezahlen müssen, war Nehru eine global wirkmächtige Figur. Während im Deutschland Konrad Adenauers alte Nazi-Kader an der Westbindung schmiedeten, den Anti-Kommunismus kultivierten und mit den rassistischen Siedlerregimen im heutigen Südafrika, Simbabwe und Namibia Handel trieben, verhängte Indien ein unilaterales Handelsembargo gegenüber dem südafrikanischen Apartheid-Regime. Inspiriert auch vom Wirken Gandhis in Südafrika war die moralische und materielle Unterstützung durch Indien ein nicht zu unterschätzender Faktor im Jahrzehnte währenden Freiheitskampf von Nelson Mandela und seinen Mitstreitenden. Unermüdlich prangerte Nehrus Indien Südafrika in den Vereinten Nationen und anderen multilateralen Foren an, bis auch die im Sicherheitsrat der Vereinten Nationen vertretenen westlichen Staaten 1977 zögerlich zu ersten Sanktionen bereit waren.

Während wir im Westen die Begründung der Vereinten Nationen (1945), des Internationalen Währungsfonds (1944) und der Weltbank (1944) als wesentliche Wegmarken der internationalen Ordnung sehen, ist im kollektiven Gedächtnis vieler Staaten des

Globalen Südens ein anderes Ereignis Inspiration und Vorbild. 1955, ein Jahr nach Beginn des Algerienkriegs, in dem Frankreich mit aller Macht versuchte seine algerische Kolonie zu halten, kamen in der indonesischen Stadt Bandung Vertretungen aus 29 zumeist postkolonialer Staaten zur ersten Asien-Afrika-Konferenz zusammen. Ein welthistorisches Ereignis, das im Westen damals wie heute in seiner globalen Bedeutung unterschätzt wird. Zum ersten Mal in der Geschichte der Menschheit versammelten sich unabhängige Staatschefs aus Asien, Afrika und dem Mittleren Osten, um gemeinsam für das Selbstbestimmungsrecht der Völker einzutreten. Ein bewusst gewählter politischer Kontrast zur gleichzeitigen Verhärtung des Ost-West-Konflikts, der Wiederaufrüstung in Europa und dem verzweifelten Festhalten an den verbliebenen Kolonien. So verurteilte das Abschlusskommuniqué von Bandung den Kolonialismus im Allgemeinen ebenso wie im Konkreten – in Algerien, in Apartheid-Südafrika oder im Jemen. Im Jahr der Gründung des Warschauer Pakts sprachen sich die teilnehmenden Staaten in Bandung auch gegen Verteidigungsbündnisse aus, die den «Sonderinteressen einer der Großmächte» dienten. Gemeint war auch die NATO.

Anstelle von Verteidigungsbündnissen, die unweigerlich von ehemaligen Kolonialmächten angeführt würden, setzten die in Bandung versammelten Staaten auf die Vereinten Nationen. Aus gutem Grund. Wie keine andere internationale Organisation standen die Vereinten Nationen von Beginn an für Dekolonisierung. Was nämlich oft übersehen wird: Im Gegensatz zur Nachkriegsordnung der 1920er Jahre spielten Staaten wie Indien bei der Errichtung der Vereinten Nationen eine zentrale Rolle. Die Forderung der japanischen Delegation nach Gleichbehandlung von Weißen und Nichtweißen wurde von westlichen Staatenlenkern bei der Versailler Friedenskonferenz 1919 noch höhnisch abgelehnt. Demgegenüber bezieht sich die Charta der Vereinten

Nationen in ihrem ersten Artikel auf die «Achtung vor den Menschenrechten und Grundfreiheiten für alle ohne Unterschied der Rasse, des Geschlechts, der Sprache oder der Religion».[32] In der Generalversammlung der Vereinten Nationen – und nur hier – hatten alle unabhängigen Staaten einen Sitz und eine Stimme. Zwar war schon damals ersichtlich, dass die Zusammensetzung des Sicherheitsrats mit seinen fünf permanenten und mit einem Veto ausgestatteten Mitgliedern – den Siegermächten des Zweiten Weltkriegs – die Ungleichheit der internationalen Politik institutionell zementierte. Dennoch, gerade die in der Charta der Vereinten Nationen festgeschriebenen Rechte auf Selbstbestimmung und Nichteinmischung versprachen den von kolonialer Fremdbestimmung traumatisierten Staaten Schutz. Zumal sie hier die Mehrheit stellten und diese auch in den verschiedenen Unterorganisationen sowie in der Generalversammlung zum Tragen bringen konnten. Je inklusiver eine internationale Organisation, desto eher lassen sich Mehrheiten auch gegen den Willen der Großmächte schmieden. Eine wichtige Lehre, die bis heute Gültigkeit hat (dazu mehr im vierten Kapitel).

Und so hat die Legitimität der Vereinten Nationen im Globalen Süden eine besondere Qualität. Eines der Ziele der Bewegung blockfreier Staaten war es, ihre Positionen in den Vereinten Nationen abzustimmen – oftmals mit Erfolg. Andere internationale Nachkriegsinstitutionen, die wir im Westen als integralen Bestandteil der «regelbasierten internationalen Ordnung» ansehen, die Weltbank etwa oder der Internationale Währungsfonds, gelten eher als Instrument westlicher Sonderinteressen und sind bisher ausschließlich von Europäerinnen und Europäern oder US-Amerikanern angeführt worden. Demgegenüber gelten die Vereinten Nationen als Vehikel zur Existenzsicherung von Staaten, deren Gesellschaften über Jahrhunderte ihrer Unabhängigkeit beraubt waren und diese nun mit allen Mitteln zu schützen suchten. Das zu untermauern war ein erklärtes Ziel von Bandung.

Tatsächlich wurde Dekolonisierung von denen, die sie einforderten, immer als Doppelschritt gesehen. Zunächst nutzte man das von den Vereinten Nationen postulierte Recht auf Selbstbestimmung, um nationale Unabhängigkeit einzufordern. Vordenker und Politiker wie der erste nigerianische Staatspräsident Nnamdi Azikiwe oder Kwame Nkrumah aus Ghana setzten sich für eine post-imperiale internationale Ordnung ein, in der das Recht auf Selbstverwirklichung auch wirtschaftspolitische Emanzipation bedeutete.[33] Sie scheiterten letztlich an der Wirtschaftsmacht des Westens. Ihr Argument, dass nationale Entwicklungserfolge nur durch eine Reform und Demokratisierung der internationalen Ordnung möglich sind, ist dennoch bis heute einflussreich.

Der Kalte Krieg und die Verfestigung der Ungleichheit

Die Zeit nach Ende des Zweiten Weltkriegs wird im Westen häufig mit der Schaffung einer «liberalen regel-basierten internationalen Ordnung» angeführt von den USA, dem «Führer der freien Welt», assoziiert. Das ist nicht ganz falsch. Aber sicher auch nicht ganz richtig. Die erfolglosen Versuche Europas, seine Kolonien allen Widerständen zum Trotz doch noch irgendwie zu halten, sind nur ein Beispiel, das dieser Lesart widerspricht. Während die USA in Vietnam den Kommunismus mit Napalm zu vertreiben versuchten, die Sowjetunion den Ruf nach politischer Freiheit in Prag erstickte und das kleine Portugal unter dem obskuren Asketen-Diktator Salazar noch bis in die 1970er Jahre an das gottgegebene Recht auf Kolonien in Afrika glaubte, war den Regierenden und Gesellschaften in weiten Teilen des Globalen Südens längst klar, dass die Fremdherrschaft moralisch, politisch und ökonomisch am Ende war. Sie fanden in den zunehmend lauten Studentenbewegungen in den USA und Europa Verbündete, die diese Kritik auch in die Innenpolitik der ehemaligen Kolonialstaaten trugen.

Jedoch bedeutete das späte (und unvollständige[34]) Ende des Kolonialismus nicht auch das Ende der Projektion von im Kern europäischen Konflikten auf den Rest der Welt. Die Mahnungen von Bandung sollten sich also bewahrheiten. Sie waren nicht nur Ausdruck gerechtfertigter moralischer Entrüstung, sondern eben auch zutreffende politische Analyse. Die geopolitische Rivalität zwischen Ost und West und das Buhlen um Einfluss im Globalen Süden erlaubte eine maßlose Korruption, etwa im Kongo unter Mobutu. Und der Kalte Krieg beförderte mittelbar die Autokratisierung zumindest ursprünglich demokratischer Befreiungsbewegungen auf der Suche nach Anerkennung und Ressourcen. Schlimmer noch, der Kalte Krieg befeuerte brutale Stellvertreterkriege, die für die betroffenen Staaten traumatischer waren als der ferne Zweite Weltkrieg.

In Angola und Mosambik etwa mündeten die Befreiungskriege gegen die Kolonialmacht Portugal Mitte der 1970er nahtlos in Jahrzehnte währende Bürgerkriege. Hier kämpften von Südafrika unterstützte Rebellen gegen die jetzt in Regierungsverantwortung stehenden Befreiungsbewegungen, die ihrerseits von der Sowjetunion materiell und ideell unterstützt wurden. Der Westen stand nicht auf der «richtigen Seite der Geschichte». Anstatt die zumindest in ihren Anfängen demokratisch motivierten Befreiungsbewegungen nach Kräften zu fördern, protegierten die USA, Portugal und andere NATO-Staaten den Apartheid-Staat Südafrika als «Bollwerk gegen den Kommunismus». Dieser unterstützte Rebellenbewegungen in den Nachbarländern, die dort Regierungen sabotierten, weil diese dem ANC Mandelas

Exil gewährten. Derweil verstand es die Bundesrepublik, aus den Stellvertreterkriegen in Afrika und anderswo noch Kapital zu schlagen, indem sie dem Apartheid-Regime in Südafrika Waffen und Munition verkaufte. Offenbar auf expliziten Wunsch des aktiven Neben-Außenpolitikers Franz Joseph Strauß unterhielt der Bundesnachrichtendienst sogar bis in die 1980er Jahre Kontakte zur RENAMO, der anti-kommunistischen Rebellenarmee in Mosambik, die für ihre Angriffe auf die Zivilbevölkerung berüchtigt war.[35] Die britische Premierministerin Margaret Thatcher bezeichnete Mandelas ANC als «typische Terrororganisation». Sanktionen gegen Südafrika wollte die deutsche Bundesregierung unter Helmut Kohl – gemeinsam mit Thatcher – selbst dann nicht mittragen, als bereits 9 von 12 Staaten der Europäischen Gemeinschaft diese 1986 forderten.

Im Kalten Krieg begannen die USA aus geopolitischen Erwägungen, das zumeist von Militärs regierte Pakistan als Mittler in Richtung China und als Außenposten gegenüber der Sowjetunion zu fördern. Lange galt die Bewaffnung der afghanischen Mudschahedin mittels Pakistan als genialer Schachzug, der maßgeblich dazu beitrug, den Kalten Krieg über einen Stellvertreterkrieg in Südasien zu gewinnen. Tatsächlich war die Niederlage in Afghanistan ein wesentlicher Bestandteil des wirtschaftlichen Ausblutens der Sowjetunion. Spätestens nach dem Fall Kabuls an die Taliban im August 2021 kennt man den Preis der Förderung jihadistischer Elemente im Ausland. Für das demokratische Indien wiederum war schon viel früher ersichtlich, dass die Bewaffnung eines oft revisionistischen Pakistan keinen Frieden in der Region schuf.

Und der Kalte Krieg befeuerte noch eine weitere Form von Ungleichheit, die im Globalen Süden sehr wohl bemerkt wurde. Im August 1945, kurz vor Kriegsende, warfen US-amerikanische Flugzeuge die Atombomben «Little Boy» und «Fat Man» über den japanischen Städten Hiroshima und Nagasaki ab. Bis zu 120 000 Menschen waren sofort tot. Es ist der bislang einzige Kriegseinsatz von Atomwaffen. Der Besuch des Friedensdenkmals am *ground zero* in Hiroshima ist eine bedrückende Erfahrung. Die Entwicklung von Nuklearwaffen veränderte die Geopolitik grundlegend. Und wieder hatte der Globale Süden das Nachsehen. Nun, da der Beweis für die Zerstörungskraft von Nuklearwaffen erbracht war, wurde ihr Besitz zur notwendigen Voraussetzung für den Status als Großmacht. Schneller als im Westen erwartet, gelang der Sowjetunion 1949 mit der Detonation einer eigenen Atombombe der Nachweis, selbst eine Nuklearmacht zu sein. Auch Großbritannien (1952), Frankreich (1960) und schließlich China (1964) gelangen erste Atombombentests, sodass ab den 1960er Jahren alle fünf permanent im Sicherheitsrat der Vereinten Nationen vertretenen Staaten auch Nuklearmächte waren. Die atomare Aufrüstung wurde im Globalen Süden von Beginn an massiv kritisiert. Verständlich, denn den allermeisten dieser Staaten war die nukleare Bewaffnung finanziell und technologisch unmöglich. Gleichzeitig zementierte das Quintett der Nuklearmächte die machtpolitische Ordnung der Nachkriegszeit und verschärfte das ohnehin schon massive Machtgefälle zwischen Nord und Süd. Pierre Messmer, Verteidigungsminister unter dem französischen Präsidenten Charles de Gaulle, brachte es auf den Punkt: «Die Nationen sind in zwei Kategorien eingeteilt. […] Die einen besitzen Atomwaffen, die anderen nicht. Nur die Ersteren sind fähig, ihre Freiheit und ihr Leben zu verteidigen, die anderen sind zur Knechtschaft und zum Satellitenstatus verdammt.»[36]

Hinzukam die bittere Erkenntnis, dass den etablierten Nuklearstaaten zufolge der Globale Süden – mit Ausnahme Chinas – zwar keine eigenen Nuklearwaffen besitzen sollte, durchaus aber als nukleares Testgebiet taugte. Der erste französische Atomtest fand im damals (1960) noch kolonisierten Algerien statt. Großbritannien führte seine ersten Tests in Australien durch. Später wich man – wie auch die USA – auf den pazifischen Inselstaat Kiribati aus. Natürlich ohne das Einverständnis der Einwohnerinnen und Einwohner einzuholen. Nachdem Frankreich erkannt hatte, dass die algerische Kolonie nicht mehr zu halten war, entschied man sich in Paris dafür, zukünftige Tests in französischen Überseegebieten im Pazifik durchzuführen. Unter dem Vorwand, den Tourismus zu fördern, baute Frankreich die dafür notwendige Infrastruktur in Polynesien. Die Tests erfolgten unter aus heutiger Sicht haarsträubenden Sicherheitsvorkehrungen, vor allem für die Bewohnerinnen und Bewohner der Inselstaaten. Der radioaktive Fallout war noch in Südamerika messbar.[37] Der letzte französische Atomwaffentest fand 1996 im Mururoa Atoll statt – begleitet von weltweiten Protesten («Fuck Chirac»).

1989 und die Hegemonie des Westens

Mit dem Ende des Ost-West-Konfliktes gewann erneut eine westliche Vorstellung eine quasi-hegemoniale Stellung: die unschlagbare Kombination aus Marktkapitalismus und liberaler Demokratie. Die bilaterale Entwicklungszusammenarbeit in Europa und Nordamerika wie auch die Programme der Weltbank und vor allem des Internationalen Währungsfonds (IWF) setzten den marktradikalen *Washington Consensus* in den 1980er und 1990er Jahren um – mit teilweise desaströsen ökonomischen und sozialen Folgen. Für die Hochzeit des *Washington Consensus* in Lateinamerika in den 1980er Jahren gibt es mittlerweile einen stehenden Begriff: die verlorene Dekade. Der 2002 erschienene und noch heute lesenswerte Bestseller *Die Schatten der Globalisierung* des ehemaligen Chefökonomen der Weltbank, Joseph Stiglitz, gibt Zeugnis davon. Die praktisch ausnahmslos an amerikanischen Elite-Universitäten mit neoklassischem Curriculum ausgebildeten Ökonomen des IWF verlangten von den in ökonomische Schieflage geratenen Entwicklungsländern eine Rosskur aus Ausgabenkürzung, Privatisierung und Marktliberalisierung, sogenannte Strukturanpassungsprogramme.

In der Rückschau lässt sich die Dominanz dieser einen volkswirtschaftlichen Sichtweise, die selbst im Europa der 1990er Jahre nicht mehrheitsfähig war, nur machtpolitisch erklären. Der Zusammenbruch des radikalen Gegenmodells – des Sowjetkommunismus – mag dazu beigetragen haben, dass Entscheidungstragende im Westen kein Problem darin sahen, viel ärmeren Staaten eine Liberalisierung von Wirtschaft und Märkten zu verordnen, die sie ihren eigenen Bevölkerungen niemals zugemutet hätten. Der südkoreanische Ökonom Ha-Joon Chang sieht darin den Versuch des Westens, aus eigenen wirtschaftlichen Interessen dem Globalen Süden genau die Leiter des wirtschaftlichen Aufstiegs wegzuziehen, die man im Westen dafür genutzt hatte.[38] Dabei mangelte es nicht an Widerstand in den betroffenen Staaten und ab Ende der 1990er Jahre auch nicht auf den Straßen Seattles, Genuas oder Porto Alegres. Bei Ministerkonferenzen der Welthandelsorganisation, Treffen der G8-Staaten oder des IWF protestierte eine immer sichtbarere globalisierungskritische Bewegung. Nur war die politische und ökonomische Machtverteilung mit Ende des Kalten Krieges derart einseitig, dass man sie im Westen ohne Weiteres überhören konnte. Denn die Vorzüge des *Washington Consensus* für den industrialisierten Westen lagen auf der Hand. Wo bislang geschützte Märkte geöffnet und ehemals staatliche Monopole privatisiert werden, ergaben sich lukrative Chancen für amerikanische, europäische und japanische Unternehmen, deren Markteintritt typischerweise von der bilateralen Entwicklungszusammenarbeit «flankiert» wurde. Übersehen wurde dabei, dass die Institutionen – staatliche Regulierer,

Parlamente und Gerichte – in Afrika, Lateinamerika und Teilen Asiens nicht bereit waren für den radikalen Wandel, den IWF und Weltbank forderten. So wanderten staatliche Unternehmen in die Hände politischer Eliten oder ausländischer Investoren. Die erste Maßnahme der neuen Besitzer war in der Regel die Entlassung großer Teile der Belegschaft. All das in Staaten ohne soziales Auffangnetz, denn staatliche Investitionen in die Daseinsfürsorge sahen die von außen verordneten Reformen nicht vor. Die parallel zur Privatisierung durchgeführte Öffnung zum Weltmarkt verdrängte lokale Anbieter, die bislang noch von Zöllen und anderen Handelshemmnissen vor der ausländischen Konkurrenz geschützt waren. So wurde der Aufbau industrieller Produktion im Globalen Süden fast unmöglich, weil sich heimische Firmen hinter geöffneten Zollschranken nicht gegenüber den übermächtigen und teilweise selbst subventionierten Konzernen des Westens behaupten konnten. Der Westen verhinderte damit genau die Wirtschafts- und Sozialpolitik, die er selbst durchgeführt hatte, um reich zu werden: den Schutz von Industrien, die gut bezahlte Arbeitsplätze schufen und den gleichzeitigen Ausbau der Daseinsvorsorge. Ohne solche Schutzmechanismen wie Zölle oder Kapitalverkehrskontrollen verharrten die Länder des Globalen Südens in der Nische des Rohstoffexporteurs, was deren Währungen aufwertete und die Exporte verarbeiteter Produkte weiter erschwerte. Auch das ist gemeint, wenn im Globalen Süden von Neokolonialismus gesprochen wird.

Das Ergebnis war nicht selten die Ausweitung der Armut und der Zusammenbruch ganzer Wirtschaftszweige. Die typischerweise ohnehin dünne und vom Staat abhängige Mittelschicht in lateinamerikanischen, afrikanischen und asiatischen Staaten brach ein. Eine Katastrophe in wirtschaftlicher wie auch in politischer Hinsicht. Schließlich ist es oftmals die Mittelschicht, die dafür eintritt, dass staatliche Institutionen funktionieren, dass ihre Kinder adäquate Bildung erhalten oder dass der Staat in die soziale Grundversorgung investiert.[39] Oft etablierten sich neue Monopole, die primär der Bereicherung politisch gut vernetzter Individuen dienten. Oligarchen gibt es nicht nur in Russland. Anstatt das Wirtschaftswachstum zu befördern und die Armut zu bekämpfen, vertiefte sich die Kluft zwischen arm und reich. Städte wie Luanda oder Addis Abeba zeigen das überdeutlich. In schicken Restaurants tummelt sich die eng verflochtene Elite aus Politik, dem Sicherheitsapparat und Wirtschaft, gemeinsam mit ausländischen Investoren, Diplomatie und Entwicklungszusammenarbeit. Das Hinterland bleibt vom Wachstum in den Städten aber weitgehend unberührt. Die zunehmende Ungleichheit in den Ländern des Globalen Südens wurde mit dem Verweis gerechtfertigt, dass der neue Reichtum der Wenigen schlussendlich auch die Ärmsten erreichen würde. Diese *trickle-down economics* hatten sich im Westen nicht bewahrheitet, wurden aber nun für den Globalen Süden als realistische Erwartung propagiert. Ein Glaubenssatz, keine ökonomische Theorie – aber gut genug für den Rest der Welt. Zumal die vom Westen befürwortete Marktöffnung selbst selektiv war. So wurden Handelshemmnisse für Industrieprodukte wie Autos und Maschinen abgebaut, ohne dass der Westen die massive Subventionierung der eigenen Agrarmärkte reduzierte oder die eigenen Märkte für Textilien umfassend öffnete.

Einen eigenen Weg konnten sich nur die wenigsten Staaten leisten. Die es konnten, waren deutlich erfolgreicher als die Musterschüler des IWF. Unter ihnen finden sich die erfolgreichen «Tiger-Staaten» in Ostasien. Südkorea und Taiwan profitierten zunächst als exportstarke Volkswirtschaften von der Globalisierung, öffneten ihre Märkte aber langsam und wohlüberlegt, nicht radikal. Zudem war der Staat maßgeblich an der industriepolitischen Steuerung beteiligt. Hohe Investitionen in Bildung und

Forschung ermöglichten schließlich die Produktion auch von hochgradig komplexen Gütern. Ebenso China, das den eigenen Markt nur langsam für ausländische Investoren öffnete, stets darauf bedacht, dass auch chinesische Unternehmen vom internationalen Handel profitierten. Und je erkennbarer das wirtschaftliche und politische Chaos im Russland der 1990er Jahre wurde, desto mehr dachten wohl auch viele Chinesinnen und Chinesen, dass das Schicksal Russlands auch China hätte blühen können.[40]

Der *Washington Consensus* hinterließ auch dort Spuren, wo man ihm nicht gefolgt war. 1997 brachen die Währungen einer Reihe von ost- und südostasiatischen Staaten unerwartet ein. Diese seit der Weltwirtschaftskrise 1929 größte weltwirtschaftliche Verwerfung ist bei uns unter dem Begriff «Asienkrise» geläufig. Sie ging einher mit enormen Arbeitsplatzverlusten, der Ausweitung der Armut und politischer Instabilität. Dem britischen *Economist* zufolge töteten sich mehr als 10 000 Menschen in Südkorea, Japan und Hongkong infolge der Krise selbst.[41] Die Krise war auch deswegen so unerwartet und ihre Folgen so massiv, weil sie Volkswirtschaften betraf, die bislang als Erfolgsgeschichten galten: Südkorea, Thailand, Hongkong und Indonesien. Die Ursachen der Krise sind vielfältig. Aber heute weiß man, dass ein wesentlicher Faktor sie verschärfte: die vom IWF und den USA forcierte Liberalisierung der Finanz- und Kapitalmärkte. Auf Drängen der USA hatte Südkorea den eigenen Unternehmen erlaubt, sich im Westen und in fremder Währung zu verschulden. Das ging gut, solange Südkorea als Erfolgsgeschichte galt. Als 1997 erste Gerüchte aufkamen, dass sich das Wachstum in Südkorea eintrüben würde, verweigerten westliche Banken die weitere Unterstützung. Kapital wurde abgezogen. Die Wirtschaft brach ein. Eine sich selbst erfüllende Prophezeiung. Derweil begünstigte die Liberalisierung der Finanzmärkte Währungsspekulationen in Milliardenhöhe. In Thailand wetteten Spekulanten darauf, dass die lokale Währung (der Baht) an Wert verlöre. Ungehindert von Kapitalmarktkontrollen tauschten sie in Baht aufgenommene Kredite in Dollar. Als die Währung dann erwartungsgemäß an Wert verlor, tauschten sie einen Teil der Summe in Baht zurück, um den ursprünglichen Kredit zu bezahlen. Übrig blieb ein hoher Dollarbetrag als Gewinn.[42]

Der IWF blieb nicht untätig. Wie in vorherigen Krisen stützte er die betroffenen Währungen und forderte im Gegenzug Strukturanpassungen. Freilich wurde ein Teil dieser Summen dafür verwendet, die Schulden asiatischer Unternehmen bei westlichen Banken zu begleichen – ein Beispiel dafür, dass dem IWF westliche Interessen besonders am Herzen lagen. Die geforderten Strukturanpassungen wiederum reflektierten die ökonomischen Glaubenssätze des *Washington Consensus*, also Ausgabenkürzungen, Liberalisierungen und Öffnung zum Weltmarkt. Schritte, die die Krise vertieften, von den betroffenen Regierungen aber nicht abgelehnt werden konnten. Und entgegen aller Erfahrung aus anderen Wirtschaftskrisen forderte der von westlichen Finanzministerien dominierte IWF von Südkorea, Thailand, Indonesien und anderen Staaten, dass sie die Krise durchstehen sollten, ohne sozialpolitisch dagegen zu steuern. Also mussten sie ihre Staatsausgaben weiter kürzen. Ein mittlerweile legendäres Foto versinnbildlicht die Situation. Es zeigt Indonesiens Präsident Haji Mohamed Suharto sitzend bei der Unterzeichnung der Verträge mit dem IWF. Neben ihm mit verschränkten Armen steht der damalige französische Direktor des IWF, Michel Camdessus. Koch und Kellner, Herr und Bittsteller. Interessanterweise teilte das besonders von der Krise in seinen Nachbarstaaten betroffene Japan die Empfehlungen des IWF nicht. Tokio schlug sogar vor, einen Asiatischen Währungsfonds zu begründen, um der Krise mit Ausgabenprogrammen entgegentreten zu können.[43] Der IWF war genauso dagegen wie die USA. Eine potenzielle Alternative zum IWF wäre ein Verlust an Kontrolle.[44] Und so bewahrheitete sich ein weiteres Mal: Eine vom Westen mitverursachte Krise wurde durch die vom Westen erzwungene Krisenpolitik noch verschärft.

Politisch gingen die späten 1980er und die 1990er Jahre mit einer bis dahin ungesehenen Welle der Demokratisierung einher, auch weil der Westen viele der von ihm finanzierten Autokraten nach dem Ende des Kalten Krieges nicht mehr brauchte. Die Demokratisierung war aber von einem von IWF und Weltbank weiterhin vorgeschriebenen Abbau öffentlicher Daseinsvorsorge begleitet. Zumal mit dem Wegbrechen der Sowjetunion der Westen vollends alternativlos wurde. Während die 1990er Jahre für viele politische Entscheidungstragende im Westen eine prägende Erfahrung des Triumphes westlicher Werte und Ordnungsvorstellungen darstellen, waren sie im Globalen Süden eine Zeit der fortgesetzten Abhängigkeit, der Doppelstandards und der sozio-ökonomischen Krisenerfahrungen. Das blieb nicht folgenlos.

In Lateinamerika verhalfen die erfolglosen Reformen des IWF linkspopulistischen Parteien an die Macht. Der Westen trug also maßgeblich zur Radikalisierung der politischen Landschaft bei, die er dann mit wenig Erfolg von außen zu bekämpfen suchte. In vielen Staaten Afrikas verflog die anfängliche Euphorie über freie Wahlen, während sich korrupte Parteien und Politiker teilweise mit Hilfe westlicher Entwicklungsgelder an der Macht hielten und die Daseinsvorsorge einsparten. Man stelle sich vor, man hätte versucht, die fragile deutsche Demokratie nach dem Zweiten Weltkrieg ohne gesteigerte Sozialausgaben und ohne das durch umfassende Industriepolitik und US-amerikanische Hilfe geschaffene Wirtschaftswunder zu stabilisieren. Genau das war aber die Empfehlung für den Globalen Süden.

Moralische Größe und die Doppelmoral der anderen

Wir betonen diese zwar allesamt bekannten, aber bisweilen übersehenen moralischen, politischen und wirtschaftlichen Verfehlungen des Westens nicht, um eine einseitige Wahrnehmung durch eine andere einseitige Wahrnehmung zu ersetzen. Natürlich ist der Westen nicht allein schuld daran, dass in vielen Staaten Afrikas und Asiens korrupte politische Eliten Demokratie und Wohlstand unterwandern. Das sieht man auch im Globalen Süden so. Wenn Inderinnen und Inder die Folgen der Covid-Pandemie im eigenen Land beklagen, sieht man zunächst die Schuld bei ihrer Regierung, die das Ende der Pandemie ausrief, bevor sie richtig angefangen hatte. Ebenso in vielen Ländern Afrikas, wo die Bürgerinnen und Bürger genau erkennen, wie sich die politischen Eliten den Reichtum ihrer Länder einverleiben, so dass für den Rest der Bevölkerung nur wenig übrigbleibt. *Nur* den Westen schuldig zu sprechen, ohne die Mittäterschaft und Profiteure im Globalen Süden anzuerkennen, ist heute anachronistischer denn je. Denn es würde den Gesellschaften des Globalen Südens genau die Eigenständigkeit absprechen, die sie zu Recht für sich reklamieren. Zumal es viele Beispiele dafür gibt, dass es auch anders geht. Uruguay, Kenia, Bangladesch und vor allem China zeigen, dass wirtschaftliche und soziale Erfolge im Globalen Süden möglich sind.

Auch Selbstgerechtigkeit und Doppelmoral sind keine dem Westen vorbehaltenen Makel. In der Türkei drückt man sich bis heute vor einer Anerkennung der eigenen brutalen Kolonialgeschichte im Jemen, Syrien und auf dem Balkan. Kolonialismus ist eben Kolonialismus. Der gerade in linken Parteien im Globalen Süden kultivierte Anti-Amerikanismus wirkt bisweilen wie der verzweifelte Versuch, längst überholte marxistische Glaubenssätze zu stützen. Und nicht selten wird er propagandistisch ausgeschlachtet, um legitime Kritik zu diskreditieren und Macht abzusichern. In Ruanda stachelt das autokratische Regime die eigene Bevölkerung mit wortreich vorgetragener Kritik an Europa, den ehemaligen Kolonialmächten und dem Westen im Allgemeinen auf. Während die Presse drangsaliert wird und Oppositionelle verschwinden. Chinesischen Intellektuellen dienten im Westen in Mode gekommene akademische Strömungen wie der Poststrukturalismus und insbesondere der Postkolonialismus als Affirmation der eigenen, chinesischen Kultur und als Fundierung der ohnehin staatlich geförderten Ablehnung «westlichen» Denkens als spätkolonial, imperialistisch und für China unangemessen.[45] Solidarität mit der Ukraine – immerhin Opfer eines Angriffs durch den neo-imperialen Nachbarn Russland – wird von vielen Regierungen vor allem als Zugeständnis gegenüber dem Westen missverstanden. Auch die Doppelzüngigkeit grassiert im Westen wie im Süden. Während in China Millionen Muslime in der Provinz Xinjiang in Umerziehungslagern eingesperrt sind, vertiefen die Regierungen von mehrheitlich muslimischen Staaten wie Pakistan oder Indonesien ihre Beziehungen zu Peking. Die Organisation Islamischer Zusammenarbeit unter pakistanischem Vorsitz lud 2022 Chinas Außenminister als Ehrengast ein. Die von den Vereinten Nationen angestrebte Untersuchung der Lager in Xinjiang war erwartungsgemäß kein Thema. Lieber arbeitet man sich an dänischen Karikaturisten ab, als dass man es sich mit China verscherzt.

Und trotzdem, wenn es um moralische Größe geht, hat der Globale Süden weit mehr zu bieten, als wir ihm oft zugestehen. 1955 verabschiedete der südafrikanische Widerstand zum Apartheid-Regime die *Freedom Charta*, die damals schon viele heute für uns selbstverständliche soziale und politische Rechte vorwegnahm. Nehru, Nkrumah und Mandela standen auf der «richtigen

Seite der Geschichte», die wir aber im Westen seit Ende des Zweiten Weltkriegs für uns reklamieren. Daran erinnert man sich in Afrika heute noch. Sinnbildlich dafür steht eine viral gegangene Rede des sambischen Oppositionsführers im April 2023. Darin erklärt Fred M'membe der angereisten US-amerikanischen Vizepräsidentin Kamala Harris, dass ein Land, das so viele afrikanische Führer umgebracht habe, kein Recht dazu habe, anderen die Demokratie beizubringen.[46] Und man unterstellt fast schon habituell andere Motive als die Förderung von Demokratie und Menschenrechten: «It's not democracy and human rights they are pursuing in Africa. They are pursuing their geopolitical interests. They are pursuing their own economic interests. It is not for us—it is for them,» so M'membe im Wortlaut.

Die Welt ist multipolar

Der Fall des Eisernen Vorhangs wurde im Westen als ultimativer Triumph empfunden. Erstmals, so schien es, hatten die politischen Ideale des in westlichen Universitäten diskutierten Kosmopolitismus eine Chance auf Realisierung. Im Globalen Süden dagegen sah man die Vertiefung der Abhängigkeit, weil durch den Wegfall der Sowjetunion eine potenzielle Alternative verloren ging. Der Mangel an Autonomie vieler Staaten des Globalen Südens beruhte nicht zuletzt auf einem Mangel an Alternativen zum Westen. Und der Mangel an Alternativen zum Westen erlaubte die Globalisierung obskurer, im Kontext von westlichen Interessen entstandener Glaubenssätze für den Rest der Welt. Dieses Bild änderte sich mit den 2000er Jahren im Zuge einer globalen wirtschaftlichen Erholung und insbesondere angesichts des wirtschaftlichen Aufstiegs von Staaten wie Brasilien, Indien oder Kenia, aber vor allem China.

Aus heutiger Sicht erscheint der US-amerikanische Einmarsch

im Irak wie ein letztes Aufbäumen des Imperiums. Die Zeichen des Wandels standen schon an der Wand, aber die politische Klasse in Washington hatte sich zu bequem eingerichtet in der Vorstellung, dass die amerikanische Hegemonie für immer währte. Dass die Welt unipolar sei – mit den USA im Zentrum – und dass der Rest der Welt genauso auf den Geschmack von Demokratie und Marktwirtschaft kommen würde wie die Nachkriegsgesellschaften in Europa und Ostasien. Der militante Islamismus war in dieser Lesart eine Verrücktheit, der nur mit Gewalt begegnet werden konnte, nicht das Symptom tiefer liegender Probleme. Die Möglichkeit, dass Jihadismus angesichts diskreditierter anderer Ideologien, wie zum Beispiel des Marxismus, auch ein zunehmend beliebtes Label für marginalisierte Menschen im Globalen Süden war, wurde gar nicht erst in Erwägung gezogen. Jenseits von Washington, London und Canberra allerdings war die Art und Weise, wie die USA unter Präsident George W. Bush den Regimewechsel im Irak begründeten und als Anführer einer «Koalition der Willigen» durchführten, eine Schreckensnachricht. Schließlich zeigte sie, dass der Wille in Washington allein ausreichte, um die Regierung eines souveränen Staates zu stürzen. «You're either with us or against us» – das war die über den Irak hinausgehende Drohung von US-Präsident Bush. Dass der Einmarsch der USA im Irak auf den Straßen Europas scheinbar lautstärker abgelehnt wurde als im Globalen Süden, zeigte vor allem eines: In Deutschland, Frankreich oder Großbritannien verlor man eine liebgewonnene Illusion. Dass nämlich der Staatenkrieg in einer postnationalen Welt der Vergangenheit angehöre, dass das internationale Recht regiere und dass auch die USA bereit seien, sich an die Charta der Vereinten Nationen zu halten. Dieser Illusion hatte man sich im Globalen Süden nie hingegeben.

Und der Fortgang des Feldzugs im Irak sollte dann der Welt

vorführen, wie hemdsärmelig die amerikanische Außenpolitik agierte. So war die Vorstellung, dass die haushohe technologische Überlegenheit des US-Militärs allein ausreichen würde, den religiös und ethnisch gespaltenen Irak zu befrieden, damals schon zweifelhaft. Andersherum führten die militärischen Fähigkeiten der USA dazu, dass diese immer genau den Konflikt führten, für den sie sich ausgerüstet sahen und der ihnen innenpolitisch nicht auf die Füße fiel. Also ein Konflikt möglichst ohne eigene Verluste, aus der Ferne mit Drohnen und Marschflugkörpern und auf dem Boden mit hochgerüsteten Spezialeinheiten und privaten Sicherheitsfirmen, die in kurzen Einsätzen ihre Ziele erreichen wollten. Die Tötung von (vermeintlichen) Führungskadern der Taliban oder Al-Qaida in Afghanistan gelang so, nicht aber die Befriedung eines Flächenstaates wie des Irak. Zumal die ungezählten zivilen Opfer der Luftschläge jihadistischen Gruppen den Nachwuchs sicherten. Ähnliches erlebte Frankreich später in Mali, wo sich der grenzüberschreitende Jihadismus inzwischen immer weiter ausbreitet. Was als Ausdruck von Stärke begann, drehte sich in der Wahrnehmung der Weltöffentlichkeit in eine Zurschaustellung von Schwäche. Die Diskussionen einer kriegsmüden Öffentlichkeit über Truppenstärken, Abzugspläne und Aufstandsbekämpfungsstrategien folgten innenpolitischen Imperativen. Verständlich und dennoch ein Zeichen von Schwäche, das sich schnell herumspricht.

Ebenso ernüchternd war der überstürzte Abzug aus Afghanistan 2021. Auch hier zeigte sich, dass die hochgelobte geheimdienstliche Aufklärung der USA der Komplexität von kulturell, religiös und geografisch so fernen Gesellschaften wie im Irak und in Afghanistan nicht gewachsen ist. Weil sie regelmäßig zu unschuldigen Opfern von Drohnenangriffen und Spezialoperationen führte, weil sie den politischen Entscheidungsträgern nicht vermitteln konnte, wie isoliert die vom Westen protegierte Regierung in Kabul tatsächlich gewesen ist und weil sie lange den Dialog mit jenen ablehnte, die sie bekämpften. Was nicht heißen soll, dass es andere NATO-Staaten besser gewusst haben. Wie gewöhnlich verließ man sich in Berlin auf die USA – von der Einschätzung der militärischen Lage bis hin zum eigentlichen Abzug. Heute kämpfen von Amerika ausgebildete Soldaten aus afghanischen Spezialeinheiten auf der Flucht vor den Taliban für die berüchtigte Söldnergruppe Wagner in der Ukraine.[47] So waren die Kriege im Irak und Afghanistan beides. Westliche Hybris und die globale Zurschaustellung von Schwäche.[48] Die Vergesslichkeit des Westens ist für viele Länder des Globalen Südens schockierend. So bezeichnete beispielsweise US-Präsident Biden den Angriff auf die Ukraine als erste Invasion eines anderen Staates mit hunderttausend Soldaten seit dem Zweiten Weltkrieg. Eine absurde Aussage angesichts des Angriffskriegs gegen den Irak knapp zwanzig Jahre zuvor.[49]

Aus Sicht des Globalen Südens war auch die Weltfinanzkrise von 2008 eine Zurschaustellung von Schwäche, diesmal in ökonomischer Hinsicht. Und auch darin wurden die Doppelstandards des Westens erkennbar. Ausgehend vom überhitzten US-amerikanischen Immobilienmarkt weitete sie sich schnell zu einer Finanz- und Währungskrise in Europa aus. Alarmiert luden die USA zu einem neuen Format ein. Die Staats- und Regierungschefs der 19 (ungefähr) größten Volkswirtschaften plus der EU trafen sich erstmalig 2008 in Washington. Zwar ist der Westen auch in dieser Konstellation überrepräsentiert. Und dennoch war die Einladung von Staaten wie China, Indien, Indonesien, Brasilien und Saudi-Arabien ein wichtiges Eingeständnis des Westens, dass er diese Krise nicht allein würde lösen können. Im Zuge der Finanzkrise zeigten sich dem Globalen Süden aber vor allem zwei andere Dinge. Der Westen selbst brach in steter Regelmäßigkeit die vor der Weltöffentlichkeit stolz verkündeten Versprechen, vom Protektionismus abzusehen. Im krassen Gegensatz zur Asienkrise stand der IWF nicht mit verschränkten Armen hinter den Regierungschefs derjenigen Staaten, die die Wirtschaftskrise zu verantworten hatten. Und die Rezepte zur Lösung der Krise waren plötzlich ganz andere. Nicht Ausgabenkürzung, sondern massive Konjunktur- und Sozialprogramme waren das Gebot der Stunde.

Jedenfalls war die Finanzkrise für viele im Globalen Süden der endgültige Nachweis einer neuen Verteilung von Macht und Einfluss in der internationalen Politik. Während Europa und die USA in die Rezession rutschten, kamen Staaten wie Brasilien, Indien oder China vergleichsweise gut durch die Krise. Ohne Chinas Zutun, so war man auch im Kanzleramt Merkels überzeugt, wären die wirtschaftlichen Folgen noch viel gravierender gewesen.

Derweil drängt mit der Klimakrise die nächste im industrialisierten Westen verursachte Großkrise in das Bewusstsein der Öffentlichkeit. Und wieder sind die Folgen vor allem im Globalen Süden zu spüren. Dürren, Überschwemmungen und Zyklone haben hier in den letzten Jahren zugenommen. Ebenso unkontrollierte Buschfeuer, die zu Ernteausfällen beitragen. Die dichter besiedelten Küstenregionen sind vom steigenden Meeresspiegel bedroht. Bei der Klimapolitik ist die Notwendigkeit, mit den Staaten des Globalen Südens zusammenzuarbeiten, besonders offensichtlich. Ohne Staaten wie China, Indien, Brasilien, Südafrika und andere wird die Klimakrise nicht beherrschbar sein. Das Ergebnis sehen wir heute. Eine multipolare Welt. Eine Welt, in der man im Westen wie im Süden weiß, dass die großen Probleme nicht von den G7-Staaten allein bewältigt werden können. Und vor allem eine Welt, in der sich Alternativen zum Westen bieten. Umso anachronistischer wirkt der Rechtspopulismus eines Donald Trump mit seiner vor sich hergetragenen Unkenntnis der Welt jenseits der USA. Oder die Versuche Großbritanniens unter dem Slogan *Global Britain* im Windschatten der eigenen Kolonialgeschichte an vergangene Größe anzuknüpfen.

Die tektonischen Veränderungen der Weltpolitik werden auch im eingangs beschriebenen Mosambik sichtbar. Das semi-autokratische FRELIMO-Regime experimentierte bei der Bekämpfung islamistisch inspirierter und sozio-ökonomisch motivierter Rebellen erst mit Russlands Wagner-Gruppe und nahm dann die Unterstützung der ruandischen Armee in Anspruch. Die Beziehungen zu China, Indien und Brasilien sind für Mosambik inzwischen zu wichtigen Entwicklungspartnerschaften geworden. Nachdem große Vorkommen von Flüssiggas und anderer natürlicher Ressourcen gefunden wurden, ist die Abhängigkeit von westlicher Entwicklungszusammenarbeit einer Abhängigkeit vom globalen Rohstoffmarkt gewichen. Der wiederum stellt keine Bedingungen an Demokratisierung, Rechtsstaatlichkeit oder Menschenrechte. Er ist aber auch weniger paternalistisch.

2. Kapitel: Freie Partnerwahl

Wie sich kleine und große Staaten im Globalen Süden Alternativen zum Westen zunutze machen

Es ist der Vorabend der deutsch-indischen Regierungskonsultationen zur Entwicklungszusammenarbeit 2012 in Neu-Delhi. Die deutsche Delegation und ein erweiterter Kreis von Vertreterinnen und Vertretern der in Indien aktiven deutschen Organisationen treffen sich zu einem informellen Austausch. Auch eine indische Regierungsvertreterin wurde eingeladen. Die Stimmung ist aufgeräumt. Man hat nicht nur im deutschen Entwicklungsministerium viel vor mit der größten Demokratie der Welt. Die leidet zwar noch immer unter Armut, gilt aber neben China schon als zukünftige Wachstumslokomotive der Weltwirtschaft. Die indische Regierung unter dem unprätentiösen Premierminister Manmohan Singh ist wohlgelitten in Berlin. Der damalige Hamburger Bürgermeister Olaf Scholz verbrachte 2012 gleich eine ganze Woche mit großer Delegation in Indien. Ein Jahr zuvor hatten die ersten deutsch-indischen Regierungskonsultationen auf Kabinettsebene in Neu-Delhi stattgefunden. Angeführt wurde die deutsche Delegation damals von Bundeskanzlerin Merkel. Unter dem Motto «unendliche Möglichkeiten» war 2011 das «Year of Germany in India». Dass Deutschland die bilateralen Beziehungen mittels nur wenigen Staaten vorbehaltenen Regierungskonsultationen aufwertete, war als Zeichen der Wertschätzung der Bundesregierung gemeint. Nun sollte die Aushandlung der Entwicklungszusammenarbeit der kommenden Jahre daran anknüpfen. Man erwartete besondere Anerkennung für die deutsche Partnerschaft. Vielleicht sogar Dankbarkeit. Diese Erwartungen wurden enttäuscht. Der eigenen wirtschaftlichen und geopolitischen Rolle sehr bewusst, erklärte eine indische Staatssekretärin in ihrer knappen Rede, dass man nur in sehr ausgewählten Bereichen ein Interesse an einer Weiterführung der Entwicklungszusammenarbeit mit Deutschland habe. Süffisant wies sie darauf hin, dass der für Indien besonders interessante Infrastrukturbereich von der deutschen Entwicklungszusammenarbeit ja nicht angeboten würde. Hier arbeite man also mit asiatischen Partnern zusammen. Die deutschen Gäste sollten sich gut überlegen, wie man sich in den verbliebenen Sektoren einbringen wolle. Etwa im Bereich der erneuerbaren Energien. Der Anteil aller Entwicklungsgelder am indischen Bruttonationaleinkommen betrug damals wie heute weniger als 0,1 Prozent. Daher sei der Einfluss von deutscher Entwicklungszusammenarbeit in Indien ohnehin überschaubar, umso gezielter solle sie eingesetzt werden. Die vielbeschäftigte Staatssekretärin hätte noch Zeit für wenige Nachfragen. Sie hinterließ betretene Blicke unter den Gästen aus der größten Volkswirtschaft Europas.

Das Aufeinandertreffen in Neu-Delhi zeigt, warum eine multipolare Welt so unterschiedliche Reaktionen hervorruft. Im Westen sieht man vor allem den Verlust an Einfluss. Im Globalen Süden erkennt man hingegen den Gewinn an Autonomie. Und man glaubt, dass Multipolarität wenn nicht schon die Gegenwart, dann zumindest die Zukunft ist. Umfragedaten des *European Council on Foreign Relations* (ECFR) zufolge sieht man in Ländern des Westens eher eine zukünftig bipolare Welt zwischen einem US-geführten Block und einem chinesischen Block heraufziehen. Das ist ein Grund dafür, dass sich die USA außen- und sicherheitspolitisch so auf China konzentrieren. Demgegenüber glauben beispielsweise gut 60 Prozent aller Befragten in China und knapp die Hälfte in Indien, dass eine multipolare Welt das wahrscheinlichste Zukunfts-Szenario ist.[1] Während man in Brüssel Wege sucht, Europa als dritten Pol zwischen den USA und China zu positionieren, trifft auch eine tripolare Ordnung im Globalen Süden auf Ablehnung. Der Journalist Alex Lo argumentiert in der *South China Morning Post* sogar, dass der Globale Süden neben dem Westen, angeführt von den USA, und China als dritter Pol einer zukünftigen globalen Ordnung entstünde.[2] Auch das ist wohl eine Fehleinschätzung. Allein schon, weil der Globale Süden auch ohne China dafür zu heterogen ist.

Erkennbar ist, dass sich die internationale Politik immer neu an wechselnden Polen ausrichtet. Je nach Region und Themengebiet konkurrieren unterschiedliche Akteure um die Gunst kleinerer Staaten. Wirtschaftlich sind die EU, die USA und Japan weiterhin weltweit einflussreich: die EU insbesondere in Afrika, Japan in Asien und die USA überall, aber in unterschiedlicher Art und Weise. Hinzu kommen China und Indien, die ihren Einfluss weltweit ausbauen. Auch regionale Zusammenschlüsse wie die Assoziation südostasiatischer Staaten (ASEAN) spielen eine Rolle. Ohnehin ist die Region Indo-Pazifik für viele die Wachstumsregion der nahen Zukunft, auch weil hier 60 Prozent der Weltbevölkerung leben. Die Mitgliedsstaaten von ASEAN haben gemeinsam mit China, Japan, Australien und Südkorea 2020 das inzwischen größte Freihandelsabkommen der Welt beschlossen. Sicherheitspolitisch wird Russland vermutlich weiterhin bedeutsam bleiben – etwa im Mittleren Osten und Zentralasien. Wobei auch daran Zweifel angebracht sind, weil Putin sich allem Anschein nach mit dem Krieg gegen die Ukraine militärisch und politisch verhoben hat. Die NATO bleibt zentral für die Sicherheit Europas, und die USA unter Präsident Biden tun viel dafür, um die militärischen Allianzen mit ihren langjährigen Partnern Japan, Südkorea und den Philippinen zu zementieren. Ganz anders im Mittleren Osten, in Afrika und Südamerika. Hier ist der sicherheitspolitische Einfluss der USA schwieriger aufrechtzuhalten als in den Staaten Ostasiens, die sich von China und Nordkorea bedroht sehen. Der Waffenstillstand im Sudan wurde nach den Ausbrüchen von Kämpfen im April 2023 zunächst in Saudi-Arabien ausgehandelt. Und die jüngste Annäherung von Saudi-Arabien und Iran wurde von China herbeigeführt. Kulturell und gesellschaftlich ist die Welt ohnehin schon länger multipolarer, als wir das im Westen anerkennen. Politisch, wirtschaftlich und kulturell hat man im Globalen Süden heute Alternativen zum Westen. Das ist die eine Dimension von Multipolarität, die wir in diesem Kapitel beleuchten. Die andere ist, dass der Aufstieg von Staaten wie China, Indien und anderen die ohnehin schon bestehende Asymmetrie zwischen großen und kleinen Staaten in der internationalen Politik vertieft. Dazu mehr im vierten Kapitel. Beide Dimensionen sind wichtig. Keine ist immer eindeutig erkennbar und teilweise widersprechen sie sich.

Alternativen zum Westen

Was bedeutet also Multipolarität jenseits akademischer Debatten? Sie heißt zunächst einmal, dass kein Land oder Block mehr eigene Regeln im Alleingang global durchsetzen kann. Die Welt des Kalten Krieges mit zwei sich gegenseitig abschreckenden Blöcken und der kurze unipolare Moment US-amerikanischer Hegemonie nach Ende des Kalten Krieges werden wohl nicht wiederkommen. Ob sich mittelfristig eine neue Bipolarität zwischen den USA und China abzeichnet, ist mindestens umstritten, auch weil Länder des Globalen Südens genauso wenig wie Europa daran ein Interesse haben. Schon heute balancieren sich globale Interessen zunehmend aus. Es gibt inzwischen mehrere Zentren, die um Einfluss werben und eine Vermehrung von regionalen

Abkommen. Die Bildung von dauerhaften Allianzen wird schwieriger. Die westliche Geschlossenheit infolge des russischen Angriffskriegs dürfte daher langfristig eher die Ausnahme als die Regel sein. Multipolarität heißt also, dass die internationale Politik unübersichtlicher wird. Zum Beispiel fürchten sich die USA und Indien gemeinsam vor wachsendem chinesischem Einfluss und arbeiten daher enger zusammen. Dennoch ist Indien mit China ein aktives Mitglied der BRICS. Vor allem sieht man in Neu-Delhi das Zusammenrücken Chinas und Russlands im Zuge des Kriegs in der Ukraine mit Sorge. Aber auch die Beziehungen zwischen Russland und China sind nicht ohne Spannungen. In Zentralasien konkurrieren Moskau und Peking um die Gunst kleinerer Staaten. In Mali schwächen russische Wagner-Söldner gemeinsam mit der Militärregierung die Friedensmission MINUSMA, an der auch chinesische Soldatinnen und Soldaten beteiligt sind.

Der sperrige Begriff Multipolarität wird im Bereich der globalen Wirtschaft am deutlichsten. Die Volkswirtschaft mit dem größten kaufkraftbereinigten Bruttoinlandsprodukt ist seit einigen Jahren China, nicht mehr die USA. Indien hat sich bereits an Deutschland, Japan und anderen westlichen Staaten auf den dritten Platz vorbeigeschoben. Das seit 2023 bevölkerungsreichste Land der Welt wird so zum größten Verbrauchermarkt. Und Indien ist die am schnellsten wachsende große Volkswirtschaft der Erde. Derweil ist China der wichtigste Handelspartner für eine große Mehrheit aller Staaten weltweit. Auch deswegen ist mit einem Umfang von 5,3 Billionen US-Dollar im Jahr 2021 der Süd-Süd-Handel inzwischen umfangreicher als der zwischen Nord und Süd.[3] In anderen Worten: Sogenannte Entwicklungsländer handeln mehr miteinander als mit den Industriestaaten. Und auch der Handel zwischen den Industriestaaten in Europa, Nordamerika und Ostasien und dem Globalen Süden ist derart gewachsen, dass er fast so wichtig ist wie der Handel innerhalb des Westens.[4] Das hat konkrete Folgen. Indische Unternehmer sind auf einmal Mehrheitseigner britischer Traditionsfirmen. Chinesische Staatsfirmen bewirtschaften europäische Häfen. Die größten Abnehmer von Öl und Gas aus den Golfstaaten sitzen nicht mehr im Westen, sondern in Asien. Mit den Exporteinnahmen aus Fleisch, Soja und anderen Agrargütern für China finanziert Brasilien seine Sozialprogramme. Putins Russland kann sich angesichts westlicher Sanktionen nur über Wasser halten, weil es sein Öl und Gas an China, Indien und andere Staaten des Globalen Südens verkauft.

In vielen afrikanischen Ländern wetteifern heute türkische, indische und vor allem chinesische Unternehmen um den Bau von Straßen, Flughäfen und Eisenbahnverbindungen. Westliche Unternehmen spielen oft nur eine Nebenrolle, es sei denn als Mitglied von privatwirtschaftlichen Konsortien, die chinesische Finanzkraft und westliches Know-how bündeln. Ähnlich in Südostasien. Hier konkurrieren chinesische Unternehmen mit japanischen und manchmal auch indischen Firmen um den Bau großer Infrastrukturprojekte, von Schnellzügen in Indonesien zu Häfen in Bangladesch. Für westliche Firmen bleibt da meist wenig übrig, zumal ihnen häufig die notwendige politische Rückendeckung fehlt. Einem Bericht der *New York Times* zufolge investierte China in den ersten neun Monaten von 2022 mehr als fünf Milliarden Dollar in Indonesien. Verglichen mit lediglich zwei Milliarden Dollar aus den USA, die ihrerseits Indonesien als wesentlichen Motor und strategischen Partner in Südostasien anerkennen. Schlimmer für Washington, der zuständige Minister Luhut Binsar Pandjaitan lässt sich mit der Aussage zitieren, dass «China niemals, niemals diktiere». Die amerikanischen Konditionen vor Investitionsentscheidungen seien hingegen lästig und häufig nur schwer zu erfüllen: «Das habe ich Washington gesagt:

So wie ihr mit uns umgeht, vergesst es!»[5] Eine beeindruckende Offenheit. Schließlich, so denkt man in Washington und Europa, befindet sich Indonesien doch selbst in Gebietsstreitigkeiten mit China um maritime Grenzen im südchinesischen Meer und sei deswegen ein natürlicher Verbündeter. Indonesien zieht es offenbar vor, wirtschaftliche und politische Fragen getrennt zu diskutieren. Das ist der Pragmatismus einer multipolaren Welt.

Auch die im Westen liebgewonnene Ansicht, dass China zwar schnell und günstig bauen könne, dafür aber die Qualität vernachlässige, ist nicht mehr zeitgemäß. Einerseits, weil schnelles Bauen eine eigene Qualität hat. Der Berliner BER lässt grüßen. Und andererseits, weil es mittlerweile einfach zu viele Beispiele für beides gibt – schlechte chinesische Infrastruktur ebenso wie gelungene. Denn China ist lange schon kein neuer Akteur mehr in Afrika, Asien oder Lateinamerika. Während der Westen noch Strukturanpassungsprogramme und Austerität verlangte, füllte China ab Anfang der 2000er Jahre die große Finanzierungslücke für den notwendigen Ausbau von Infrastruktur. Der gilt in vielen Ländern des Globalen Südens als Voraussetzung wirtschaftlicher Entwicklung. So vergab China allein gegenüber afrikanischen Ländern zwischen 2000 und 2022 160 Milliarden Dollar an öffentlichen Krediten, vor allem im Infrastrukturbereich.[6] Daran kommt kein anderer Staat oder multilaterale Entwicklungsbank heran.

Die Autoren dieses Buches erinnern sich noch zurück an die beschauliche Fährfahrt über die Bucht von Maputo in Mosambik. Die Wartezeit am Anleger konnte man sich mit Snacks und gekühlten Getränken am Rande einer nicht asphaltierten Zubringerstraße vertreiben. Heute verbindet eine der größten Brücken Afrikas die mosambikanische Hauptstadt mit dem Vorort Katembe – und verringert damit die Reisezeit ins benachbarte Südafrika erheblich. Gebaut wurde die Brücke von einem chinesischen Unternehmen mit chinesischen Krediten. Ironischerweise nachdem die ehemalige Kolonialmacht Portugal als Finanzierer ausfiel. Der ehemalige Berater der Staatspräsidentin Liberias, Guyde W. Moore, erklärt die Attraktivität des chinesischen Angebotes in Afrika daher damit, dass es eben um konkrete Projekte geht. Der Westen wiederum werde mit seiner Betonung von Menschenrechten, guter Regierungsführung und einer paternalistischen Antikorruptions-Rhetorik als heuchlerisch wahrgenommen. In Afrika erinnert man sich nämlich sehr gut an westliche Sklaverei, Kolonialismus und die Ausbeutung von Rohstoffen, genauso wie an die von westlichen Firmen und afrikanischen Kleptokratien gemeinsam genutzten Steuerparadiese auf den Cayman Islands oder in der Schweiz.[7] Man erinnert sich in afrikanischen Ländern aber nicht an westliche Angebote zum Aufbau kontinentaler Infrastruktur.

Das erklärt, warum man in Afrika so empfindlich darauf reagiert, wenn westliche Regierungen von Chinas Schuldendiplomatie sprechen. Die Annahme, dass man in Washington oder London besser wüsste, wer in Mosambik, Sambia oder Kenia Straßen und Häfen bauen kann als in den betreffenden Staaten selbst, ist überheblich. Im Unterschied zu früher sagen afrikanische Regierungen und Kommentatorinnen und Kommentatoren das heute deutlich. Man muss ihnen nur zuhören. Etwa im Zuge der Besuchsreise der US-amerikanischen Vizepräsidentin Kamala Harris im Frühjahr 2023. Zwar hatte die US-Regierung im Vorfeld von Harris' Reise nach Sambia, Ghana und Tansania betont, dass die amerikanischen Beziehungen zu Afrika nicht durch die wachsenden Spannungen zwischen China und den USA definiert würden. Und dennoch, die mitgereisten amerikanischen Reporterinnen und Reporter interessierten sich primär für China, wenn sie wieder und wieder danach fragten, was die US-amerikanischen Avancen für Chinas Rolle in Afrika bedeuteten. Zunehmend genervt erklärte der ghanaische Präsident Akufo-Addo bei einer Pressekonferenz, dass Washingtons «Obsession mit China» in Afrika nicht geteilt werde. Der sambische Präsident Hichilema ergänzte das Offensichtliche: Sambia wolle und werde sich nicht zwischen beiden Staaten entscheiden.[8] Ein in Nairobi lebender führender Analyst der Region am Horn von Afrika erzählt bei einem Kaffee im Juni 2023, wie schockiert und frustriert er von seiner letzten Washington-Reise nach Kenia zurückkam: «Fast alle in Washington schauen auf Afrika nur noch durch das Brennglas der US-Rivalität mit China oder Russland. Das ist ein krasser Fehler, weil es irreführend ist. Es ist viel komplizierter.»

Keine Entscheidung ist auch eine Entscheidung

So vernebeln die vermeintlich eindeutigen Mehrheiten in den Vereinten Nationen zur Verurteilung von Russlands Angriffskrieg gegen die Ukraine mehr, als dass sie zeigen. Zwar jubilierte die westliche Diplomatie, dass eine überwältigende Mehrheit aller Staaten Russlands Angriff verurteilte. 140 Staaten stimmten im März 2022 für eine entsprechende Resolution. 141 waren es beim ersten Jahrestag des Krieges 2023. Gegenstimmen kamen lediglich aus den Autokratien Belarus, Nordkorea, Eritrea, Mali, Nicaragua und Syrien. Ein diplomatischer Erfolg, kein politischer. Denn mit China und Indien enthielten sich die zwei mit Abstand bevölkerungsreichsten Staaten der Welt. Ebenso die fünft- und acht-bevölkerungsreichsten Staaten Pakistan und Bangladesch. Dazu kommen andere, häufig als wichtige Partner des Westens beschriebene Staaten wie Südafrika oder Vietnam. Vor allem aber war die Zustimmung wohl eher das, was Politikwissenschaftlerinnen und Wissenschaftler gerne als «cheap talk» bezeichnen. Sie ging in den wenigsten Ländern damit einher, dass sie Russland auch sanktionieren würden. Weiterhin sind das nur die nordamerikanischen und europäischen Industrienationen plus Japan, Südkorea, Australien, Neuseeland und Singapur. Weder der NATO-Partner Türkei noch Israel, lange Zeit einer der engsten Verbündeten der USA, zählen dazu. Laut *Economist Intelligence Unit* (EIU) sind inzwischen 127 Staaten weder explizit pro-westlich noch pro-russisch.[9]

In einer multipolaren Welt wird aus Perspektive des Globalen Südens die Zusammenarbeit mit einzelnen Ländern nicht in historisch angelegten und normativ aufgeladenen Allianzen, sondern aus der Logik von Interessenkoalitionen und Pragmatismus gedacht. Dieser Pragmatismus emanzipiert sich zunehmend von vermeintlich westlichen Interessen. Das sorgt regelmäßig für Irritationen im Westen. Dabei ist die Trennung zwischen außen- und wirtschaftspolitischen Interessen in vielen Ländern des Globalen Südens kein Widerspruch, sondern ein Vorteil. So stimmte Brasilien zwar als einziges BRICS-Mitglied in der Generalversammlung der Vereinten Nationen für den russischen Rückzug aus der Ukraine. Gleichzeitig unterhält das Land aber weiterhin Handelsbeziehungen mit Russland, insbesondere mit Blick auf den für die brasilianische Wirtschaft wichtigen Dünger. China ist der wichtigste bilaterale Handelspartner Brasiliens. Das musste auch der sich in Anlehnung an Trump als China-Kritiker gerierende Vorgänger Lulas, Jair Bolsonaro, einsehen. Als geeignete Mediatoren zwischen Russland und der Ukraine nennt Präsident Lula China, Indien und Indonesien. Südafrikas Präsident Ramaphosa hatte sich bereits unmittelbar nach der Invasion selbst als Vermittler ins Spiel gebracht und dabei auf die Mitgliedschaft Südafrikas in den BRICS verwiesen. Inzwischen hat er sogar eine afrikanische Friedensinitiative zur Beilegung des Konflikts auf den Weg gebracht. Vier afrikanische Staatschefs bestreiten im Sommer 2023 zum ersten Mal Shuttle-Diplomatie in einem Krieg in Europa, nachdem sie sich Jahrzehnte lang vom Westen erklären lassen mussten, wie man Frieden in Afrika schließen sollte.

Ein Grund für Südafrikas offizielle Neutralität ist die historische Verbundenheit mit Russland, das man als alleinigen Nachfolgestaat der Sowjetunion ansieht. Die Sowjetunion hatte den südafrikanischen Befreiungskampf maßgeblich unterstützt. Gleichzeitig versucht man der Energiekrise im Land mit russischer Atomtechnologie zu begegnen und einige in Südafrikas Polit-Elite haben wohl auch private wirtschaftliche Interessen in der Zusammenarbeit mit Russland. Und so erklärt die Regierung in Pretoria öffentlich eine Mitverantwortung der NATO für die russische Invasion. Ein Beispiel dafür, wie der Westen im Kampf um politische Narrative an Boden verliert.

Im September 2022 hatte der indische Premierminister Narendra Modi Präsident Putin ins Gesicht gesagt, dass dies «keine Ära des Krieges» sei. Eigentlich ein unmissverständliches Zeichen. Trotzdem bleibt Indien einer der wichtigsten Abnehmer russischer Waffen und russischen Öls. China legte im Februar 2023 einen Friedensplan vor, der zu einem Waffenstillstand in der Ukraine führen soll, während zeitgleich offenbar Waffendeals mit Russland diskutiert wurden. Gemeinsam ist jenen Mediations-Initiativen aus dem Kreis der BRICS-Staaten, dass sie aus NATO-Hauptstädten schnell zurückgewiesen wurden. Dabei wird hinter vorgehaltener Hand auch in Berlin anerkannt, dass insbesondere im chinesischen Friedensplan durchaus konstruktive Elemente zu finden seien. Ad-hoc Ablehnung außenpolitischer Initiativen wichtiger Länder des Globalen Südens statt einer sachorientierten Diskussion ihrer Elemente bestätigt außenpolitische Hardliner in Peking, Neu-Delhi, Pretoria und Brasilia, die bewusst Feindbilder eines neo-imperialistischen Westens aufrechterhalten. Das verschreckt jene im Globalen Süden, die für eine zukünftige Zusammenarbeit mit dem Westen eigentlich zu gewinnen wären, auf Regierungs- wie auf gesellschaftlicher Ebene. Zumal der russische Angriff auf die Ukraine und die gestärkte Einheit des Westens zu Missverständnissen führen können. Sie begünstigen Erinnerungen an eine längst vergangene bipolare Welt, in der über Krieg und Frieden zwischen einem westlichen und einem östlichen Block entschieden wurde. Tatsächlich ist die Ukraine mit ihrer uneingeschränkten Hinwendung zum Westen die Ausnahme, nicht die Regel. Und selbst Selenskyj weiß, dass es ganz ohne China nicht gehen wird. Mit keiner Silbe hat er bisher öffentlich das pro-russische Agieren Pekings kritisiert. Im Unterschied zu 2014 ist es heute schwer vorstellbar, dass ein Friedensprozess ohne Beteiligung von Ländern wie China oder Indien gelingen kann. Die stärkere Einbeziehung des Globalen Südens als Voraussetzung für den Frieden in Europa –, auch das ist eine Realität, an die wir uns erst gewöhnen müssen.

Ein Landkrieg mit Panzern und Haubitzen wie derzeit in der Ukraine wird wahrscheinlich global die Ausnahme bleiben. Wahrscheinlicher ist, dass die meisten Kriege der Gegenwart und Zukunft mit Drohnen, Kleinwaffen, digitaler Sabotage und bewaffneten Milizen innerhalb von Ländern geführt werden. Diese Konflikte sind aber weniger sichtbar und für uns im Westen häufig nur schwer verständlich. Der Chef der Weltgesundheitsorganisation und ehemalige Gesundheitsminister Äthiopiens Tedros Adhanom Ghebreyesus fragte nicht ohne Grund, ob die geringe Aufmerksamkeit des Westens für die jüngsten Bürgerkriege in Äthiopien (bis zu 800 000 Tote), Jemen (bis zu 400 000 Tote) und Syrien (bis zu 600 000 Tote) mit teilweise deutlich höheren Todeszahlen als in der Ukraine an der Hautfarbe der Kriegsopfer läge.[10] Wer weniger Aufmerksamkeit zeigt, wird auch weniger gefragt. Als es in der Hauptstadt des Sudans Mitte April 2023 zu Auseinandersetzungen zwischen Militär und Paramilitärs kommt, ist es nicht länger der Westen, der als wahrscheinlichster

Mediator gilt. Stattdessen sind es die sieben Staaten des *Golf Cooperation Council*. Der Freundschaftsvertrag zwischen den lange verfeindeten Nachbarn Eritrea und Äthiopien wurde 2018 im saudi-arabischen Dschidda unterschrieben.

Das verdeutlicht: Gerade an den Rändern des Westens ist das Gespür für seine schwindende Macht besonders ausgeprägt. Israel muss sich mit Russland in Syrien arrangieren und kann sich dabei nicht allein auf die USA verlassen. Also weigert sich Israel, die Sanktionen gegen Russland mitzutragen. Und dann ist da Saudi-Arabien, ein weiterer langjähriger Verbündeter der USA, der glaubt, sich in Zukunft mehr auf sich selbst und alternative Partnerschaften verlassen zu müssen als auf Washington. Davon zeugte der denkwürdige Besuch des US-Präsidenten Biden in Riad im Juni 2022. Nicht zufällig fiel er in die Zeit vor den wichtigen Midterm-Wahlen im US-Kongress. Hatte Biden Saudi-Arabien zuvor noch als «Paria-Staat» bezeichnet, so glaubte er nun, mit seiner persönlichen Aufwartung Riad dazu bringen zu können, die Erdölförderung anzukurbeln, um so den Frust an amerikanischen Tankstellen zu mindern. Das Manöver war durchschaubar – und erfolglos. Saudi-Arabien stimmte in den Vereinten Nationen zwar gegen Russland, beschloss aber gemeinsam mit Moskau zu Beginn des Winters Ende 2022 die Ölförderung der OPEC+ zu drosseln. So verschärfte Saudi-Arabien die ökonomischen Folgen des Krieges im Westen und half Putin die Kriegskasse zu füllen. Ein für alle Welt sichtbarer Affront gegenüber Biden – dem aber offenbar die Mittel fehlten, um diesen zu verhindern.

Ein anderer Fall ist die Türkei. Seit geraumer Zeit ist klar, dass ein Beitritt zur Europäischen Union allenfalls zukünftigen Generationen gelingen kann. Auch weil der EU die politische Kraft dafür fehlt. Und Ankara will es wohl auch nicht mehr. Stattdessen profiliert sich Erdogan innenpolitisch mit anti-westlicher Stimmungsmache und außenpolitisch als Mittler zwischen Russland und der Ukraine – ohne dabei die eigenen Wirtschaftsinteressen aus dem Blick zu verlieren. Der Handel zwischen Russland und der Türkei boomt seit Inkrafttreten westlicher Sanktionen. Man kann es sich erlauben. Neben Israel, Saudi-Arabien und der Türkei war Ägypten lange Zeit ein zentraler Partner Washingtons im Mittleren Osten. Auch unter dem Putschist Abdel Fatah El-Sisi, seit 2014 als Präsident im Amt, sind die Beziehungen eng. Dennoch, Sisi sucht nach neuen Partnern, etwa wenn es darum geht, neue Rüstungskooperationen anzustoßen. Russland, China und Indien werden wichtiger, weil man nach der außenpolitischen Achterbahnfahrt von Obama zu Trump und Biden auch hier an der Verlässlichkeit der USA zweifelt. Und weil es Alternativen gibt. Mittlerweile ist China der wichtigste Handelspartner. Chinesische Firmen bauen fleißig mit am Prestigeprojekt des Präsidenten, der neuen Hauptstadt des Landes, 35 Kilometer östlich von Kairo. Russland errichtet Ägyptens erstes Atomkraftwerk. Sisi will die ägyptischen Hochschulen mithilfe Indiens neu aufstellen.

Aber zumindest sicherheitspolitisch erscheint der Westen infolge der Ukraine-Krise geeinter denn je. Das mag im Hinblick auf die NATO und Russland stimmen. Obwohl auch hier mit Ungarn und der Türkei Staaten im NATO-Lager ihr eigenes Süppchen kochen. Doch die neue Einigkeit des Westens hängt vom Ausgang der nächsten Präsidentschaftswahlen in den USA ab. Ein Umstand, der in Kiew ebenso bekannt ist wie in Moskau und Peking. So ist insbesondere die US-amerikanische Innenpolitik nicht nur in der chinesischen Propaganda zum Inbegriff von Verantwortungslosigkeit und selbstbezogener Irrationalität geworden. Augenrollen und Kopfschütteln allerorten. In vielen Ländern des Globalen Südens gingen die Satire-Tweets des Kenianers Patrick Gathara zur US-Wahl 2020 viral. Er berichtete in einer Sprache über die US-Wahlen, die sonst der westliche Journalismus in seiner Berichterstattung über afrikanische Wahlen verwendet. Ein Beispiel: «In einer Botschaft ihres politischen Flügels, der Republikanischen Partei, geloben weiße Extremisten in den USA, ihre Waffen nicht niederzulegen, wenn der gemäßigte weiße Oppositionsführer Joe Biden zum gewählten Präsidenten der konfliktanfälligen Nation erklärt wird, einem Zufluchtsort für bewaffnete terroristische Gruppen.»[11] In vielen Staaten des Globalen Südens nimmt man die Widersprüche und Dysfunktionalitäten der US-amerikanischen Innenpolitik oder des BREXIT genau wahr. Aus Schadenfreude und weil sie besser lesbar und medial aufbereitet sind für ein globales Englisch-sprachiges Publikum. Das kann man unfair finden. Schließlich haben auch andere Staaten innenpolitische Verrücktheiten zu bieten. Die Innenpolitiken Chinas, Indiens oder Brasiliens sind aber in aller Regel weniger unterhaltsam und (noch) kulturell ferner. Das ist ein Grund dafür, dass man den schwindenden Einfluss des Westens so genau registriert. Eine späte Rache der westlichen Hegemonie. Tatsächlich haben insbesondere die US-Präsidentschaften des 21. Jahrhunderts den Wandel hin zu einer multipolaren Welt massiv beschleunigt. Georg W. Bush hat der Welt gezeigt, dass die USA auch ohne Mandat der Vereinten Nationen bereit sind, in fremden Staaten einzumarschieren. Sicher, der Glaube an die Verlässlichkeit amerikanischer Versprechen war in den USA immer größer als im Globalen Süden. Aber Trumps Breitseiten gegen die NATO und engste Verbündete von Deutschland bis Südkorea gepaart mit seinem offen zur Schau gestellten Rassismus und Desinteresse an Afrika, Asien (minus China und, mit Abstrichen, Indien) oder Lateinamerika hat dann im Rest der Welt den Eindruck verhärtet, dass die USA kein verlässlicher Partner mehr sind. Die Länder des Globalen Südens können sich daher nicht bloß nach Alternativen umschauen, sie glauben auch, es tun zu müssen.

Dezentralisierung, nicht Globalisierung

Der Begriff der Multipolarität wird bei uns häufig als Bedrohung wahrgenommen, auch weil wir übersehen, dass er nicht nur politisch bedeutsam ist. Dabei hat der wachsende Wohlstand in einigen Staaten des Globalen Südens auch die globale Dezentralisierung von Kultur und Kulturimporten befördert. Beispielsweise in der Musik. Zwar dominiert die englischsprachige Musik vornehmlich aus den USA und Großbritannien noch immer auf dem weltgrößten Streaming-Dienst Spotify. Aber auch diese Dominanz hat in den letzten Jahren abgenommen. Insbesondere in großen Staaten mit eigenen wachsenden Musikindustrien wie Indien, Indonesien oder Südkorea. In Lateinamerika mit seiner traditionell starken spanischsprachigen Kulturindustrie ist der Anteil englischsprachiger Musiktitel in den letzten Jahren von 25 auf 14 Prozent gesunken.[12] Ein ähnliches Bild zeigt sich bei Filmen und Serien auf Netflix und anderen Streaming-Portalen. Während in angelsächsischen Staaten weiterhin britische und US-amerikanische Titel dominieren, kommen die im Globalen Süden am meisten gesehenen Serien und Filme immer häufiger aus der Türkei, Südkorea, Indien, Nigeria oder Brasilien. Noch diverser ist die Herkunft der erfolgreichsten Künstlerinnen und Künstler auf Instagram, Tiktok und Youtube. Damit einher geht eine Umorientierung auch der traditionellen Unterhaltungsindustrie im Westen. China ist zu einem maßgeblichen Investor in Hollywood geworden. Mit den Machern von *Game of Thrones* adaptiert Netflix derzeit den chinesischen Science-Fiction Kultroman der 1990er Jahre *Three-Body-Problem*. Chinesische und US-amerikanische Stars inklusive.

Kulturimport aus dem Globalen Süden jenseits von Arthouse und Drittweltromantik stoßen im Westen auf neues Interesse, nicht nur weil sie gut gemacht sind. Denn der Westen selbst wird heterogener. Immer mehr Menschen haben einen immer globaleren Migrationshintergrund, auch in Deutschland. Andersherum ist in vielen Gesellschaften des Globalen Südens die westliche Kultur schon lange ein wichtiger Einfluss. Er wird aber nun zunehmend durch andere, diversere Kulturimporte ergänzt. Für Pessimisten ist das ein weiterer Nachweis des Endes des Westens. Schließlich demonstrieren einige der besonders erfolgreichen Filme und Serien aus dem Globalen Süden nicht nur, dass man sich in Bildsprache und Inhalten von der westlichen Kulturindustrie emanzipiert hat. Sie beinhalten häufig auch ein ungewohnt negatives Bild des Westens und seiner Vertretung im Globalen Süden. Ein prägnantes Beispiel ist der indische Netflix-Film «RRR» (*Rise Roar Revolt*), der in martialischen Bildern den Befreiungskampf gegen die britische Kolonialherrschaft thematisiert und damit in der post-kolonialen Welt erfolgreich war. Für Optimisten ist auch das eine Chance. Dass nämlich eine globale, nicht globalisierte, Popkultur dazu beitragen kann, andere Teile der Welt und ihre Geschichte besser zu verstehen. Es ist daher kein Zufall, dass US-Vizepräsidentin Kamala Harris ihre persönliche Playlist mit afrikanischer Musik während ihrer Reise nach Ghana, Tansania und Sambia öffentlichkeitswirksam publiziert. Es ist der Versuch einer kulturpolitischen Unterfütterung einer Reise, die angetrieben wurde von der geopolitischen Sorge über den wachsenden chinesischen und russischen Einfluss in Afrika. Und der Versuch Boden gutzumachen.

Wie die Popkultur ist auch die Bildung traditionell ein Bereich, in dem der Westen groß aufspielt. Angelsächsische Universitäten dominieren die konventionellen Hochschulrankings. Keine Hochschule im Globalen Süden (oder Kontinentaleuropa) kommt an den Ruf von Harvard, Oxford und Cambridge heran. Sie ziehen junge Menschen aus dem Globalen Süden an, die seit einiger Zeit die größte Gruppe ausländischer Studierender im

Westen ausmachen. Chinesinnen, Inder und viele andere profitieren von exzellenter Lehre und Forschung im Westen. Aber auch hier hat sich einiges getan. Für angelsächsische Universitäten sind internationale Studierende weiterhin eine wichtige Finanzierungsquelle. Sie konkurrieren aber zunehmend mit Universitäten aus nicht-traditionellen Staaten. Gerade für Angehörige der neuen Mittelschichten im Globalen Süden sind Hochschulen jenseits der USA und Großbritannien schon aus Kostengründen attraktiv. Vor Ausbruch der Covid-19-Pandemie hat sich China zum drittgrößten Gastgeber ausländischer Studierender gemausert. Dem letzten *Times Higher Education Index* (2023) zufolge sind heute sieben chinesische Universitäten (inklusive Hongkong) unter den Top-100 Hochschulen der Welt. Tendenz steigend. Im Unterschied zu den USA und Großbritannien werden viele der ausländischen Studierenden in China auch von China finanziert. Ein Element der chinesischen Seidenstraße ist die Vergabe von 10 000 Stipendien jährlich für Studierende aus Ländern entlang der Initiative.[13]

Aber die Veränderungen gehen über China hinaus. So ist die Anzahl von Studierenden, die innerhalb Asiens an ausländischen Universitäten eingeschrieben sind, stark angestiegen. Singapur, Japan und Südkorea sind zu hochattraktiven Zielen für ehrgeizige Studierende geworden. Südafrika ist ein beliebtes Ziel für afrikanische Studierende. Portugiesisch-sprachige Studierende aus Afrika zieht es nach Brasilien. Derweil verlieren die USA auch aufgrund einer verschärften Visa-Vergabe an Attraktivität. Die akademische Literatur zur Mobilität von Studierenden war lange gefangen im traditionellen Bild der nicht-westlichen Migration in den Westen. Mittlerweile erfasst sie die neuen Trends hin zu einer dezentralen und globaler verteilten Studierendenschaft. Dass das langfristige Folgen hat, liegt auf der Hand: Die Ausbildung von Angehörigen afrikanischer Unabhängigkeitsbewegungen in der Sowjetunion vor Jahrzehnten zahlt sich für Russland noch heute aus. Und Studierende sind nur ein Teil der Migration innerhalb des Globalen Südens. Menschen aus Indien und Bangladesch oder aus Kenia und Uganda machen einen Großteil der Arbeitsmigranten in den Golfstaaten aus. Singapur zieht hoch und niedrig qualifizierte Arbeitnehmerinnen und Arbeitnehmer aus Südostasien an. Nigerianerinnen und Nigerianer der Mittelschicht lassen sich als «Medizin-Touristen» in hochwertigen indischen Kliniken behandeln. Inderinnen und Inder wandern nach Dubai aus, um dort in Pension zu gehen. Und auch hier ist die sozialwissenschaftliche Forschung im Westen aufgewacht, indem sie Süd-Süd-Migration als wesentliches und für viele Staaten zahlenmäßig relevanteres Phänomen betrachtet als die Migration vom Globalen Süden in den Westen.[14]

Die großen Demokratien im Globalen Süden: Indien, Brasilien und Südafrika

Eine multipolare Welt eröffnet Handlungsräume. Staaten, die bislang wenig außenpolitischen Einfluss außerhalb ihrer eigenen Region hatten, gewinnen an globaler Bedeutung. Auch indem sie ihre mittelfristig wirtschaftlich oder demographisch wichtiger werdende Rolle offensiver thematisieren. Vor allem aber, wenn sie pragmatisch in ganz verschiedenen Partnerschaften zusammenarbeiten. Zwei Beispiele: Seit sich Südafrika und Indien in der Generalversammlung bei der Forderung nach einem russischen Rückzug aus der Ukraine enthielten, ist die westliche Aufmerksamkeit gegenüber beiden Ländern gestiegen. Sie gelten auf ihrem jeweiligen Kontinent als zu einflussreich, als dass man sich einfach von ihnen distanzieren könnte. Im Mai 2022 machte Bundeskanzler Scholz auf seiner ersten Afrikareise in Pretoria, Südafrika, Station. Man sprach freundlich, offen – und kam zu keiner Einigung über den russischen Angriffskrieg in der Ukraine. Dennoch vereinbarten der Bundeskanzler und der südafrikanische Präsident Cyril Ramaphosa eine vertiefte Zusammenarbeit. Ende 2022 flog auch Vizekanzler Habeck nach Südafrika, um die Kooperation in der Energie- und Klimapolitik voranzubringen.

Ähnlich ist der Umgang der Bundesregierung mit Indien. Auch mit Neu-Delhi kommt es über Russland zu keiner Einigung. Dennoch, oder gerade deswegen: In seinem ersten Amtsjahr reiste der Bundeskanzler gleich zweimal nach Neu-Delhi. Er befürwortet eine Wiederbelebung der seit Jahren dahinsiechenden Gespräche über ein Freihandelsabkommen der EU mit Indien und hat mehr Offenheit im Hinblick auf den Export deutscher Rüstungsgüter signalisiert. Letzteres ist ein Anliegen, das Indien seit Jahren vorbringt. Derweil versucht die deutsche Botschaft in Neu-Delhi die zugegeben eingeschränkte deutsche kulturelle Softpower durch Bollywood-Imitations-Videos in den sozialen Medien zu stärken. Man kann über die beste Art und Weise einer Annäherung an die hindunationalistische indische Regierung und die diverse indische Bevölkerung streiten. Darüber, dass die Zusammenarbeit mit Indien für Deutschland und Europa alternativlos ist, herrscht weitgehend Konsens unter europäischen Regierungen und Think Tanks. Das nimmt man in Neu-Delhi als strategischen Vorteil war.[15] Entsprechend selbstbewusst treten Narendra Modi und sein eloquenter Außenminister Subrahmanyam Jaishankar auf.

In Brasilien ging es dem Bundeskanzler Anfang 2023 ähnlich. Man vereinbarte eine vertiefte Kooperation in den Bereichen Wirtschaft und Klimaschutz mit dem frisch gewählten und in der internationalen Sozialdemokratie überaus beliebten Präsidenten Lula. Die deutsche Bitte um Unterstützung der Ukraine mittels der Lieferung von Munition lehnte der selbstbewusste Lula ab.

Indien, Südafrika und Brasilien gehören keinem Lager an. In unserer multipolaren Welt sind uneingeschränkte Lagerzugehörigkeiten die Ausnahme und Überschneidungen die Regel. Und so nehmen die außenpolitischen Optionen von Staaten wie Brasilien, Indien und Südafrika zu. Diese Optionen erlauben die Bildung von neuen, aber nicht zwangsläufig dauerhaften Allianzen. Manchmal werden von diesen drei Ländern lang etablierte Foren wie die Gruppe der 77, in der sich 134 Entwicklungsländer im Rahmen von Klimaverhandlungen zusammentun, genutzt. Manchmal können Brasilien, Indien und Südafrika in der G20 ihren Einfluss nutzen. Bei einer im Globalen Süden von vielen gewünschten Minderung der Abhängigkeit vom US-Dollar für internationalen Handel wiederum könnte der BRICS-Verbund wichtiger werden, den die drei Länder gemeinsam mit China und Russland bilden. Jede dieser Partnerschaften ist wichtig, keine allein ausreichend.

Alle drei Länder sind Demokratien, sie stützen den Multilateralismus durch ihren besonderen Einsatz in den Vereinten Nationen. Sie pflegen gute Handelsbeziehungen mit der EU, die in die wachsenden afrikanischen, lateinamerikanischen und südasiatischen Märkte zukünftig noch mehr ihrer Waren exportieren wollen. Sie sind damit nicht nur wirtschaftlich wichtige Verbündete. Als Verhandlungspartner in internationalen Gremien und regional wirkmächtige Stimmen spielen sie politisch eine wichtige Rolle. Lange galten die drei zudem als Vorzeigedemokratien und «Wertepartner» des Westens. Das Bild hat sich mittlerweile getrübt. Die Regierungspartei ANC in Südafrika befindet sich vor allem seit der Präsidentschaft von Jacob Zuma (2009–2018) in einer tiefen Krise. Korruption und ein fortschreitender Verfall staatlicher Leistungsfähigkeit frustriert insbesondere diejenigen, die erst nach dem Ende der Apartheid geboren wurden und heute in einem der ungleichsten Staaten der Welt leben. Die Amtszeit des Rechtspopulisten Jair Bolsonaro hat mit Brasiliens langer Tradition als außenpolitischem Mittler zwischen Nord und Süd gebrochen und Zweifel an der Stabilität der Demokratie genährt. In Indien regiert der Hindunationalist Modi seit 2014 mit zunehmend autokratischen Zügen. Weder die Einschränkung der Pressefreiheit noch der Lockdown als Dauerzustand im mehrheitlich muslimischen indischen Teil von Kaschmir sind bei den letzten Besuchen deutscher Delegationen zur Sprache gekommen. Anfang 2023 verurteilte ein Gericht im Bundesstaat Gujarat den prominenten Oppositionsführer Rahul Gandhi zu zwei Jahren Haft wegen Beleidigung des Premierministers (und aller anderen, die seinen Namen tragen).[16] Kurz zuvor war eine Modi-kritische Dokumentation der BBC in Indien verboten worden. Schritte, die eher an Belarus erinnern als an die «größte Demokratie der Welt». Man kann es sich erlauben.

Bauboom in Kenia

Wie die multipolare Welt der 2020er Jahre Autonomie verschafft, zeigt sich auch in Staaten jenseits der großen Schwellenländer. Kenia ist ein Beispiel. Eigentlich wäre das Land der ideale Partner für eine wertegebundene Außenpolitik, die im Auswärtigen Amt oder im State Department in Washington gerne betont wird. Es ist das einzige Land in Ostafrika, in dem demokratische Wahlen manchmal zum Sieg von Oppositionsparteien führen. Seit der Unabhängigkeit 1963 gab es weder Putsch noch Bürgerkrieg. Kenia ist ein großer und besonders freier Markt für ausländische Investoren. Die Hauptstadt Nairobi ist die wichtigste Metropole in Ostafrika und beheimatet als einziges Land im Globalen Süden Hauptquartiere von zwei Organisationen der Vereinten Nationen. Die deutsche Entwicklungszusammenarbeit mit Kenia blickt auf über 60 Jahre zurück. Deutschland war auch das erste

Land, das Kenias Unabhängigkeit anerkannte, und der europäische Tourismus liebt kenianische Strände und Safari-Parks. Die in der Einleitung zitierte Verurteilung des russischen Angriffs auf die Ukraine durch Kenias Botschafter in den Vereinten Nationen wurde sogar vom Chef des Bundeskanzleramts retweeted.

Aber Kenia ist kein natürlicher Verbündeter des Westens, dafür ist die Regierung in Nairobi viel zu pragmatisch. Das ostafrikanische Land nutzt bereits seit Ende der 2000er Jahre proaktiv multipolare Optionen. Es war nach den Wahlen von 2007 auch dazu gezwungen, weil westliche Partner vorsichtiger wurden. Die Wahlen waren von politischen Unruhen mit mehr als 1000 Toten und Hunderttausenden Binnenflüchtlingen überschattet. Der ehemalige Generalsekretär der Vereinten Nationen, Kofi Annan, vermittelte. Ergebnis war eine fragile Koalitionsregierung unter Führung der Kontrahenten Mwai Kibaki und Raila Odinga. Die Unruhen hatten ein juristisches Nachspiel. 2013 erhob der Internationale Strafgerichtshof (ICC) unter anderen Anklage gegen zwei führende Politiker Kenias, Uhuru Kenyatta und William Ruto. Ihnen wurde vorgeworfen, rivalisierende ethnisch-organisierte Milizen aufgebaut zu haben, die für die Gewalt im Zuge der Wahlen mitverantwortlich seien. Obwohl sie 2007 politische Gegner waren, wurden die beiden 2013 in umstrittenen Wahlen zu Präsident und Vize-Präsident gewählt und 2017 in ebenso umstrittenen Wahlen im Amt bestätigt. In beiden Wahlgängen mobilisierten sie die kenianischen Wählerinnen und Wähler auch mit der Anklage des Internationalen Strafgerichtshofs, den sie als neokolonialistisch brandmarkten. Sie hatten es leicht mit dem Vorwurf, weil bis zur Eröffnung des Verfahrens gegen den russischen Präsidenten Putin 2023 ausschließlich afrikanische Männer vom ICC angeklagt worden waren. Die Verfahren gegen Kenyatta und Ruto sind inzwischen eingestellt worden. Dennoch, lange Zeit war der Westen sehr vorsichtig, mit den beiden in Den Haag angeklagten Politikern zusammenzuarbeiten. Das hat sich nach dem russischen Angriffskrieg geändert, auch weil einer der beiden, William Ruto, weiterhin Präsident ist.

In der Zwischenzeit hatte Kenia das Interesse anderer Partner genutzt. Unter den Ländern aus denen Kenia heute am meisten importiert, rangiert der Westen auf den hinteren Plätzen. Die USA tauchen erst auf Platz sechs und die Niederlande auf Platz zehn auf. Davor China, Indien, die Vereinigen Arabischen Emirate, Saudi-Arabien und Japan. Auch wenn der europäische Markt für kenianische Exporte wie Schnittblumen oder Tee weiterhin wichtig ist,[17] der bedeutendste bilaterale Handelspartner Kenias ist mit Abstand China. Auch die meisten Kredite kommen aus Peking. Im Zeitraum von 2005 bis 2019 wurden in Kenia 312 chinesische Investitionsprojekte mit einem Wert von rund 1,6 Milliarden US-Dollar umgesetzt. Der zweitwichtigste Investor in Kenia ist Indien. Die Investitionen der USA in Kenia im selben Zeitraum beliefen sich dagegen auf lediglich 353 Millionen US-Dollar.[18]

Eine größere Unabhängigkeit vom Westen ist spätestens seit den 2000er Jahren außenpolitisches Ziel der kenianischen Regierung. Nach dem Staatsbesuch des damaligen chinesischen Präsidenten Hu Jintao 2006 in Nairobi formulierte die kenianische Regierung ihre eigene *Look East Policy*, die seither von verschiedenen Regierungen fortgeführt wurde. Kenia war unter den ersten drei afrikanischen Ländern, die sich der chinesischen Seidenstraßen-Initiative anschlossen. Während der Westen noch primär *good governance*-Beratung durch westliche Expertinnen und Experten anbot, nahm Kenia chinesische Kredite für den dringend benötigten Ausbau von Häfen und Straßen in Anspruch. Die hatte der Westen nicht im Angebot. Und man vertraute auf die eigene Expertise. In den knapp vier Jahren von 2017 bis 2021, die einer der Autoren in Nairobi lebte, waren die Folgen unübersehbar. Eine Eisenbahn, die pünktlich und schnell aus der Hauptstadt an die Küsten fuhr; Zubringer zum Flughafen, die eine bis zu dreistündige Fahrt durch die Staus von Nairobi zu einer entspannten halben Stunde verkürzten; Restaurants mit handgemachten chinesischen Nudeln, die man nur in Peking selbst besser essen kann, und eine kenianische Kreativszene, die IT-Innovationen hervorbringt, auf die man im Westen neidisch ist. Einerseits. Andererseits profitierten von den chinesischen Krediten vor allem privilegierte Kenianerinnen und Kenianer sowie sogenannte Expats, die Zeit und Geld für Zugreisen an die Küste und Flüge ins Ausland haben. Nicht aber für die über 80 Prozent der Bewohner Nairobis, die in der informellen Ökonomie unter prekären Bedingungen arbeiten und unter dem Flughafen-Zubringer zur Arbeit laufen. Die *Look East Policy* funktioniert nicht für alle.

Ein strategischer Fehler des Westens war es aber, den chinesischen Gläubigern daraufhin unbeholfen neokoloniale Absichten zu unterstellen. Damit spricht man Kenia die Kompetenz ab, im eigenen Interesse zu handeln. Eine Fehleinschätzung, denn die Regierenden in Nairobi wussten sehr wohl, was sie taten. Die Verschuldung Kenias in China diente mindestens zwei Zielen: einerseits dem Aufbau von Infrastruktur, die andere nicht finanzieren wollten. Andererseits hofften Teile der kenianischen Polit-Elite, dass chinesische Kredite in der korruptionsanfälligen politischen Ökonomie des Landes für einfache Profite sorgen könnten. Beispielsweise waren die Kosten für den Bau der von China finanzierten neuen Eisenbahnlinie von Mombasa nach Nairobi doppelt so hoch wie für eine vergleichbare Eisenbahnlinie von Äthiopien nach Djibouti, die auch von China finanziert wurde. Trotz aller Korruption, der Zugang zu chinesischen Krediten wurde in Kenia geschätzt, weil er ohne Paternalismus und

Belehrungen auskommt. Stattdessen zeichneten sich die kenianisch-chinesischen Beziehungen dadurch aus, dass China sich nach kenianischen Zielen ausrichtete.[19] Einer Umfrage zufolge sahen 54 Prozent der Befragten in Kenia einen positiven wirtschaftlichen und politischen Einfluss von China.[20] Entsprechend eng sind die Beziehungen heute. Grund genug für einige im Westen, neidisch zu sein.

Heute kommen Kenias größte Gläubiger aus China. Die nur schwer zu koordinierenden staatlichen, semi-staatlichen und nicht-staatlichen chinesischen Banken halten über 20 Prozent der kenianischen Schulden. Über die Hälfte der kenianischen Staatseinnahmen gehen in den Schuldendienst, den zu bedienen nach Pandemie und Preissteigerungen im Zuge der russischen Invasion in die Ukraine immer schwieriger wird. Die Schuldenkrise des Landes wird mittelfristig nur mit chinesischer Beteiligung zu lösen sein. Daher steht China in Kenia unter Druck. Weil überteuerte chinesische Kredite, aufgenommen von als korrupt angesehenen kenianischen Regierungen, in der demokratischen Öffentlichkeit des Landes Wut entfachten, nahm die Kritik an der Verschuldung in China immer weiter zu. Genau das passierte übrigens auch in anderen in China verschuldeten afrikanischen Ländern, wie Sambia. Ziel der Kritik waren sowohl die eigene Regierung als auch die intransparente chinesische Kreditvergabe selbst. Weil die Kritik immer lauter wurde, musste der 2022 gewählte Präsident Ruto im Wahlkampf schließlich darauf eingehen. Er versprach eine Offenlegung der Kreditverträge. Dafür brauchte es aber keine belehrenden Hinweise zur vermeintlichen chinesischen Schuldendiplomatie aus Washington oder Brüssel, sondern den Druck aus der kenianischen Gesellschaft.

Die Anti-China-Stimmung in Kenia wird absehbar eher zunehmen. Als im April 2023 nicht mal mehr die Gehälter im öffentlichen Dienst bezahlt werden konnten, schrieb der wirtschaftspolitische Chefberater von Präsident Ruto auf Twitter: «Gehälter oder Staatsbankrott, sucht es Euch aus!», wohlwissend dass ein Bankrott eine nicht zu kontrollierende Wirtschaftskrise auslösen würde.[21] Inzwischen diskutieren Kenias TV-Talkshows, dass Präsident Ruto sich nach zwei Jahrzehnten einer von *Look East* geprägten Politik wieder dem Westen annähere, weil man sich zu sehr von China abhängig gemacht habe. Der neue kenianische Außenminister sagt jedoch trocken: «Wir gehen weder nach Westen noch nach Osten. Wir sind auf die Welt ausgerichtet.»[22] Übrigens versucht mittlerweile auch der Westen beim Bau von Infrastruktur mit Kenia zusammenzuarbeiten. Um den Ausbau der wichtigen Straße von Nairobi nach Mombasa konkurrierten südkoreanische und US-amerikanische Investoren.

Die Auswahl zu haben in einer multipolaren Welt ist für Kenia wie für viele Länder des Globalen Südens ein Vorteil, den es taktisch und zum eigenen Vorteil zu nutzen versteht. Anstelle einer Blockkonfrontation sucht man nach guten Angeboten von verschiedenen Partnern. Präsident Ruto war im März 2023 auf Staatsbesuch in Berlin. In seiner Rede im Rahmen eines informellen Abendessens zählte er selbstbewusst die Krisen auf, die Deutschland und Kenia gemeinsam lösen müssten. Die Krise der Demokratie in Europa, den Umgang mit Migration und mit der Klimakrise. Kenia habe lange Erfahrung mit dem Management von Migration, und er vermerkte süffisant, dass in zehn bis 15 Jahren vermutlich mehr Deutsche nach Kenia migrieren würden als andersherum. Geschickt drehte er auch die für die deutsch-kenianische Beziehung lange typische Belehrungsgeste um: Er lobte die Stabilität der demokratischen Institutionen in Deutschland. Die Institutionen Kenias seien schließlich auch stabil, das habe die letzte Wahl gezeigt. Der russische Angriffskrieg gehörte nicht zu seinen Prioritäten. Stattdessen mahnte er an, dass es eine Reform von multilateralen Organisationen mit mehr afrikanischer

Beteiligung brauche. Hier trat ein Präsident auf, der sich nicht belehren lassen wollte, der aber Kenia als bereit für «German Business» erklärte. Keine bindende Partnerschaft, stattdessen Interessenkonvergenzen. Sechs Wochen später reiste Bundeskanzler Scholz nach Nairobi, wo er die kenianische Demokratie, die konstruktive Rolle des Landes für eine regelbasierte internationale Ordnung und als Stabilitätsanker in einer instabilen Region anerkannte. Zudem würde man sich über kenianische Fachkräfte in Deutschland freuen. Man gewann auch in Nairobi den Eindruck: Deutschland braucht Kenia inzwischen vielleicht mehr als andersherum.

Bangladesch zwischen den Stühlen

Ebenso aufschlussreich ist der Blick nach Südasien. Weil er uns zeigt, dass das Konkurrieren um die Gunst vermeintlich weniger einflussreicher Staaten auch ohne wesentliche Beteiligung westlicher Staaten vonstattengeht. So galt Bangladesch mit einer Bevölkerung von 170 Millionen lange als ein hoffnungsloser Fall, geplagt von Armut, Überbevölkerung und politischer Instabilität. Das Bild hat sich in den letzten zwanzig Jahren grundlegend geändert. Sicher, noch immer lebt ein Fünftel der Bevölkerung unter der nationalen Armutsgrenze und leidet an einem Mangel an sozialer Sicherheit, Bildung und vermeidbaren Krankheiten. Die Klimakrise ist in einem der am dichtesten besiedelten Staaten der Welt in Form von Dürren und Überschwemmungen besonders spürbar. Die Hauptstadt Dhaka mit ihren 22 Millionen Einwohnern ist ein für westliche Gäste unwirtlicher Ort, Verkehrschaos, Luftverschmutzung und haarsträubende Armut inklusive. Und dennoch ist Bangladesch aus der Reihe der am wenigsten entwickelten Staaten der Welt herausgewachsen. Nur noch vier Prozent der Bevölkerung leben in extremer Armut. Im

Jahr 2000 waren es noch über 30 Prozent. Das pro-Kopf Einkommen ist heute höher als im benachbarten Indien. Die Sterberate von Kindern, ein wichtiger Indikator für den Entwicklungsstand eines Landes, liegt heute im globalen Mittel und ist nur noch ein Bruchteil der Höchstwerte aus den 1980er und 1990er Jahren. Die Textilindustrie beliefert alle großen Bekleidungsketten des Westens und ist ein Treiber der wirtschaftlichen Entwicklung. Dazu beigetragen hat auch, dass die Arbeitsbedingungen infolge gewerkschaftlichen Drucks nach dem Einsturz der Fabrik in Rana Plaza 2013 besser geworden sind. Eine kluge Sozialpolitik und vor allem eine kosteneffiziente Gesundheitspolitik hat aus dem wirtschaftlichen Wachstum sozialen Fortschritt generiert, auch indem einheimische Nichtregierungsorganisationen wie BRAC innovativ und pragmatisch im ganzen Land aktiv wurden. Anstatt sich auf die Rezepte westlicher Entwicklungsagenturen zu verlassen, hat Bangladesch früh damit begonnen, eigene Akzente zu setzen. BRAC ist heute in vielen afrikanischen und asiatischen Staaten ein gefragter Ansprechpartner mit Programmen, die über 100 Millionen Menschen erreichen.

Als eine der am schnellsten wachsenden Volkswirtschaften der Welt hat das Land als Investitionsstandort und Verbrauchermarkt an Attraktivität gewonnen. Zuletzt überraschte die Regierung in Dhaka damit, dass sie selbst als «Geberstaat» auftrat. Im Juni 2020 vergab man einen Kredit in Höhe von 200 Millionen Dollar an das in wirtschaftliche Schieflage geratene Sri Lanka. Interessanterweise haben die Wohlstandsgewinne Bangladeschs aber nicht dazu geführt, dass die Mittel für Entwicklungszusammenarbeit aus dem Ausland gesunken wären. Das Gegenteil ist der Fall. Nur die Bedeutung einzelner Geber hat sich gewandelt. Heute sind die wichtigsten Geberstaaten nicht mehr Europa oder die USA, sondern Indien und China. Das Versprechen einzelner auch für europäische Standards finanzstarker Entwicklungsprojekte aus dem Westen ist schon seit Jahren kein politischer Hebel mehr, mit der man die Regierung in Dhaka für sich gewinnen könnte. Den großen Empfang bereitet man, wenn überhaupt, nur noch der chinesischen und indischen Vertretung. Die Freude darüber ist unseren bangladeschischen Gesprächspartnerinnen und -partnern anzumerken.

Wie pragmatisch und selbstbewusst Bangladesch außenpolitische Optionen nutzt, zeigte auch die Zusammenarbeit mit Japan. Nach einer umstrittenen Wahl Anfang 2014 wurde die Regierungspartei unter Premierministerin Sheik Hasina von vielen westlichen Regierungen scharf kritisiert. Bangladesch nutzte dann aus, dass Japan zeitgleich für eine erfolgreiche Kandidatur für den Sicherheitsrat der Vereinten Nationen auf den Rückzug der Kandidatur Bangladeschs angewiesen war, weil immer nur zwei Länder aus Asien als nicht-ständige Mitglieder im Sicherheitsrat vertreten sein können. Im Gegenzug für die Unterstützung der japanischen Kandidatur forderte man hinter verschlossenen Türen in Dhaka dann wohl höhere Entwicklungsgelder aus Tokio, einen Staatsbesuch von Japans Premierminister in Dhaka inklusive. Als Shinzo Abe in Dhaka eintraf, konnte man dem Westen zeigen, dass Bangladesch nicht länger isoliert war. Immer mehr Vertretungen westlicher Staaten gaben danach ihre kritische Haltung aufgrund der Wahlen auf.

Das führt zurück zu Multipolarität und Autonomie. Unvergessen ist uns ein gemeinsamer Besuch im Außenministerium Bangladeschs im Mai 2015. Ein vor Selbstbewusstsein strotzender hochrangiger Diplomat erklärte uns damals, dass man sich um den wachsenden Einfluss Chinas in der Region keine Sorge mache. Bangladesch verstünde sehr gut, wie es seine eigenen Interessen gegenüber den großen Rivalen in der Nachbarschaft – China und Indien – durchsetzen könne. Das gelingt nicht immer. Ein Entwicklungskorridor, der die südchinesische Provinz Yunnan mit Myanmar, Bangladesch und schließlich Kalkutta in Indien verbinden sollte, ist wegen indischer Bedenken nicht realisiert worden. Weder China noch Indien helfen Bangladesch im Umgang mit den aus Myanmar geflohenen Rohingya, die in Kutupalong, den größten Flüchtlingelager der Welt, einem ungewissen Schicksal entgegensehen. Und dennoch, Indien und China haben sich in den vergangenen zehn Jahren einen Wettlauf um Entwicklungskredite und andere Hilfszusagen geliefert. Für China ist Bangladesch ein wichtiger Bestandteil der Seidenstraßen-Initiative. Entsprechend großzügig hat man die Finanzierung von Brücken, Straßen und anderer Infrastruktur zugesagt. Der Staatsbesuch Xi Jinpings 2016 in Dhaka führte zu Absichtserklärungen über Infrastrukturinvestitionen in Höhe von 26 Milliarden Dollar. Eine historische Summe. Indien wiederum fürchtet einen wachsenden Einfluss Chinas und sieht den eigenen Anspruch als regionale Führungsmacht in Südasien bedroht. Zudem ist Bangladesch strategisch wichtig als Brücke zwischen dem isolierten Nordosten Indiens und dem Rest des Landes. Neuerliche Finanzierungszusagen Chinas wurden also regelmäßig mit indischen Investitionen beantwortet. Kein Staat bezieht mehr indische Entwicklungskredite als Bangladesch.

Die aus dieser Konkurrenz heraus erwachsene Verhandlungsstärke Bangladeschs wird konkreter, wenn man sich mit einzelnen Infrastrukturprojekten befasst. Zum Beispiel die gigantische Brücke über die Padma, einen der mächtigsten Ströme Asiens. Nach langer Planung hatte die Weltbank eine Finanzierung über 1,2 Milliarden Dollar zugesagt. Der Bau begann 2010. Nachdem Korruptionsvorwürfe gegenüber kanadischen Bauunternehmen und bangladeschischen Offiziellen aufkamen, stoppte die Weltbank 2012 die Finanzierung. Damit war das Projekt aber nicht am Ende. Auch wurden die Korruptionsvorwürfe nicht näher untersucht. Stattdessen fand sich in China eine Alternative. Dank einer

Finanzierungszusage in Höhe von drei Milliarden Dollar wurde weitergebaut.[23] Die sechs Kilometer lange, zweistöckige Auto- und Eisenbahnbrücke wurde Ende 2022 von Premierministerin Sheik Hasina eingeweiht. Bangladesch hatte bekommen, was es wollte.

Eine ähnliche Episode – unter anderen Vorzeichen – ereignete sich ein paar Jahre später. China hatte sich 2016 bereit erklärt, einen wichtigen Autobahnabschnitt zwischen Dhaka und der nordöstlichen Metropole Sylhet zu bauen. Wieder kam es zu Korruptionsvorwürfen, diesmal gegenüber einem chinesischen Bauunternehmen. Die Regierung Bangladeschs entschied daraufhin kurzerhand, die Autobahn selbst zu bauen. Offenbar nicht zuletzt, weil man selbst erkannt hatte, dass man sich beim Bau von Infrastruktur nicht allein auf China verlassen sollte. Das chinesische Unternehmen wurde von zukünftigen Ausschreibungen ausgeschlossen, und 2019 fand sich in der Asiatischen Entwicklungsbank erneut ein alternativer Finanzierungspartner.

Die neue Fähigkeit, Partnerschaften in allen Richtungen zu finden und verschiedene Angebote pragmatisch zu nutzen, zeigte sich vielleicht am deutlichsten beim Ausbau der für den Export wichtigen bangladeschischen Häfen. Wieder kamen die ersten Finanzierungszusagen aus China. Typisch für die Seidenstraßen-Initiative sah das chinesische Angebot vor, dass China den Hafen in Chittagong nicht nur plant und baut, sondern auch bewirtschaftet. Nach einigem Hin-und-Her und politischem Druck aus Indien sowie – mutmaßlich – Japan und den USA entschied man sich schließlich für den Bau eines neuen Hafens in Matabari, südlich von Chittagong. Dieser, wie auch andere Hafenprojekte, sollte aber nicht von einem Partner allein errichtet werden. Stattdessen gelang es Bangladesch Konsortien zu schaffen, die alle wesentlichen bilateralen Partner miteinschließen – Japan also ebenso wie China und Indien.[24] So mindert man Abhängigkeiten bei der für die Exportnation Bangladesch existenziell wichtigen Infrastruktur. Und stärkt im Umkehrschluss die eigene Autonomie. Ganz gleich ob gegenüber aufstrebenden Mächten des Globalen Südens oder westlichen Gebernationen.

Das Bedürfnis nach konstruktiven Beziehungen in alle Richtungen geht über Verkehrsinfrastruktur hinaus. Russland und Indien bauen in Bangladesch zwei Atomkraftwerke. Dabei hatten westliche Staaten das Vorhaben von Anfang an deutlich kritisiert, nicht zuletzt aufgrund der erheblichen Erdbebengefahr. Trotz indischer Proteste bezieht Bangladesch weiterhin einen Großteil seiner Rüstungsgüter aus China, einem Staat ohne direkte Grenze und allein schon deswegen weniger bedrohlich als der große Nachbar Indien mit seiner nur schwer vorhersehbaren Innenpolitik. Und obwohl einige bilaterale Geber – wie China und Indien – an Bedeutung gewonnen haben, liegt der Hauptteil der bangladeschischen Staatsschulden immer noch bei multilateralen Gebern wie der Weltbank und der Asiatischen Entwicklungsbank. So umgeht Bangladesch die finanzielle Abhängigkeit einem einzelnen Staat gegenüber. Auch das ist ein Anzeichen von Autonomie. Diversifizierung oder «De-Risking», wie es die EU-Kommissionschefin von der Leyen Anfang 2023 der EU angesichts der Abhängigkeit von China empfahl, hatte man in Ländern des Globalen Südens schon lange vor der deutschen Zeitenwende als Schlüssel zur selbstbestimmten Entwicklung erkannt. So sieht man das in vielen Staaten des Globalen Südens. Bangladeschs außenpolitisches Leitmotiv *Friendship to all and malice towards none* passt hierzu. Variationen des Mottos finden sich auch in einer Vielzahl anderer Staaten. Die Bereitschaft, mit allen wesentlichen Staaten zusammenzuarbeiten, heißt nicht, dass man gleichgültig auf die jeweiligen Eigenarten und Interessen von China, Indien oder den USA schaut. Als direkter Nachbar mit einer geteilten kolonialen Vergangenheit, kultureller

Nähe und wirtschaftlichen wie politischen Verflechtungen, die tief in die Innenpolitik beider Staaten reichen, bleibt Indien für Bangladesch ein Staat von herausragender Bedeutung. Gerade weil die Beziehung so bedeutsam ist, sucht man nach Gegengewichten. Und der Erfolg gibt Bangladesch recht. Ob bei der Finanzierung von Infrastruktur oder der Bereitstellung von Covid-Impfstoffen, Indiens gestiegene Bereitschaft auf die Bedürfnisse Bangladeschs einzugehen, ist auch das Ergebnis enger Beziehungen Bangladeschs zu China. Auch in der Süd-Süd-Kooperation belebt die Konkurrenz das Geschäft.

Pragmatismus ist das Prinzip

Die Liste ließe sich fortsetzen. Staaten, die nicht akut bedroht werden, vermeiden es, sich allzu eng an den Westen zu binden. So begründen die größeren ebenso wie die kleineren Staaten des Globalen Südens einen Trend hin zum Pragmatismus in den internationalen Beziehungen. Nicht Lager-Denken oder Wertepartnerschaften, sondern der pragmatische Interessenausgleich zwischen souveränen Staaten. Pragmatismus, das klingt für manche im Westen nach dem Ausverkauf von Werten. Wo bleibt der Anspruch, die Welt besser zu machen? Gerade dort, wo Hunger, Ungleichheit und Unfreiheit regieren? Der in der deutschen außenpolitischen Debatte oftmals so prominent betonte Gegensatz zwischen Interessen und Werten ist aber für viele im Globalen Süden gar keiner. So argumentiert man in den Regierungszentralen Indiens ebenso wie in Kenia oder Bangladesch. Schlimmer noch. Moral als Grundlage von Außenpolitik, das klingt für viele im Globalen Süden eher nach einer Drohung. Das gilt selbst in den großen Demokratien Südafrika, Brasilien oder Indien, deren Verfassungen progressiver sind als viele im Westen. So bestimmen bisher nicht die vielversprechenden Ansätze für eine feministische und moderne Außen- und Entwicklungspolitik die Diskussionen des westlichen Engagements im Globalen Süden, sondern eher die Erinnerung an eine als wertegebundene Außenpolitik getarnte Interessenpolitik des Westens von der Kolonialzeit bis heute. Regierungen im Globalen Süden wünschen sich eine Außen-, Wirtschafts- und Handelspolitik des Westens, die bessere Angebote macht, anstatt Verhandlungen mit Diskussionen über Werte zu verkomplizieren oder die eigentlichen Interessen hinter moralischen Prinzipien zu verstecken. Deswegen stößt der von den USA unter Biden forcierte Gegensatz zwischen Demokratien und Autokratien auf wenig Gegenliebe in Ländern des Globalen Südens. Zu offensichtlich ist die damit einhergehende Frontstellung gegen den US-amerikanischen Rivalen China. Und zu offensichtlich sind auch die Doppelstandards der US-amerikanischen Außenpolitik. Wenn US-Präsident Joe Biden 2022 mit dem Ziel nach Saudi-Arabien reisen darf, vor einer knappen Kongresswahl den Spritpreis im Mittleren Westen der USA zu senken, erscheint es schlicht unlogisch, warum es dem kongolesischen Präsidenten Tshisekedi verwehrt sein soll, eine Straße von China bauen zu lassen, die die Zugänge zu Märkten für Bäuerinnen und Bauern im Ostkongo verbessert.

Das von unseren Gesprächspartnerinnen und -partnern am liebsten zitierte Beispiel für Doppelmoral ist der Irak-Krieg 2003. Der Globale Süden hatte davor gewarnt – wie auch einige westliche Staaten. Insbesondere die Mitgliedsländer der in die Jahre gekommenen Bewegung Blockfreier Staaten, angeführt von Brasilien, Indien und Südafrika, hatten sich vergeblich um eine diplomatische Lösung bemüht. Niemand geringerer als Nelson Mandela sagte damals, der von den USA geführte Irakkrieg zeige, «dass man bei Angst vor einem Veto des Sicherheitsrats einfach ohne ein Mandat der Vereinten Nationen die Souveränität eines anderen Landes verletzen könne. Das sei die Nachricht, die die

USA an die Welt sende, eine Nachricht, die in den deutlichsten Worten abgelehnt werden sollte.» Staatliche Souveränität nicht als absolut zu setzen, galt spätestens nach dem Genozid in Ruanda 1994 als mehrheitsfähig in den Vereinten Nationen – unter der Bedingung, dass eine Einschränkung der Souveränität vom Völkerrecht gedeckt werden muss. Laut dem Politikwissenschaftler Adeke Adebajo blickten viele Regierungen im Globalen Süden daher schon skeptisch auf den nicht vom Sicherheitsrat gedeckten NATO-Einsatz im Kosovo 1999. Der Einmarsch in den Irak war so gesehen nur eine Steigerung, kein Novum.[25] Im Kontext des doch gänzlich anders gearteten Angriffskriegs in der Ukraine reagiert man im Westen zunehmend genervt auf derartige Verweise. Schließlich ist die Einsicht, dass der Irak-Krieg ein Fehler war, mittlerweile auch in den USA und unter seinen Verbündeten politischer Mainstream. Man könne diesen Fall also abhaken, so der Subtext. Das sieht man im Globalen Süden anders, weil der Irak-Krieg hier nur als ein besonders sichtbarer Fall eines viel grundlegenderen Problems erkannt wird.

So werden die Doppelstandards des Westens noch deutlicher, wenn man innerhalb des Globalen Südens genauer auf jene Krisen schaut, die Parallelen zu Krisen in Europa aufweisen. Nur ein Beispiel: Im Osten Kongos sind seit 1998 mehrere Millionen Menschen direkt und indirekt durch kriegerische Auseinandersetzungen gestorben. Im März 2023 wies der Oppositionspolitiker Jeremy Lissouba aus Congo-Brazzaville darauf hin, dass Ruandas Unterstützung der M23-Miliz im Ostkongo Parallelen mit der russischen Unterstützung von Separatisten im Donbass habe.[26] Berichte der Vereinten Nationen bestätigen die brutalen Verbrechen der M23 ebenso wie deren direkte und völkerrechtswidrige Unterstützung durch das benachbarte Ruanda unter Paul Kagame. Letzterer ist inzwischen aber präferierter Partner Frankreichs. Ruandas militärisches Engagement im benachbarten Mosambik wird sogar von der EU finanziert. Großbritannien will Asylsuchende in Ruanda auslagern und auch die deutsche Außen- und Entwicklungspolitik arbeitet weiterhin mit dem autokratischen Regime in Kigali eng zusammen. Bei einer Pressekonferenz anlässlich eines Staatsbesuches in der kongolesischen Hauptstadt Kinshasa wurde Präsident Macron von seinem kongolesischen Kollegen, Präsident Tshisekedi, auf Frankreichs Unterstützung Ruandas hingewiesen. Macron reagierte darauf mit einem Verweis auf die mangelhafte Durchsetzung staatlicher Souveränität im Ostkongo und brüskierte so Tshisekedi öffentlich. Damit fügte er dem ohnehin schon dürftigen französischen Ansehen in weiten Teilen Afrikas weiteren Schaden zu. Die paternalistische Geste Macrons wurde im Westen kaum wahrgenommen. In Afrika ging der Ausschnitt jener Pressekonferenz hingegen viral, als Nachweis einer der Vergangenheit verhafteten ehemaligen Kolonialmacht.

Die wertegebundene Außenpolitik des Westens ist daher nicht nur oft inkonsistent. In den Augen der Staaten und Gesellschaften im Globalen Süden ist sie vor allem Ausdruck innenpolitischer Zwänge des Westens. Dabei befeuert die Vermischung von Außen- und Innenpolitik die bilateralen Konflikte. Das weiß man im Globalen Süden besser als im Westen, weil die Abhängigkeiten von den innenpolitischen Entwicklungen in Europa und den USA häufig sehr konkrete Folgen hatten. Weil für das isolierte Portugal die afrikanischen Kolonien wirtschaftlich existenziell und politisch identitätsstiftend waren, konnte es bis 1974 nicht von ihnen lassen. Weil französische oder niederländische Bauern so leicht zu provozieren sind, können afrikanische Staaten ihre Nahrungsmittel nicht zu fairen Bedingungen nach Europa exportieren. Dafür fahren überall auf der Welt deutsche Autos. Weil man sich im Westen beweisen musste, dass das eigene demokratische System allen anderen überlegen ist, propagierte man den

Regimewechsel im Irak und anderswo als angemessenes außenpolitisches Ziel. Die Liste ließe sich fortsetzen.

Ein Kontrast dazu sind die in Moskau, Neu-Delhi und Peking stattfindenden Gipfeltreffen ganz anderer Art. So fand das erste China-Afrika-Kooperationsforum schon im Jahre 2000 in Peking statt. Seither bietet dieses Forum einen zentralen Dialog-Mechanismus afrikanischer Länder mit China. Kein Wort von Demokratie oder Menschenrechten. Stattdessen geht es um den Ausbau von Handel und Infrastruktur. 2018 erreichte das Forum seinen bisherigen Höhepunkt. Nicht weniger als 50 afrikanische Staatschefs reisten nach Peking. Weder Europa noch die USA verfügen über ein vergleichbares Format, in dem jenseits von gemeinsamen Erklärungen pragmatische Formen der Zusammenarbeit aufgesetzt werden. Der Erfolg zeigt sich auch in seinen Nachahmern. 2019 lud Wladimir Putin zum ersten Russland-Afrika Gipfel ein. 43 afrikanische Staatschefs reisten nach Sotchi, um die Kooperation mit Russland zu vertiefen. Heute bezieht Afrika rund die Hälfte aller Waffenimporte aus Russland. Russland konnte während des Gipfels und dann im Zuge des Krieges gegen die Ukraine zwei Jahre später an vertrauensvolle Beziehungen vor allem mit den ehemaligen Befreiungsbewegungen des Kontinents anknüpfen, auch wenn zur Neuauflage 2023 deutlich weniger afrikanische Staatschefs kamen. Derweil investiert auch die Türkei zunehmend in Afrika und verfügt inzwischen über Sicherheitsabkommen mit 30 afrikanischen Ländern. Ebenso Indien, das über den indischen Ozean hinweg an einer Sicherheitskooperation mit afrikanischen Ländern interessiert ist. Die indischen Direktinvestitionen in Afrika sind inzwischen höher als die aus Deutschland. Trotz des *Compact with Africa*, einer Initiative Berlins im Rahmen der deutschen G20-Präsidentschaft 2017. Ziel war es, mehr Investitionen nach Afrika zu bringen. Die Initiative blieb aber hinter den Erwartungen zurück.

Auch die amerikanischen Versuche, ein den chinesischen Afrika-Gipfeln ähnliches Format aufzusetzen, wirken bemüht. Ein erster USA-Afrika Gipfel fand 2014 unter Präsident Obama statt. Trump hatte offensichtlich kein Interesse daran, das Format fortzusetzen. Stattdessen blieb seine Bezeichnung afrikanischer Länder als «shithole countries» im Gedächtnis. Zwar gab es auch unter Trump eine neue Afrika-Strategie. Dessen Präsentation durch den Nationalen Sicherheitsberater des Präsidenten, John Bolton, drehte sich aber primär um China. Ein Artikel in der *New York Times* dazu hatte den vielsagenden Titel: «Bolton erklärt eine Strategie für Afrika, bei der es in Wirklichkeit darum geht, China entgegenzutreten.»[27] Genau das also, was man sich dort nicht wünscht, weil es Afrika in kolonialer Tradition als Schachbrett, nicht als Kontinent mit diversen und zunehmend einflussreichen Akteuren versteht.

Zuletzt nahm Präsident Biden einen zweiten Anlauf. Im Dezember 2022 waren die Staats- und Regierungschefs von 49 afrikanischen Staaten zu Gast in Washington. Biden gab sich sichtbar Mühe, auf die Bedürfnisse seiner Gäste einzugehen. Er verkündete neue Finanzierungen für Infrastruktur und digitale Transformation und versprach, sich für einen Sitz der Afrikanischen Union in den G20 einzusetzen. Und dennoch, die westliche Presse besprach auch diese Veranstaltung primär im Kontext der sich intensivierenden Rivalität zwischen China und den USA. Nicht ohne Grund, schließlich ist es der geopolitische Kontext, der das Interesse des Weißen Hauses an Afrika bestärkt – und ohne den eine Realisierung der durchaus ambitionierten Vorhaben mittels US-amerikanischer Steuergelder kaum vorstellbar ist.

Es ist also nicht nur die weiter zurückliegende koloniale und post-koloniale Geschichte, die dem Westen heute den Umgang mit den Staaten des Globalen Südens erschwert. Chancen zur Korrektur sind insbesondere in den vergangenen zwanzig Jahren ungenutzt geblieben. Zu sehr hatte der gesamte Westen seit dem 11. September 2001 in den Augen vieler Staatschefs in Afrika auf Anti-Terrorkampf und eine oftmals paternalistisch aufgebaute klassische Entwicklungszusammenarbeit mit teurer westlicher Beratung gesetzt. Derweil sah man in China, Indien, der Türkei und Russland die Zusammenarbeit mit dem Kontinent als Chance für den Ausbau außen- und wirtschaftspolitischen Einflusses. Vielleicht, weil man dort schon lange wusste, dass es in einer multipolaren Welt Unterstützer braucht.

China ist Partner, nicht Rivale

In Washington ist man sich parteiübergreifend einig, dass China der wichtigste außenpolitische Gegner der Gegenwart und Zukunft sei. Kein potenzieller Partner für die Lösung globaler Probleme also. US-Präsident Biden argumentiert dabei unter anderem mit einer konzeptionell vagen außenpolitischen Orientierung an Demokratien. Das erschwert eine Zusammenarbeit mit China und führt indirekt eine Geschlossenheit der BRICS herbei, die es so gar nicht geben müsste. In der EU und in Deutschland sieht man die Zusammenarbeit mit China differenzierter. Daher die umständliche Umschreibung Chinas als «Partner, Wettbewerber und systemischer Rivale». Ein Grund dafür ist die enge Verknüpfung der europäischen mit der chinesischen Wirtschaft. Eine sogenannte «Entkopplung» von China, die manche in den USA anstreben, ist für Europa kaum zu erreichen. Laut einer Studie des IFO-Instituts in München würde sie die deutsche Wirtschaft sechsmal so viel kosten wir der BREXIT.[28] Auch wenn einseitige Abhängigkeiten von China mittelfristig reduziert werden können, stehen der Bundesregierung schwierige Abwägungs- und Abstimmungsprozesse bevor, wie in der neuen China-Stretegie deutlich wird. Im Globalen Süden erkennt man das Problem gar nicht als solches. Hier wird China anders gesehen. Beispielsweise erklärten Vertreterinnen und Vertreter der brasilianischen Regierungspartei bei einem Treffen in kleiner Runde ihren deutschen Gästen im Juni 2023, dass sie in China weniger eine Diktatur als ein erfolgreiches wirtschaftliches Entwicklungsmodell sehen. Weil es den Empfehlungen von Weltbank und internationalem Währungsfond nicht gefolgt ist.

Dass Europa eine andere Chinapolitik verfolgt als die USA wird in Peking begrüßt und nach Kräften zu fördern versucht. Das wurde durch die besondere Gastfreundschaft gegenüber Bundeskanzler Scholz oder Präsident Macron bei seinem Staatsbesuch 2022 in Peking deutlich. Zwar verwies auch Macron auf die Notwendigkeit einer Politik Europas gegenüber China, die sich von der der USA unterscheidet. Aber auch in Europa traut sich bisher kaum jemand öffentlich zu benennen, was denn eine legitime außenpolitische und geopolitische Rolle Chinas sei angesichts der Größe und des zunehmenden Einflusses des Landes. Lieber erklärt man, was China alles nicht erlaubt werden soll. So ignoriert man im Westen, dass sich China inzwischen mehr als viele andere in den Vereinten Nationen engagiert, auch wenn es dabei immer wieder schamlos eigene Interessen verfolgt. China stellt unter den fünf ständigen Mitgliedern des Sicherheitsrates schon seit 2010 die meisten Blauhelm-Soldaten und 15 Prozent des Budgets für Friedensmissionen der Vereinten Nationen. Während Deutschland den Rückzug aus Friedensmissionen der Vereinten Nationen verkündet, bleibt China vielerorts mit eigenen Soldatinnen und Soldaten engagiert. Zum Beispiel im Kongo. Oder man zeigt sich überrascht darüber, wie positiv China zum Beispiel in Südostasien gesehen wird, trotz Gebietsstreitigkeiten und anderer bilateraler Probleme.[29] Wo doch eigentlich die USA der selbsternannte Garant der internationalen Ordnung sind. Das übersieht einen wesentlichen Punkt. Entscheidend für die

Wahrnehmung Chinas außerhalb des Westens ist, dass der chinesische Einfluss als dauerhaft gilt. Chinas Aufstieg zur wichtigsten Macht im asiatischen Raum ist für die Gesellschaften im Globalen Süden längst eine Tatsache mit sowohl positiven als auch negativen Folgen.

Hinzu kommt eine unbequeme Wahrheit: China genießt als Partner Afrikas weiterhin besondere Glaubwürdigkeit, nicht nur wegen der vielen Infrastrukturprojekte, sondern auch wegen seiner Erfolgsgeschichte, die als Vorbild gesehen wird. Ab Ende der 1970er Jahre hat es das riesige Land geschafft, den Aufbau von Industrien zu schützen, Marktzugang über den Transfer von Technologien zu konditionieren und damit zur Exportmacht aufzusteigen. China konnte dabei aufgrund eines historisch breiten Gesundheits- und Bildungssystems auf eine vergleichsweise gesunde und gebildete Bevölkerung zählen. Diese Bevölkerung zog zunehmend in die Städte an den Küsten, wo sie für den Export produzierte. Durch eine pragmatische Kombination dieser Faktoren konnten 800 Millionen Chinesinnen und Chinesen im Zeitraum von 40 Jahren aus extremer Armut befreit werden.[30] Trotz aller berechtigten Kritik an den Arbeitsbedingungen und der autokratischen Staatsführung gibt es historisch wohl keinen vergleichbaren Aufstieg aus der Armut. Aber die Bedingungen dieses Aufstiegs lassen sich nicht einfach in Afrika oder Südasien replizieren. Dafür ist der chinesische Binnenmarkt zu groß und dafür waren die weltwirtschaftlichen Bedingungen der letzten Jahrzehnte des vergangenen Jahrhunderts zu günstig. Im Kampf gegen die Armut können Länder wie Burundi oder Nepal also nur eingeschränkt Erfahrungen aus dem chinesischen Entwicklungspfad ableiten. Mit einer wichtigen Ausnahme: Sich in der eigenen Wirtschafts- und Sozialpolitik nicht von westlichen Rezepten beirren zu lassen, ist heute anschlussfähig im gesamten Globalen Süden.

Natürlich bleibt ein Ungleichgewicht in den Verhandlungen zwischen China und einzelnen Ländern des Globalen Südens. Darauf verweist man im Westen gerne. Wie kann eine Übereinkunft zwischen so ungleichen Partnern einvernehmlich sein? Der Einwand übersieht die Autonomie, die auch kleinere Staaten in dieser Beziehung haben. Zumal die Beziehungen afrikanischer und lateinamerikanischer Staaten zu China keine historischen Belastungen abarbeiten müssen. Europäische Regierungen wiederum müssen sich immer öfter die Frage gefallen lassen, was denn jenseits der Werteorientierung ihre harten Interessen seien? Und ob denn das, was man im Infrastrukturbereich inzwischen anbiete, wirklich neu sei. Die mit großem Aufwand verkündete und mit bis zu 300 Milliarden Euro ausgestattete *Global Gateway Initiative* der EU etwa hat bislang wenig Sichtbares hervorgebracht.[31] Die Wissenschaftlerin der *African Climate Foundation* (ACF) Faten Aggad argumentiert, dass erst durch das chinesische Engagement die EU überhaupt bereit war, mehr im Bereich Infrastruktur anzubieten. Nun sei aber wenig neues Geld in der *Global Gateway Initiative*, das nicht schon verplant wäre. Zudem seien die Instrumente der Initiative für die Mobilisierung von Krediten nicht ausreichend an die Interessen der Länder des Globalen Südens angepasst.[32]

Die Schwächen der anderen

Trotzdem, China hat ein Soft Power Problem. Es steht für wirtschaftlichen Wohlstand ohne politische Freiheiten. Dabei ziehen knapp 70 Prozent aller Menschen in Afrika weiterhin Demokratie jeder anderen Regierungsform vor. Große Mehrheiten sprechen sich gegen Autokratie, Militärherrschaft und für Menschenrechte aus. Nur 22 Prozent sehen China als das beste Modell für ihre Staaten.[33] Das zeigt, dass Demokratie, Menschenrechte und

Geschlechtergerechtigkeit global geteilte Werte sind, die nicht zufällig in der Charta der Vereinten Nationen formalisiert wurden. Auch die 17 Nachhaltigkeitsziele der Vereinten Nationen sind die verbindlichen Ziele aller 193 UN-Mitgliedsländer, die man bis 2030 erreichen will. Von einem Konflikt zwischen vermeintlich asiatischen, afrikanischen und westlichen Werten sprechen daher vor allem Regierungen, die sich keinen Wahlen stellen wollen – wie die Chinas. Wer mit Oppositionellen in Simbabwe, Gewerkschafterinnen in Bangladesch, Protestierenden in Uganda oder Ruandern im Exil spricht merkt schnell, dass man sich zwar keine Belehrungen des Westens wünscht, Verweise auf global geteilte Werte aber durchaus willkommen sind. Umso irritierter ist man dort, dass auch der Westen im Tagesgeschäft der diplomatischen und entwicklungspolitischen Beziehungen auf solche Werte oft nicht viel Wert legt. Die deutsche Öffentlichkeit diskutiert vehement über die Rolle von Werten in einer neuen China-Strategie, nicht aber mit Blick auf die Zusammenarbeit mit Staaten wie Ruanda oder Uganda.

Dabei hat die Autokratie als solche im Globalen Süden außerhalb Chinas eine besonders schlechte Bilanz. Beispielhaft sind die vom Westen während des Kalten Kriegs gestützten brutalen Autokratien im Kongo oder Indonesien. Demokratien erlauben einen friedlichen Interessenausgleich, sie führen weniger Kriege gegeneinander, und wie der indische Nobelpreisträger Amartya Sen zeigt, sind in Demokratien Hungersnöte wesentlich unwahrscheinlicher.[34] Dennoch hat laut dem Umfrageinstitut Afrobarometer die Zufriedenheit mit Demokratie in Afrika abgenommen. In Südafrika, der einflussreichsten Demokratie Afrikas, sind weniger als ein Drittel der Menschen zufrieden mit ihr. Gleichzeitig würden 62 Prozent aller Befragten in 34 Ländern Afrikas eine Regierung, die rechenschaftspflichtig ist, einer Regierung, die effizient ist, vorziehen. Und noch etwas zeigen die Daten des Afrobarometer. Auch die Soft Power des Westens steht im Globalen Süden mehr denn je im Wettbewerb zu anderen Staaten. So gaben 63 Prozent der Befragten an, dass der chinesische Einfluss in ihren Ländern insgesamt eher positiv sei. Der US-amerikanische Einfluss wird von 60 Prozent als positiv gesehen. Ehemaligen europäischen Kolonialmächten wie Frankreich, Großbritannien oder Deutschland wird nur von 46 Prozent ein positiver Einfluss zugestanden. Die USA sind für immerhin 33 Prozent der Befragten das präferierte Entwicklungsmodell.[35] Auch die Verschuldung afrikanischer Staaten in China wird von einer Mehrheit der Befragten als zu groß angesehen. Es zeigt sich also, dass man China schätzt, sich aber Sorgen um die Verschuldung gegenüber Peking macht, und nur wenige wollen auch so leben wie in China. In Sambia gewann Michael Satta bereits im Jahr 2011 mit einer explizit anti-chinesischen Wahlkampagne die Präsidentschaft. Er warf China vor, sambische Minenarbeiter auszubeuten und Korruption zu befördern. An die sich zunehmend ausbreitende China-kritische Stimmung anknüpfend, kündigte der kenianische Präsidentschaftskandidat Ruto in seiner Wahlkampagne 2022 an, dass er Chinesinnen und Chinesen, die kenianische Jobs gefährdeten, ausweisen würde. Chinas Einfluss in Afrika ist also umstritten und wird leicht überschätzt.

Das gilt auch für den Einfluss Russlands in Afrika. Russische Direktinvestitionen machen weniger als ein Prozent aller Direktinvestitionen auf dem Kontinent aus. Während die EU im Wert von 295 Milliarden und China im Wert von 254 Milliarden mit Afrika handelt, ist der russisch-afrikanische Handel nur 14 Milliarden US-Dollar wert. Gerade mal 0,4 Prozent aller afrikanischen Exporte gehen nach Russland.[36] Dennoch sind einige Länder z. B. am Horn von Afrika von Getreideimporten aus Russland abhängig. Auch beim Import von Waffensystemen ist Russland attraktiv für einige Staaten. Gerade hier hat aber der Krieg in der Ukraine bereits jetzt massive Folgen. Anstatt Rüstungsgüter zu exportieren, versucht Russland derzeit Munition zurückzukaufen. Moskau importiert Drohnen aus dem Iran und Raketen aus Nordkorea. Für Staaten, die lange auf russische Waffen und Munition gesetzt haben, wie Indien oder Vietnam, ist das ein Problem. Die Folge: Südkorea, Frankreich und andere europäische Staaten (Deutschland inklusive) werden absehbar mehr Rüstungsgüter in den Globalen Süden exportieren. Russlands geopolitischer Einfluss als Waffenexporteur schwindet. Langfristiger wirtschaftlicher Aufschwung ist mit einer Zusammenarbeit mit Russland, die andere Handelspartner abschreckt, ohnehin nicht zu haben. Russland ist daher vor allem ein attraktiver Partner für isolierte Autokratien. Trotz provozierender Rhetorik vor allem autokratischer Regime wird kaum ein Land im Globalen Süden langfristig bereit sein, auf eine Zusammenarbeit mit Russland zu setzen, wenn dies auf Kosten der Zusammenarbeit mit anderen Staaten geht. So kann die enge Verbindung mit besonders korruptionsanfälligen Regierungen seitens Russlands, aber auch Chinas, sich langfristig als Vorteil des Westens erweisen.

Kritik am chinesischen oder russischen Geschäftsgebaren sollte dennoch nicht missverstanden werden als Einschwenken auf den US-amerikanischen Kurs gegen China und Russland. Ein Beispiel sind laufende Verhandlungen in der Demokratischen Republik Kongo. Der 2019 gewählte Präsident Tshisekedi forderte eine Neuverhandlung der Verträge mit dem chinesischen Bergbauriesen Sicomines. China, so die Kritik seiner Regierung, erfülle die vertraglich zugesicherten Verpflichtungen zum Bau von Straßen, Krankenhäusern und anderer Infrastruktur nicht ausreichend. Zudem sehe der Vertrag ungenügende steuerliche Abgaben der hochprofitablen Minen vor. Im Gespräch mit einem Journalisten der *Financial Times* in London im März 2023 betonte der kongolesische Finanzminister Nicolas Kazadi gleichwohl, dass es sich hier um ökonomische, nicht um politische Fragen handelte.[37] Der Punkt war ihm offenbar wichtig. China sei weiterhin der wichtigste Investor im Land. Tatsächlich gehen 90 Prozent der kongolesischen Minenexporte nach China. Eine Neuverhandlung der Verträge mit Sicomines sollte den Interessen beider Seiten entsprechen. Keinesfalls aber stellt der Kongo die grundsätzliche Präsenz Chinas beim Abbau von kongolesischen Rohstoffen infrage.

In Sambia und Kenia nahm die Anti-China-Rhetorik nach den Wahlen ab, die Details der Kreditverträge Kenias mit China wurden bis heute nicht veröffentlicht. Die Wahlkämpfe in beiden Staaten zeigen aber, dass auch die Süd-Süd-Kooperationen in den Gesellschaften des Globalen Südens kritisch hinterfragt werden. Davon zeugen auch Beispiele jenseits Afrikas. Etwa in Laos, wo chinesische Kredite dazu beigetragen haben, dass die Volkswirtschaft des kleinen südostasiatischen Staates zu kollabieren droht. Derweil mehren sich die Anzeichen, dass der chinesische Bauboom im Ausland ein Ende gefunden hat. Von Pakistan bis Sri Lanka und von Laos bis Uganda zeigt sich, dass die hohen Erwartungen an die Wirtschaftlichkeit vieler von China finanzierter Projekte überzogen waren. Infolgedessen ist die Anzahl neuer Projekte im Rahmen der Seidenstraße seit 2020 regelrecht eingebrochen.[38] Auch vor diesem Hintergrund sind die westlichen Vorwürfe eines chinesischen Neo-Kolonialismus fehl am Platz. Chinesische Interessen in Ländern des Globalen Südens sind unverhohlen, aber damit auch klar. Damit können viele Regierungen des Globalen Südens gut umgehen. Sie äußern im Gegenzug eigene Interessen.

Das führt uns zu einer weiteren, häufig impliziten Annahme des Westens. Das nämlich nicht-westliche Entwicklungspartner, gerade weil sie sich nicht mit *good governance*-Kriterien in den Nehmerländern belasten, der Autokratisierung im Globalen

Süden Vorschub leisten. Zum Beispiel indem sie Patronage-Netzwerke bedienen und Korruption gezielt einsetzen. Oder indem sie sich schamlos über Sozial- und Umweltstandards hinwegsetzen und die gebotene gesellschaftliche Teilhabe am Rohstoffreichtum umgehen. Das trifft häufig zu. Sheikh Hasina in Bangladesch kann die Opposition auch deswegen klein halten und Freiheitsrechte beschneiden, weil sie um die Gunst Indiens und Chinas weiß. Von China finanzierte Infrastrukturprojekte in Kenia begünstigen vor allem die zahlenmäßig kleine Oberschicht. Mali ist ein krasses Beispiel dafür, wie Putschisten sich durch die Unterstützung Russlands an der Macht halten können.

Nur, auch westliche Rohstoffkonzerne tummeln sich in autokratischen Regimen. Bislang ist wenig bekannt darüber, dass Exxon, Total oder der italienische Konzern Eni sich aktiv (geschweige denn erfolgreich) für demokratische Teilhabe in Staaten wie Angola, Mosambik oder Libyen eingesetzt hätten. Mittlerweile darf der US-amerikanische Erdölkonzern Exxon sogar wieder in Venezuela fördern, ohne dass sich das autokratische Regime unter Nicolás Maduro erkennbar bewegt hätte. In der Einschätzung der Erfolge westlicher Demokratisierungsversuche ist die politikwissenschaftliche Forschung weiter als die öffentliche Wahrnehmung. Gut belegt ist mittlerweile, dass auch die klassische westliche Entwicklungszusammenarbeit autokratische und semi-autokratische Regierungen stützt, indem sie ihnen die Mittel gibt, den politischen Druck aus der Bevölkerung zu reduzieren. Investitionen in den Sektoren Bildung, Gesundheit und soziale Sicherung waren oft den westlichen Gebern vorbehalten. Offen oder klandestin wanderten dann die verbliebenen staatlichen Mittel in Patronage-Netzwerke und den Sicherheitssektor – der wiederum die politische Opposition oder unorganisierte Proteste im Keim ersticken konnte. Je länger westliche Geber in solcherart semi-autokratischen Regimen investiert haben, desto schwerer fiel es ihnen, sich von ihnen loszusagen. Verständlich, schließlich will man nicht verantwortlich sein für den Zusammenbruch ohnehin schwacher Gesundheits- oder Bildungssysteme. Regalweise analysiert die Fachliteratur mittlerweile, wie politische Eliten in Afrika die von außen verlangten Reformen nur selektiv umsetzten, um Macht und Ressourcen zu sichern.[39] Eben gerade so weit, um die westlichen Geberstaaten nicht vor den Kopf zu stoßen, aber nie so weit, dass die eigene politische Vormachtstellung in Gefahr geraten würde. Das soll die existierenden und beachtlichen Erfolge westlicher Entwicklungszusammenarbeit nicht schmälern. In vielen Staaten ist die häufig aus dem Westen unterstützte organisierte Zivilgesellschaft mit ihren progressiven Anliegen ein wichtigeres Korrektiv für die Regierung als intransparente oder manipulierte Wahlen. Ein Ersatz dafür sind sie aber nicht. Entgegen den Annahmen von Modernisierungstheoretikern und ihren Schülerinnen und Schülern hat sich in der Politikwissenschaft die Einsicht durchgesetzt, dass sich ein im Westen über Jahrhunderte gewachsenes System aus politischer Mitbestimmung, relativem Wohlstand, funktionierenden Institutionen und Eigentumsrechten nicht ohne Weiteres exportieren lässt.

Besser also, man hört auch auf diejenigen, die in Kamerun, im Sudan oder in Uganda die politische Opposition hochhalten. Auch sie formulieren den dringenden Wunsch nach Alternativen zum Westen. Weil auch sie die Freiheit haben wollen zu wählen, im Inneren wie im Äußeren. So wies eine sudanesische Vertreterin der Zivilgesellschaft nach der zunächst erfolgreichen Revolution Anfang 2020 in einem Gespräch darauf hin, dass Regierungsvertretungen aus Europa nun unbedingt Kontakt zu ihnen etablieren wollten. Obwohl Deutschland und andere westliche Staaten vorher mit dem sudanesischen Autokraten Bashir bei der

Migrationsabwehr zusammengearbeitet hätten. Vertrauensaufbau fällt da schwer. Das bestätigt die Begegnung mit einer Gruppe mutiger politischer Aktivistinnen und Aktivisten sowie oppositionellen Politikerinnen und Politikern unter anderem aus den Autokratien Uganda, Kamerun und Simbabwe im März 2023. Bei den Gesprächen im Auswärtigen Amt, im Entwicklungsministerium und im Bundestag kommen die Gäste immer wieder darauf zurück, dass auch die technische Entwicklungszusammenarbeit des Westens von den Regierungen ihrer Länder als stille Zustimmung gewertet werde. Regierungen, gegen die sie im Namen gemeinsamer Werte protestieren.

In Afrika und Teilen Asiens steht heute eine junge und zunehmend urbane Mehrheit fast ausschließlich männlichen Staatschefs gegenüber, die oftmals sehr alt sind. In Uganda, Kambodscha oder Kamerun muss man über vierzig sein, um sich an einen anderen Staatschef als den heutigen erinnern zu können. Die junge Opposition gewinnt in vielen Teilen Afrikas bereits Kommunalwahlen, vor allem in den wachsenden Städten. Sie wird auch nationale Wahlen mittelfristig gewinnen. Diese Opposition wird sich daran erinnern, wer wen wie gestützt hat. Demographie, Urbanisierung und Proteste werden den Globalen Süden politisch verändern. Das wird absehbar ein Problem für China und Russland, die fast immer auf amtierende Autokraten setzen. Deutschland und Europa verfügen dagegen oft über vielfältigere Zugänge zu den Gesellschaften des Globalen Südens, auch jenseits der Regierungsebene. So wird die Werteorientierung von Außen- und Entwicklungspolitik immer dann zum Vorteil, wenn vormals stabile Autokratien von zivilen Protestbewegungen verdrängt werden. Auch in demokratischen und halb-demokratischen Staaten hat der Westen mehr Möglichkeiten als alternative Partner wie China. Die kann er insbesondere dann ausspielen, wenn er außen-, aber eben auch finanz- und wirtschaftspolitische

Angebote macht, die die Ungleichheit in den Ländern des Südens reduzieren. Eine wertegeleite Außen- und Entwicklungspolitik müsste die Bekämpfung von Ungleichheit und mangelnder Daseinsvorsorge prioritär bearbeiten, will sie Demokratien und damit gemeinsame Werte im Globalen Süden durchsetzen und stabilisieren.

Die Attraktivität Chinas und anderer Staaten ist eben vor allem das: eine willkommene Alternative zum Westen, keine Blaupause für die jeweils eigene Gesellschaft. Daran zu erinnern ist wichtig, auch weil wir derzeit eine nationalistische Re-Ideologisierung in vielen der gegenwärtigen und zukünftigen Polen der Welt beobachten. China unter Xi propagiert eine eigene Form des Sozialismus, die eine Rückbesinnung auf Mao Tse-tung mit konfuzianischen Elementen kombiniert. In Putins Russland verweist die staatliche Propaganda auf die vergangene Größe des Zarenreichs ebenso wie auf die globale Geltung der Sowjetunion unter Stalin. In Indien unter Modi wiederum regiert der Hindu-Nationalismus, der zunehmend an den demokratischen Fundamenten des Landes sägt und die muslimische Minderheit marginalisiert. Die Türkei unter Erdoğan hat den säkularen Kemalismus ersetzt durch offensive Verweise auf das Osmanische Reich und den sunnitischen Islam als Wesensmerkmale einer neuen, selbstbewussteren Türkei. Bei allen Unterschieden, gemein ist diesen Entwürfen, dass sie die jeweils eigene Geschichte zugunsten eines neuen Nationalismus und der Unterminierung von Freiheitsrechten bedenkenlos umschreiben. Das wiederum erlaubt eine noch schärfere Abgrenzung vom Westen. Dass damit Wahlen gewonnen werden können, hat man in der Türkei und Indien gesehen. Die Attraktivität solcherart innenpolitisch definierter Ideologien hat aber Grenzen. In den Bevölkerungen selbst – auch Modi hat bei den letzten Wahlen nur eine relative Mehrheit Indiens für sich einnehmen können –, vor allem aber jenseits der

Landesgrenzen. Nicht Erdoğans muslimischer Nationalismus macht die Türkei zu einem attraktiven Partner in Afrika. Jenseits blumiger Worte («Die Welt ist eine Familie») ist der Hindu-Nationalismus Modis außerhalb Südasiens nicht anschlussfähig. Und innerhalb Südasiens erschwert er die Kooperation mit den mehrheitlich muslimischen Nachbarn Bangladesch und Pakistan. Auch die Kombination aus Stalinismus und Zarenreich à la Putin entfaltet in Afrika, Asien und Lateinamerika keine Strahlkraft. Das zeigen unsere Gespräche mit Wissenschaft, Politik und Aktivistenszene in Afrika und Asien. Und das zeigt nicht zuletzt die zunehmend multipolare Welt der Kulturimporte im Globalen Süden. Hier dominiert nicht staatlich verordnete chinesische Monotonie, sondern die Farbenvielfalt von Bollywood und Nollywood (Nigerias Filmindustrie), die Gesellschaftskritik koreanischer Serien, die Spannung der Premier League mit vielen afrikanischen Spielern oder die Romantik türkischer und brasilianischer Seifenopern. An den Unterhaltungswert der Ränkespiele von *House of Cards* kommt der Anblick Hunderter gleichgescheitelter Anzugträger in der Großen Halle des Chinesischen Volkes nicht heran.

3. Kapitel: Falsche Lösungen

Warum man im Globalen Süden den Westen für viele Krisen verantwortlich macht

Am 24. April 2013 stürzte ein achtstöckiger Bau in einem Vorort von Bangladeschs Hauptstadt Dhaka in sich zusammen. Das in Teilen illegal errichtete Gebäude unter dem Namen Rana Plaza beherbergte mehrere Textilfabriken. Als die meisten Leichen Tage später aus dem zusammengesackten Gebäude in der Hitze Dhakas geborgen waren, stand fest: 1132 Menschen waren in den Trümmern ums Leben gekommen. Mehr als 2000 Menschen wurden teils schwer verletzt. Rana Plaza war damit eines der größten Industrieunglücke des 21. Jahrhunderts. Viele der Opfer waren Näherinnen, die Hemden und Hosen für westliche Firmen wie Mango oder Benetton produzierten. Auch deutsche Unternehmen wie KiK und Adler waren unter den Abnehmern.

Zur Zeit des Unglücks führte einer der Autoren dieses Buches nur wenige Kilometer entfernt ein Gespräch mit Gewerkschafterinnen der bangladeschischen Textilindustrie. Wütend beschwerten sie sich über Lieferketten, die im Westen große Profitmargen und günstige T-Shirts ermöglichten, aber in Dhakas Industriegebieten Brandrisiken bedeuteten. Wenige Monate zuvor hatte bereits ein Großbrand in Dhaka mehr als 100 Näherinnen getötet. Das Gespräch wurde unterbrochen. Immer mehr Teilnehmende erhielten Anrufe aus Rana Plaza. Die Gewerkschafterinnen wollten so schnell wie möglich zur Einsturzstelle, um ihren Kolleginnen zu helfen. Sie konnten nur wenig tun. Es folgte ein weltweiter Aufschrei. Vor Ort waren Zorn und Trauer besonders groß.

Überrascht war aber kaum jemand. Man kannte die Bedingungen, die es erlaubten, im Westen T-Shirts für wenige Euro zu verkaufen. So waren die Risse im Mauerwerk von Rana Plaza schon vor dem Unglück deutlich zu erkennen. Die Verantwortlichen waren dennoch untätig geblieben. Die Gründung von Gewerkschaften hatte man hingegen eingeschränkt, so dass jede Näherin für sich und unter Einkommensdruck entscheiden musste, ob sie sich in die fragile Fabrik traute.

In den Jahren danach setzten sich die Gewerkschafterinnen, die bei dem Gespräch in einem Hotel von Dhaka dabei waren, für eine rechtlich-verbindliche Sorgfaltspflicht auf Seiten der Unternehmen und für bessere Löhne ein. Sie sprachen mit deutschen Ministern sowie Abgeordneten. Sie sprachen mit der EU und den Vereinten Nationen. Sie protestierten in europäischen Fußgängerzonen. Sie hatten Erfolg. Dabei war ihnen eine Sache besonders wichtig: Sie sehen sich weiterhin explizit als mögliche Globalisierungsgewinnerinnen aus dem Globalen Süden. Nur warteten sie noch immer auf eine bessere Beteiligung an diesem Gewinn. Und sie wollten verbindliche Haftungspflichten für globale Textilunternehmen entlang der gesamten Lieferkette. Bei wohlmeinenden Boykottforderungen besorgter Konsumenten von T-Shirts «Made in Bangladesh» schüttelten sie hingegen den Kopf.

Rana Plaza zeigte uns, dass man auch in Deutschland krisenhafte Arbeitsbedingungen im Globalen Süden lange hinnahm. Die Aufträge von globalen Textilunternehmen an Fabriken in Ländern wie Bangladesch, wo die Arbeitskosten niedrig sind, ermöglichen uns billige T-Shirts. Die Alternative wäre eine bessere Regulierung der Lieferkette und damit ein Eingriff in die Profitmarge der globalen Textilunternehmen. Höhere Preise für Kleidung wären für armutsgefährdete Haushalte im Westen nur dann verkraftbar, wenn sie über höhere Einkommen verfügten. So hängt beides zusammen, die zunehmende Ungleichheit im Westen und die vielfältigen Krisenerfahrungen im Globalen Süden.

Andere Beispiele drängen sich auf, die Logik ist vergleichbar. Aus der Perspektive des Globalen Südens exportiert der Westen seine Krisen in ärmere Länder. In der Corona-Pandemie führten westliche Grenzschließungen, Einschränkungen von Flügen und des Impfzugangs zu einer Verschärfung von Armut im Globalen Süden. Und besonders gut bekannt ist im Globalen Süden, dass militärische Interventionen des Westens fast immer nicht einkalkulierte Folgekosten haben. Die Intervention in Libyen im Namen der *Responsibility to Protect* und ihre Auswirkung auf die Sahel-Region ist ein Beispiel. Auch die Geldpolitik im Westen hat unmittelbare Folgen im Globalen Süden, die selten einkalkuliert werden. Das wichtigste und anschaulichste Beispiel für globalen Krisenexport des Westens ist aber die internationale Klimapolitik. Der Westen finanzierte seinen Reichtum auf Basis der Ausbeutung von Menschen und fossiler Ressourcen und oftmals mit Geschäften, die Autokraten im Globalen Süden stärkten. Heute muss der Globale Süden mit einer eskalierenden Klimakrise umgehen, die dort nicht verursacht wurde. Gleichzeitig steht ein fossiler Entwicklungsweg für den Globalen Süden nicht mehr zur Verfügung. Für einen anderen Entwicklungsweg gibt es aber kaum Ressourcen und bislang auch kein Modell.

Wer die Krisenpolitik der Länder des Globalen Südens verstehen will, muss von wiederholten Enttäuschungen wissen. Vor allem versprach der Westen, den Staaten Afrikas, Asiens und Lateinamerikas «auf Augenhöhe» zu begegnen. Die «Partnerschaft auf Augenhöhe» ist inzwischen die wohl abgegriffenste Phrase der Außen- und Entwicklungspolitik des Westens. Eine solche Partnerschaft wurde oft versprochen und kaum je eingehalten. Sie klingt im Westen immer richtig. In den Ohren der Menschen im Globalen Süden ist sie aber vor allem paternalistisch. Weil damit etwas benannt wird, das eigentlich selbstverständlich sein sollte. Dass das nicht so ist, liegt vor allem anderen daran, dass man auch in den jüngsten und andauernden Großkrisen eben nicht auf Augenhöhe die Interessen des Globalen Südens einkalkuliert hatte. Das erklärt, warum das Diktum des indischen Außenministers Jaishankar in weiten Teilen der Welt mit Begeisterung aufgenommen wurde: «Europa muss aus der Denkweise herauskommen, dass die Probleme Europas die Probleme der Welt sind, aber die Probleme der Welt nicht die Probleme Europas sind.» Darum soll es in diesem Kapitel gehen. Wir wollen erläutern, welche Folgen die westliche Krisenpolitik im Globalen Süden hat und was das mit der dortigen Wahrnehmung des Westens macht.

Die Corona-Krise global

Die gleichzeitige Betroffenheit von Covid 19 und der ungleichzeitige Zugang zu Impfstoffen in vielen Teilen der Welt war eine der offensichtlichsten Gerechtigkeitskrisen des frühen 21. Jahrhunderts. Die Pandemie war aber auch außenpolitisch besonders relevant für den Westen. Wenn man eines Tages zurückblickt und fragt, ab wann man auch in Deutschland zunehmend von einer multipolaren Welt ausging, wird man vermutlich auf die Krisen-Kombination aus Covid-19-Pandemie und der russischen Invasion in die Ukraine verweisen. Beide Krisen offenbarten, dass gewohnte Formen der Krisenpolitik und Prävention nicht mehr funktionieren, dass einseitige Abhängigkeiten zu groß waren, und, dass es neue internationale Bündnisse braucht. Beide Krisen sind auch insofern verbunden, weil man während der Covid-19-Pandemie die Anliegen des Globalen Südens auf fast schon symbolische Weise ignorierte, während man dann nach der russischen Invasion vergeblich auf die Solidarität derselben Staaten des Globalen Südens nur wenige Monate später hoffte. Ein Zusammenhang, den im Westen so nur wenige herstellten.

Die Covid-19-Pandemie zeigte den Ländern des Globalen Südens letztlich, wie wenig man sich im Krisenfall selbst auf langjährige Partner im Westen verlassen kann. Während im Westen Grenzen geschlossen, Masken und Impfstoffe gehortet und massive Konjunkturprogramme aufgelegt wurden, arbeitete man in vielen Ländern des Globalen Südens viel pragmatischer und letztlich solidarischer zusammen, zumindest in der ersten Phase der Pandemie. Gleichzeitig musste man mit einem Rückgang westlicher Unterstützung umgehen. Dabei konnten die Staaten in Afrika, Lateinamerika und Asien nur auf begrenzte Mittel zurückgreifen. Während in Deutschland 29 Betten auf einer Intensivstation pro 100 000 Menschen zur Verfügung stehen, sind es auch in großen Ländern des Globalen Südens wie China und Indien weniger als vier.[1] Insbesondere zu Beginn der Pandemie konzentrierte sich die Politik im Westen auf Innen. Verständlicherweise, die Pandemie war eine neue Erfahrung. Im Auge des Sturms sahen gewählte Politikerinnen und Politiker ihre Aufgabe vor allem darin, die eigene Bevölkerung vor dem Schlimmsten zu bewahren.

Aber drei Jahre Pandemie sind eine lange Zeit. Mit jedem Monat wurde deutlicher, dass ein Blick nur auf die eigene Gesellschaft nicht ausreicht, um den Folgeproblemen Herr zu werden. Und je länger die Pandemie andauerte, desto klarer wurde auch, dass die reine Abschottung à la China nicht durchzuhalten ist. Spätestens mit der Verfügbarkeit von Impfstoffen zeigte sich, dass mehr internationale Koordinierung notwendig war, um dem globalen Ausmaß der Krise gerecht zu werden. Gerade die internationale Koordinierung schlug aber spektakulär fehl. Anstatt der Weltgesundheitsorganisation zu neuem Glanz zu verhelfen, sah sie sich gefangen in den Grabenkämpfen zwischen den USA unter der Regierung Trump und Chinas Intransparenz im Umgang mit dem Virus. Misstrauen und Rivalitäten verhinderten eine Koordinierung zwischen China, der EU, den USA und anderen – mit Schaden für sowohl die Weltgesundheitsorganisation als auch die G20. Dem konnte die maßgeblich von der G7 unterstützte Covax-Initiative zur weltweiten Bereitstellung von Impfstoff in ärmeren Ländern nur eingeschränkt begegnen. Ein Armutszeugnis für die globale Krisenpolitik.

Im Globalen Süden erinnern sich viele an diese Zeit anders als wir im Westen. In dortiger Wahrnehmung funktionierte die Süd-Süd-Kooperation, während die Zusammenarbeit mit dem Westen ungleich schwerer war. China lieferte schnell Masken und Impfstoffe. Die deutsche Bundesregierung hatte den Export von Masken zunächst verboten. Die afrikanische Seuchenschutzbehörde Africa CDC hatte aus den Erfahrungen mit der Ebola-Pandemie Schlüsse gezogen und reagierte schnell und länderübergreifend, trotz geringer Ressourcen. Derweil wurden in Europa Grenzen geschlossen. Regionale Entwicklungsbanken in Asien und Afrika bemühten sich, zügig Kredite zur Verfügung zu stellen, und Regierungen in Pakistan, Namibia und Südafrika organisierten Cash-Transfer-Programme, die die wirtschaftlichen Folgen der Pandemie abmilderten. Dennoch führte die globale Gesundheitskrise zu einer Wirtschaftskrise, auch weil vielen Ländern des Globalen Südens die finanzpolitischen Möglichkeiten fehlten, um gegenzusteuern. So waren viele der Länder im Globalen Süden bereits vor der Pandemie hoch verschuldet. Reiche Industrieländer mobilisierten durchschnittlich Summen in der Höhe von fast 30 Prozent ihrer Bruttoinlandsprodukte zur Bekämpfung der Krise. In Entwicklungsländern standen dafür weniger als fünf Prozent zur Verfügung.[2] Während in Deutschland mit dem Kurzarbeitergeld der Arbeitsmarkt auch im Lockdown stabilisiert werden konnte, verlor in Nigeria mehr als ein Fünftel der Erwerbsbevölkerung den Arbeitsplatz. Vor allem den informellen Sektor in den wachsenden Städten des Kontinents traf die Pandemie hart. Hier arbeitet die Mehrheit der afrikanischen Erwerbsbevölkerung ohne Arbeitsvertrag und Krankenversicherung. Den Vereinten Nationen zufolge fielen 77 Millionen Menschen in Entwicklungsländern in Folge der Pandemie zurück in extreme Armut.[3] Damit haben die wirtschaftlichen Auswirkungen der Covid-19-Pandemie die meisten afrikanischen Länder härter getroffen als jede der großen internationalen Finanzkrisen seit 1997. Es gab aber auch nach der Pandemie keine Atempause. Nach den Preiserhöhungen im Globalen Süden infolge der russischen Ukraine-Invasion nahmen die fiskalpolitischen Spielräume noch weiter ab. Daraufhin mussten weitere Schulden aufgenommen werden. Der Anteil der Ausgaben für Schuldentilgung nahm in vielen Staatshaushalten in Ländern des Globalen Südens stetig zu.

Die Covid-19-Pandemie war keine Krise, für die der Westen verantwortlich war. Das weiß man auch in Afrika und Asien. Trotzdem, wenn es um die internationale Krisenpolitik im Zuge der Pandemie geht, erinnert man sich im Globalen Süden daran, dass, während der Westen auf den Patentschutz der eigenen Impfstoffe pochte, China schnell den eigenen Impfstoff anbot. Das erinnert viele, vor allem aus der Zivilgesellschaft des Globalen Südens, an die späten 1990er Jahre. Damals konnten sich Menschen außerhalb des Westens, wo die HIV/Aids-Infektionen stark zunahmen, die hohen Marktpreise von anti-retroviralen Medikamenten nicht leisten. Weil man zu lange auf Patentfreigaben warten musste, um die Behandlung von HIV/Aids auch im Globalen Süden finanzierbar zu machen, produzierten einige Staaten im Globalen Süden wie Mosambik, Simbabwe, Sambia oder Brasilien einfach preisgünstige Generika. Eigentlich ein Verstoß gegen die Regeln der Welthandelsorganisation. Erst eine lange Kampagne von Organisationen der Zivilgesellschaft gemeinsam mit

Regierungen des Globalen Südens brachte 2001 in Doha ein Umdenken. Die humanitär gebotene Produktion von Generika wurde so im Nachgang doch noch legal. Der Preis für die Medikamente sank auf unter 100 Euro pro Jahr. Die Lebenserwartung von Menschen mit HIV im Globalen Süden stieg deutlich. So konnten beispielsweise in Südafrika aufgrund der nun zugänglichen Therapie die Aids-Todeszahlen um mehr als 70 Prozent gesenkt werden. Die Lebenserwartung war von 54 Jahren im Jahre 2006 auf 65 Jahre im Jahre 2017 gestiegen.[4] Fast genau 20 Jahre später schlugen Südafrika und Indien in der Welthandelsorganisation das Aussetzen des Patentschutzes für Covid-19-Impfstoffe vor. Mehr als 100 Staaten schlossen sich diesem Vorschlag an. Von wichtigen EU-Mitgliedsstaaten, darunter Deutschland, wurde er abgelehnt. Vorher hatten sich große Pharmakonzerne lautstark und einflussreich gegen eine solche Aufhebung des Patentschutzes ausgesprochen.

Nicht nur bei der Freigabe oder Verteilung von Impfstoffen reagierte der Westen spät und verlor wichtiges Vertrauen. Ganz besonders sind afrikanischen Regierungen die Reiseeinschränkungen gegenüber Ländern des südlichen Afrikas nach der Entdeckung der Omikron-Variante im Dezember 2021 in Erinnerung geblieben. Dabei galt die Entdeckung vielen als Erfolg der afrikanischen Wissenschaft. Die Virologen Sikhulile Moyo in Botswanas Hauptstadt Gaborone und Tulio de Oliveira im südafrikanischen Stellenbosch hatten gemeinsam die Omikron-Variante des Coronavirus entdeckt und schnellstmöglich an die Weltgesundheitsorganisation gemeldet. Daraufhin schlossen die Europäer im selben Monat die Grenzen für Reisende aus dem südlichen Afrika. Später stellte sich heraus, dass Omikron schon längst in Europa zirkulierte. Während innereuropäische Reiseeinschränkungen eng begrenzt und hochumstritten waren, galt eine Abschottung vom Rest der Welt im Westen als unproblematisch. Dass das erhebliche Folgen für afrikanische Volkswirtschaften haben würde, war vielen entgangen. Diese waren verheerend. Schon während der Pandemie hatten in Südafrika knapp ein Drittel der 1,5 Millionen in der Tourismusindustrie beschäftigten Menschen – das sind fast doppelt so viele Menschen wie in Deutschlands Automobilbranche arbeiten – ihren Job verloren. Der Tourismus war um mehr als 70 Prozent eingebrochen. In Südafrika mit einer Erwerbsbevölkerung von 23 Millionen stieg die Arbeitslosigkeit infolge der Pandemie auf knapp acht Millionen. Ende 2021 zeichnete sich eine Erholung ab, die Buchungen nahmen wieder zu. Die Flugeinschränkungen in Folge der Omikron-Entdeckung beendeten die Trendumkehr. Buchungen wurden gecancelt, Menschen verloren erneut ihre Arbeit. Die Leiterin des südafrikanischen Tourismus-Verbands fasste die Wahrnehmung der westlichen Krisenpolitik Ende 2021 so zusammen: «Südafrika wird für seine brillante Arbeit auf dem Gebiet der Wissenschaft bestraft.»[5]

Das Fazit in vielen Staaten im Globalen Süden: Geopolitische Eigeninteressen und die blinde Priorisierung des eigenen Bevölkerungsschutzes haben die Auswirkungen der Pandemie verschärft, anstatt dazu beizutragen, sie effektiv zu bekämpfen. Ein strategischer ebenso wie moralischer Fehler. Sicher, diese Kritik trifft nicht nur den Westen. China hat sich wie kaum ein zweites Land abgeschottet. Aber entscheidend für Afrika sind eben westliche Touristen, und die Patente der hochwertigsten Impfstoffe liegen in Europa und den USA. Dass die westliche Corona-Politik notwendiges Vertrauen gekostet hat, ist inzwischen durchgedrungen. Knapp ein Jahr nach der Verhängung von Reisebeschränkungen gegenüber Südafrika verlieh Bundeskanzler Olaf Scholz den deutschen Afrikapreis an die Entdecker von Omikron, Tulio de Oliveira und Sikhulile Moyo. In seiner Laudatio dankte Scholz den Wissenschaftlern dafür, dass sich die Welt besser auf die Omikron-Variante habe vorbereiten können. Für die Beschäftigten in Südafrikas Tourismus-Industrie kam diese Erkenntnis spät. Tulio Oliveira selbst fasste das Vorgehen des Westens nach ihrer Entdeckung so zusammen: «Die Welt hatte die Chance, gemeinsam auf ein globales Problem zu antworten – und sie entschied sich für einen nationalistischen Ansatz, der niemandem half.»[6] Mit «Welt» meinte er wohl den Westen.

Die Klima-Krise

Keine globale Krise ist größer und in ihrer Dimension angsteinflößender als die Klimakrise. Keine globale Krise macht deutlicher, dass nur globale Zusammenarbeit zu einem akzeptablen Umgang mit der Krise führen kann. Und keine globale Krise zeigt so frappierend die globale Ungleichheit sowohl bei der Verursachung als auch bei der Bewältigung des Klimawandels. Insgesamt produzieren 10 Prozent der Weltbevölkerung die Hälfte aller CO_2-Emissionen. Die Gruppe der 46 am wenigsten entwickelten Länder ist für nur neun Prozent aller CO_2-Emissionen verantwortlich. Der gesamte afrikanische Kontinent macht sogar nur knapp vier Prozent aller Emissionen aus.[7] Pamela Gopaul von der Entwicklungsagentur der Afrikanischen Union verweist darauf, dass in Afrika ein Verlust von fünf bis 15 Prozent des kontinentalen Bruttosozialprodukts aufgrund der Klimakrise drohe.[8] Für eine Kontextualisierung hilft ein Vergleich des CO_2-Verbrauchs pro Kopf: die durchschnittliche Person in den USA emittiert mehr als doppelt so viel CO_2 wie jemand, der in China lebt. Sie emittiert achtmal mehr als jemand in Indien und ungefähr zwanzigmal so viel wie jemand im Afrika südlich der Sahara.[9] Das reichste Prozent der Weltbevölkerung stößt sieben Prozent aller weltweiten Emissionen aus und ist für mehr als ein Drittel des Anstiegs der Emissionen seit 1990 verantwortlich. Das ist dreimal mehr als die gesamte untere Hälfte der weltweiten Einkommenspyramide.[10] Diese Zahlen sind seit langem bekannt. Und sie sprechen für sich. Für die Länder des Globalen Südens außerhalb Chinas und Indiens ist klar, dass sie zur Entstehung der Klimakrise kaum etwas beigetragen haben. Es waren also vor allem die Industrieländer des Westens, die die Klimakrise verursacht haben und weiterhin maßgeblich verantworten.

Die Staaten des Globalen Südens sind von den Folgen der Klimakrise schon heute besonders schwer betroffen. Beispielsweise nimmt die Erwärmung des Klimas in Afrika überdurchschnittlich zu, genauso wie die Erhöhung des Meeresspiegels, die Anzahl von Dürren und andere extreme Wetterereignisse.[11] Sieben der zehn am meisten vom Klimawandel betroffenen Länder liegen in Afrika.[12] Am Horn von Afrika sind jüngst mehrere Regenzeiten hintereinander ausgeblieben. Ganze Landstriche sind nicht länger landwirtschaftlich nutzbar. Indien litt 2022 unter einer historischen Hitzewelle mit Temperaturen über 46 Grad. Die extreme Trockenheit führte zu massiven Strom- und Ernteausfällen. Im benachbarten Pakistan folgte auf die Hitzewelle ein «Monsun auf Steroiden». Weite Teile des Landes wurden überschwemmt, mehr als 1000 Menschen starben und Millionen Menschen wurden obdachlos. Auch Bangladesch wurde in den letzten Jahren immer wieder von unerwartet starken Regenfällen und massiven Überflutungen heimgesucht. Tatsächlich ist der Monsun, nach dessen Zyklen die Landwirtschaft in Südasien ausgerichtet ist, immer schwieriger vorauszusehen. Und die Abfolge von Hitze und Flut ist ein über Südasien hinaus bekanntes Phänomen. Auch in afrikanischen Staaten wie Somalia und dem Sudan folgten 2022 Starkregen und Überflutungen auf extreme Hitze und Dürren. Der steigende Meeresspiegel bedroht die Küstenbewohner im dicht besiedelten Bangladesch ebenso wie in Lateinamerika.

In den Anden in Südamerika bedeutet die fortschreitende

Gletscherschmelze den dauerhaften Verlust von Frischwasser für die lokale Bevölkerung und Landwirtschaft. In Chile treibt eine seit zehn Jahren andauernde «Megadürre» den gesellschaftlichen Konflikt um Wasser an. Wie auch anderswo steigt in Lateinamerika die klimabedingte Migration. Denn wo sich lokale Gesellschaften über Jahrhunderte an die Abfolge der Gezeiten angepasst haben, sich diese nun aber irreversibel und unvorhersehbar ändern, suchen die Menschen ihr Glück in den Städten. So befeuert der Klimawandel gesellschaftliche Konflikte. Im Norden Nigerias treibt Trockenheit die muslimischen Hirtenvölker Richtung Süden, wo sie auf christliche Farmer treffen. Es droht ein klimabedingter Kreislauf der Gewalt im bevölkerungsreichsten Land Afrikas.[13] Und das ist kein Einzelfall. Das Studium klimabedingter Konflikte hat sich mittlerweile zu einer eigenen Sub-Disziplin der Politikwissenschaft entwickelt. Einer der Befunde: Das Risiko für gewaltsame Konflikte kann um bis zu 20 Prozent für jedes halbe Grad der Erderwärmung steigen.[14]

Auf den Globalen Süden kommen enorme Kosten zu. Die Premierministerin des karibischen Inselstaats Barbados, Mia Mottley, drückt die Wahrnehmung vieler aus, wenn sie sagt: «Wir waren diejenigen, deren Blut, Schweiß und Tränen die industrielle Revolution finanziert hat. Sollen wir jetzt doppelt bestraft werden, indem wir auch noch die Kosten der Treibhausgase infolge der industriellen Revolution bezahlen? Das ist fundamental ungerecht.»[15] So hält das Pariser Klimaabkommen auch eindeutig fest, dass die Industrieländer mehr zum Klimaschutz beitragen müssen als die Länder des Globalen Südens. Letztere sollen 100 Milliarden US-Dollar jährlich zur Bewältigung der Klimakrise erhalten. Aber die Mittel fließen bisher nur spärlich. Und allein mit zusätzlichen Mitteln wird man die Klimakrise nicht bewältigen können. Das zeigt der Klima-Konflikt im Südpazifik. Australien war lange Zeit besonders unbeliebt in der internationalen Klimapolitik. Unwillig auf die lukrativen Geschäfte aus dem massiven Export von Kohle nach China, Indien und anderswo zu verzichten, nahm man implizit in Kauf, dass in der direkten Nachbarschaft pazifische Inselstaaten von der Überflutung bedroht werden. Die nur wenige Meter über dem Meeresspiegel liegenden pazifischen Inselstaaten sehen sich in ihrer Existenz bedroht. So könnten die Marshall-Inseln bis 2030 komplett im Meer versunken sein. Kein Wunder also, dass Australiens Versuche, die Mikrostaaten im Pazifik mittles Entwicklungszusammenarbeit für sich zu gewinnen, regelmäßig scheiterten. Tatsächlich bräuchte es eine weltweite Transformation. Denn eine Welt, in der aus Klimaschutz-Gründen Wachstum und Konsum eingeschränkt würden, ist für viele Menschen im Globalen Süden erst einmal keine gute Perspektive. Immer noch haben weltweit 775 Millionen Menschen keinen Zugang zu Strom, darunter 600 Millionen Menschen in Afrika. Diese Zahlen sind im Jahr 2022 sogar zum ersten Mal seit langem wieder gestiegen, auch aufgrund der Pandemie und weil der russische Angriffskrieg die Preise für Nahrung und Treibstoff hat steigen lassen. Sie verweisen auf eine unangenehme Wahrheit: Für die meisten Länder des Globalen Südens bedeutete eine Senkung von CO_2-Emissionen kurz- bis mittelfristig eine Fortsetzung von extremer Armut. Um das zu verhindern, benötigen sie freien Zugang zu den grünen Technologien des Westens und Chinas sowie die Ressourcen für deren Aufbau. Eine Anpassung an die Klimakrise wird beispielsweise afrikanische Länder laut Afrikanischer Entwicklungsbank bis 2050 ca. 50 Milliarden US-Dollar jährlich kosten. An diesen Ressourcen fehlt es nicht nur, sie drohen sogar weniger zu werden, weil die Klimakrise sich schon jetzt negativ auf das Wirtschaftswachstum auswirkt.[16] Umso wichtiger wäre eine Reform der Entwicklungsfinanzierung, wie sie die Premierministerin von Barbados, Mia Mottley, zuletzt auf der COP in Ägypten mit der «Bridgetown-Initiative» vorschlug. Die Initiative sieht vor, dass Ländern des Globalen Südens Finanzierungsangebote zur Anpassung an die Klimakrise gemacht werden. Dafür bräuchte es globale Steuern und einen besseren Zugang zu Rücklagen des Internationalen Währungsfonds, den sogenannten Sonderziehungsrechten. Dieser Zugang wird jedoch auch durch deutsche Gesetze bisher blockiert. Engstirnig verweist die Bundesbank darauf, dass Entwicklungsfinanzierung nicht zu ihren Aufgaben gehört.[17]

Aber allein durch Umverteilung vom Westen in den Süden wird die Klimakrise nicht beherrschbar werden. Wie in kaum einem anderen Bereich ist die Differenzierung zwischen den Staaten des Globalen Südens im Bereich der Klimapolitik wichtig. Ohne China und Indien wird Klimaschutz nicht funktionieren. Zusammen sind die beiden asiatischen Staaten für mehr als ein Drittel der globalen CO_2-Emissionen verantwortlich.[18] Allein zwischen 2011 und 2019 ist die globale Mittelklasse von 899 Millionen Menschen auf 1,34 Milliarden Menschen gewachsen. Profitiert davon hat vor allem Asien und dort vor allem China und Indien. Wenn es um die Verantwortung für klimaschädliche CO_2-Emissionen geht, ist daher eine Anerkennung der Diversität des Globalen Südens besonders wichtig. Durch die Pandemie wurde das Wachstum der Mittelschichten im Globalen Süden vorübergehend unterbrochen. Erstmals im 21. Jahrhundert nahm auch die extreme Armut wieder zu.[19] Laut Europäischer Kommission wird die globale Mittelschicht dennoch bis 2030 auf bis zu vier Milliarden Menschen ansteigen. Diese globale Mittelschicht hat größere Konsumbedürfnisse und einen erhöhten Strombedarf. Sie interessiert sich zunehmend für Kurz- und Fernreisen und isst mehr Fleisch.

Gleichzeitig wächst die Weltbevölkerung. Jeder vierte Mensch wird schon 2050 in Afrika leben. Das Wachstum der Weltbevölkerung und das der Mittelschicht findet vor allem in Ländern statt, die seit dem Kolonialismus die Rohstoffe bereitgestellt haben, die den Reichtum des Westens ermöglicht haben. Wer also glaubt, dass man die Klimakrise vor allem über veränderten Konsum im Westen oder gar eine Reduzierung des weltweiten wirtschaftlichen Wachstums («Degrowth») bekämpfen kann, erklärt damit indirekt Ländern des Globalen Südens, dass ihr Bedürfnis nach Wohlstand zurückstehen muss. Auch hier nimmt man im Globalen Süden die Doppelmoral des Westens zur Kenntnis. Länder mit größeren Gasvorkommen wie zum Beispiel der Senegal oder Mosambik erkennen, wie europäische Politikerinnen und Politiker nach Ausbruch des Krieges in Europa um die Welt flogen, um die eigene Gasversorgung durch die Zusammenarbeit mit Autokratien wie Katar sicherzustellen. Gleichzeitig wurde afrikanischen Ländern immer wieder suggeriert, dass sie afrikanisches Gas besser nicht für die Stromversorgung nutzen sollten, weil sie damit dem Klimawandel Vorschub leisteten. Aber selbst wenn alle bekannten afrikanischen Gasvorkommen genutzt würden, wären das nur 3,5 Prozent der globalen CO_2-Emissionen.[20] So zeigt sich die Unmöglichkeit, die klimapolitisch richtige Nachricht von ihren Überbringern zu trennen. Wenn die Hälfte der europäischen Bevölkerung, wie derzeit in Afrika, keinen Zugang zu Strom hätte, würden wir dann bei uns vorhandene Rohstoffe nicht nutzen, weil uns jemand aus einem voll elektrifizierten Kontinent dazu auffordert? Wenn der Großteil unserer Exporteinnahmen vom größten Markt der Welt als klimaschädlich bezeichnet würden, würden wir das dann akzeptieren, ohne von denen Entschädigungen zu fordern, die durch unsere Exporte erst reich geworden sind? Das betrifft nicht nur Erdöl aus Nigeria oder Gas aus Mosambik, sondern absehbar auch Blumen aus Kenia oder Mangos aus Peru. Beides Produkte mit einer schlechten Klimabilanz. Wenn in Asien niemand mehr Produkte aus Europa kaufte, weil alle nur noch regional-nachhaltig konsumieren wollten, wie fänden das dann deutsche Autobauer, die über 40 Prozent ihrer Autos in Asien verkaufen? Oder französische Winzer, die ihren Wein nach China verkaufen, wo seit 2014 mehr Rotwein getrunken wird als in Frankreich selbst? Frustriert von westlichen Doppelstandards schrieb der damalige nigerianische Präsident Buhari vor der Klimakonferenz in Ägypten Ende 2022: «Die westliche Entwicklung hat auf meinem Kontinent eine Klimakatastrophe ausgelöst. Jetzt schreibt die Klimapolitik der reichen Länder vor, dass die Afrikaner zum Wohle der Allgemeinheit arm bleiben sollten».[21]

Es braucht also nicht weniger als die größte und globalste wirtschaftliche Transformation, die die Menschheit bisher erlebt hat. Und als wäre das nicht genug, braucht es dazu noch eine bisher nie gesehene Umverteilung von den Industrieländern (inklusive China, den Vereinigten Arabischen Emiraten und anderen reichen Staaten) nach Süden. Diese müsste die bereits entstandenen Schäden zumindest teilweise entschädigen und Ländern mit geringen eigenen Mitteln einen klimaschonenden Entwicklungspfad ermöglichen. Der wäre klimaschonender als gedacht. Würde man weltweit den 20 Prozent der Weltbevölkerung, die heute weniger verdienen, zu einem Einkommen von mehr als 3,20 US-Dollar verhelfen, würde dies gerade mal einen Anstieg von fünf Prozent der CO_2-Emissionen bedeuten.[22] Die könnte man zum Beispiel durch eine progressive Besteuerung bei den weltweit reichsten zehn Prozent einsparen, die für 48 Prozent aller CO_2-Emissionen verantwortlich sind.

Der Westen allein wird es jedoch nicht richten können, selbst wenn er es wollte. Die politische Umsetzung für diese Transformation verlangt nach einem intensiven Dialog zwischen Leidtragenden und Verursachern, zwischen Industriestaaten und ärmeren Ländern des Globalen Südens und zwischen Technologieführern und denjenigen, die auf neue Technologien besonders angewiesen sind. Dieser Dialog fehlt bislang. Stattdessen werden noch zu oft einseitig Initiativen aufgesetzt. Zwei Beispiele: Der *European Green Deal* soll Europa bis 2050 klimaneutral aufstellen. Was in diesem Deal aber nicht auftaucht, ist eine Diskussion darüber, was er für die Länder bedeutet, die ihre bisherigen Exporteinnahmen aus fossilen Energieträgern generieren oder die andere CO_2-intensive Exporte wie Stahl produzieren. Davon gibt es im Globalen Süden einige. Diese Länder könnten bald gezwungen sein, höhere Zölle an der EU-Grenze zu zahlen. So könnten der *European Green Deal* und die damit verbundenen härteren Auflagen für CO_2-intensive Exporte aus dem Globalen Süden Rückschritte bei der Industrialisierung zur Folge haben. Für einige afrikanische Länder droht laut Faten Aggad von der *African Climate Foundation* ein «Schock», der die ohnehin schon fragilen Volkswirtschaften des Kontinents zu ersticken droht. Stattdessen solle Europa Investitionen in grüne Energien und Technologien in Afrika erhöhen.[23] Hierzu gibt es inzwischen mit den auch von Deutschland mitfinanzierten *Just Energy Transition Partnerships* (JETPs) neue Ansätze. Damit Südafrika seine Energieversorgung auf erneuerbare Energien umstellen kann, stellen Staaten aus dem Kreis der G7 insgesamt 8,5 Milliarden US-Dollar zur Verfügung, den Großteil per Kreditfinanzierung. Hiermit sollen zum Beispiel Kohlekraftwerke stillgelegt werden. Ähnliche JETPs sind im Gespräch für Vietnam, Indonesien und den Senegal. Es wird sich aber noch zeigen müssen, inwiefern hiermit ein wirklich gerechter Übergang finanziert werden kann, der auch Arbeitnehmerinnen und Arbeitnehmer in fossilen Industrien miteinbezieht. Die Klimapolitik-Expertin Zainab Usman und der Experte Olumide Abimbola weisen darauf hin, dass JETPs nur dann erfolgreich sein können, wenn die energiepolitischen Prioritäten der Nehmer-Länder im Vordergrund stehen. Notwendig sei es, bestehende und neu aufzubauende Industrien zu verbinden, wie zum Beispiel im Fall der expandierenden Automobilindustrie in Südafrika.[24] Zudem müsste der Dialog mit sowohl den potenziellen Verlierern als auch denjenigen, die in neuen Industrien arbeiten könnten, intensiviert werden. Südafrikas Gewerkschaften beklagen, dass sie bisher in die Planungen der JETP kaum eingebunden wurden.

Auch der US-amerikanische *Inflation Reduction Act*, wird im Globalen Süden massiv kritisiert. Ziel des Gesetzespakets von Präsident Biden aus dem Jahr 2022 ist der Aufbau von grünen Technologien in den USA mittels Subventionen im Inneren und Schutzzöllen nach außen. In Staaten, die von den USA über Jahrzehnte angehalten worden sind, ihre Märkte zu öffnen, fühlt man sich jetzt benachteiligt. So nannte der indische Verhandlungsführer für den G20-Gipfel 2023, Amitabh Kant, den *Inflation Reduction Act* das «protektionistischste Gesetz, das jemals in der Welt vorgelegt wurde».[25] Übrigens ist auch die Frustration in Europa groß, dass man bei der Entwicklung des Gesetzespakets nicht konsultiert wurde. Hier wie dort beklagt man sich über eine Verzerrung des freien Handels. Während die EU dank ihrer eigenen Marktmacht noch leidlich dagegenhalten kann, sehen sich viele Staaten im Globalen Süden gänzlich ausgeschlossen. Was ihnen am meisten aufstößt: Die Aufteilung der Welt in feindliche Handelsblöcke mag US-amerikanische Geopolitikerinnen und Geopolitiker erfreuen. Sie macht es dem Globalen Süden aber ungleich schwerer, die eigene grüne Transformation voranzutreiben.

Dennoch, die letzte klimapolitische Großveranstaltung, die COP27 im ägyptischen Sharm El Sheikh im November 2022, zeigte die gestiegene Handlungsmacht des Globalen Südens. Bisher war es den Vertreterinnen und Vertretern der von der Klimakrise besonders betroffenen ärmeren Ländern nicht gelungen, beim Thema Schäden und Verluste zu konkreten Finanzierungszusagen des Westens zu kommen. Diesmal gelang es in Form eines Ausgleichsfonds für Klimaschäden. Gleichzeitig versuchten einige Staaten des Globalen Südens mit einzelnen Ländern der Europäischen Union pragmatisch zusammenzuarbeiten. Die waren gewillt, dem Globalen Süden entgegenzukommen, weil sich die Debatte im Westen zugespitzt hat und weil auch der Westen erkannt hat, dass man mehr denn je auf Partner im Globalen Süden angewiesen ist. So sah der Chefredakteur der einflussreichen Zeitschrift *Foreign Policy*, Ravi Agarwal, in den Verhandlungen von Sharm El Sheikh einen Wendepunkt, der die Macht des Globalen Südens unterstreicht. Zum ersten Mal war es gelungen, die Industrieländer zu einer Anerkennung zu bewegen, dass sie mehr tun müssen, um den Globalen Süden für die Schäden zu kompensieren.[26] Dass das bitter nötig ist, zeigt auch die aktuelle Schuldenkrise, die eine ganze Reihe von Staaten im Globalen Süden erfasst hat.

Die Schuldenkrise im Globalen Süden

Der Abschied von der unipolaren Welt wird oftmals mit der Banken- und Finanzkrise von 2008 verbunden. In der folgenden Niedrigzinsphase blickten internationale Investoren aus dem Westen auf der Suche nach Zinserträgen vermehrt gen Süden. Die Finanzkrise bedeutete für viele Länder des Globalen Südens zunächst gesunkene Rücküberweisungen aus der Diaspora und eine schrumpfende Nachfrage aus dem krisenhaften Westen. Dies führte zu einer erhöhten Kreditaufnahme. Vor der Finanzkrise waren die Länder des Globalen Südens häufig gezwungen, bestimmte politische Bedingungen zu akzeptieren, um sich bei der Weltbank und dem Internationalen Währungsfonds verschulden zu können. Das änderte sich nun, weil internationales

Kapital mehr denn je nach Investitionsmöglichkeiten suchte. So nahmen eine Reihe von Ländern im Globalen Süden die risikobereiten westlichen Kreditgeber mit privatem Kapital in Anspruch, die nach der Finanzkrise im Westen selbst kaum noch Zinsen erzielen konnten. Allein 21 afrikanische Länder gaben zwischen 2006 und 2020 Anleihen in Fremdwährung aus, meist in US-Dollar, die in internationalen Finanzzentren gehandelt werden und deren Qualität von internationalen Ratingagenturen bewertet werden.[27] Deren hohe Risikoeinstufung für afrikanische Länder führte dazu, dass sie zwischen sechs und 16 Prozent Zinsen mit teilweise sehr kurzen Laufzeiten zahlen mussten. Derartig hohe Zinssätze waren für viele westliche Investoren attraktiv. Für Staaten im Globalen Süden waren Schulden am privaten Kapitalmarkt somit zwar teurer. Sie sind aber mit weniger Bedingungen verknüpft als Kredite westlicher Geberstaaten und erlauben zudem die Finanzierungen von Projekten wie Brücken, Eisenbahnlinien, Häfen oder Straßen, vor denen westliche Regierungen und multilaterale Geber aufgrund des Korruptionsrisikos oft zurückschreckten. Genau in dieser Phase nach der Finanzkrise stieg auch der akute Bedarf an Rohstoffen aus afrikanischen und lateinamerikanischen Ländern in China. So wurde China zum wichtigsten Abnehmer von Rohstoffen für viele Staaten im Globalen Süden. Im Gegenzug wurde China zu einem wichtigen Anbieter von Krediten. Gemeinsam standen also ein reicher werdendes China und zinsfrustriertes privates Kapital aus dem Westen im Globalen Süden zur Verfügung, vor allem für die dort dringend benötigte physische Infrastruktur.

Die Kombination aus einer hohen Verschuldung in China und besonders hochverzinster Verschuldung bei westlichen privaten Gläubigern erhöhte jedoch in vielen Ländern schon vor der Pandemie das Risiko von Schuldenkrisen. Die Kombination aus Pandemie und russischem Angriffskrieg führte diese Länder dann in die Krise. Sie konnten ihre Schulden kaum noch bedienen. Beispielsweise stiegen 2022 die Lebensmittel- und Düngerpreise am Horn von Afrika um 14 Prozent. Ein historischer Höchststand.[28] In Afrika machen die Ausgaben für Lebensmittel knapp 40 Prozent der Ausgaben eines durchschnittlichen Haushaltes aus (in den reichen Ländern sind es 17 Prozent). Steigende Preise treffen die Menschen also sehr direkt, nicht nur in Afrika. Das südasiatische Land Sri Lanka erlebte 2022 einen politischen Umsturz, der auch auf die Frustration angesichts der eskalierenden Schuldenkrise des Landes zurückgeführt werden kann. Laut dem Internationalen Währungsfonds befinden sich inzwischen sogar mehr als die Hälfte aller Länder der untersten Einkommenskategorie im «Schulden-Stress» (*debt distress*), was absehbar zu weiteren Kürzungen von Staatsausgaben führen wird. Auch Länder der mittleren Einkommenskategorie wie Kenia oder Ghana wenden inzwischen mehr als die Hälfte ihrer Staatseinahmen für den Schuldendienst auf. Sie sind erneut zur Umsetzung von Strukturanpassungsprogrammen und Verhandlungen mit dem Internationalen Währungsfonds gezwungen.

Nach steigenden Energiepreisen in Folge des Krieges in Europa und die noch durch die Pandemie bewirkte Störung der Lieferketten stieg die Inflation im Westen, was die dortigen Zentralbanken dazu zwang, die Zinsen zu erhöhen. Diese zur Inflationsbekämpfung nötigen Maßnahmen verschärften jedoch die Schuldenkrise vieler Länder von Sri Lanka bis Ghana. Denn höhere Zinsen im Westen machen Anleihen von Ländern im Globalen Süden unattraktiver. Zudem verlieren Währungen der Länder des Globalen Südens an Wert, was den Schuldendienst zusätzlich verteuert. So haben laut der Handels- und Entwicklungskonferenz der Vereinten Nationen die schnellen Zinserhöhungen in den reichen Ländern in Verbindung mit den sich aus der COVID-Pandemie und dem Krieg in der Ukraine ergebenden Krisen einen weltweiten wirtschaftlichen Abschwung versursacht. Nun gerät ein ganzes Modell der Entwicklungsfinanzierung ins Wanken, das insbesondere Ländern, die es in die untere mittlere Einkommenskategorie geschafft hatten, den Gang auf die privaten Kapitalmärkte nahegelegt hatte, ihn aber nun erschwert.

Erinnerungen an den «Volcker-Schock» der späten 1970er Jahre werden wach. Auch damals stieg die Inflation in den USA. Im Jahr 1979 hob die amerikanische Notenbank, angeführt von Paul Volcker, den Zinssatz auf fast 20 Prozent an. So gelang die Reduzierung der Inflation in den USA. Der Preis war ein Anstieg der Arbeitslosigkeit und eine fortschreitende Deindustrialisierung in den USA. Noch heftiger waren aber die Folgen im Globalen Süden. Hier hatte man sich in der US-Währung verschuldet, was den Schuldendienst und die Tilgung bei einem an Wert gewinnenden US-Dollar erheblich verteuerte. Das führte zu einer massiven Schuldenkrise in Ländern des Globalen Südens von Lateinamerika bis Asien. Die US-amerikanische Zinserhöhung hatte de facto den Ausschluss vieler Staaten von den internationalen Kapitalmärkten zur Folge. So blieb ihnen nur noch der Gang zum Internationalen Währungsfonds und zur Weltbank. Die verlangten die im ersten Kapitel ausgeführten Strukturanpassungsprogramme. Paul Volcker gab später zu, dass die US-Notenbank die Anliegen der Länder des Globalen Südens schlicht nicht in ihre Entscheidungsfindung einbezogen hatte, weil man sie gar nicht wahrgenommen hatte.[29] Im Globalen Süden begann eine Zeit, in der Wachstumsraten ab- und Finanzkrisen zunahmen. Ebenso nahmen Bürgerkriege und gewaltsamer Widerstand in vielen Teilen der Welt zu, auch weil durch den Abbau der Daseinsfürsorge Verteilungskämpfe schärfer wurden. Erst Jahrzehnte später, mit dem beim G8-Gipfel in Köln 1999 beschlossenen Schuldenschnitt, konnte die Krise beendet werden.[30] Ein weiteres

Vierteljahrhundert später wird wieder die Inflationsbekämpfung im Westen zum Brandbeschleuniger von Schuldenkrisen im Globalen Süden.

Im Unterschied zu den 1990er Jahren wird ein G7-Gipfel aber diesmal wenig ausrichten können. Das liegt daran, dass private und chinesische Kreditgeber inzwischen einen viel größeren Anteil der Schulden von Entwicklungsländern halten. Noch im Jahr 2000 betrug laut einer Studie des *Africa Policy Research Institute* der Anteil chinesischer Gläubiger an der afrikanischen Verschuldung nur ein Prozent. Gut ein Drittel der Kredite kamen von privaten Gläubigern. Knapp zwei Drittel der Verschuldung wurde entweder von bilateralen westlichen oder multilateralen Entwicklungsbanken gehalten. Der größte Anteil der Schulden wurde also zu Bedingungen von öffentlichen und westlichen Gebern aufgenommen und zurückgezahlt. Dementsprechend leichter zu koordinieren war ein Schuldenschnitt im Rahmen der Industrieländerorganisation OECD. 2019, also kurz vor Beginn der Covid-19-Pandemie, hatte sich das Verhältnis rapide verändert. Private Gläubiger hielten nun fast die Hälfte der afrikanischen Schulden, China neun Prozent, und bilaterale Gläubiger der OECD und multilaterale Entwicklungsbanken nur noch insgesamt 37 Prozent. Der noch in den 1990er Jahren so zentrale Paris Club öffentlicher Geber aus dem Westen hält heute weltweit weniger als zehn Prozent der Schulden der ärmsten Länder der Welt. China hält immerhin ein Viertel der Schulden der 77 ärmsten Länder, die Zugang zu einem von den G20-Staaten während der Pandemie beschlossenen Schuldenmoratorium erhielten. Noch wichtiger sind jedoch private westliche Gläubiger mit 40 Prozent. Inzwischen fürchten viele Länder des Globalen Südens daher in internationalen Kreditratings heruntergestuft zu werden, sollten sie einen eigentlich dringend notwendigen Schuldenschnitt anstreben. Ein damit verbundener Risikoaufschlag würde zukünftige Kredite weiter verteuern. Dass es keine einflussreichen Ratingagenturen im Globalen Süden gibt, ist daher ein besonderes Problem.

Dass China und private Kreditgeber heute die wesentlichen Akteure in der Schuldenkrise sind, verkompliziert also eine global koordinierte Entschuldung. Ein wichtiger Finanzgipfel in Paris im Juni 2023 erzielte zwar einen Durchbruch bei der Beteiligung Chinas an der Umstrukturierung der Schulden Sambias. Aber bis heute gibt es kein Gremium, in dem private sowie öffentliche Gläubiger aus der OECD-Welt und chinesische Gläubiger institutionell verankert zusammenkommen. Die Abwesenheit eines solchen Gremiums erschwert die Lösung der Schuldenkrise. Der Westen will nicht, dass durch einen öffentlichen Schuldenerlass chinesische Gläubiger bezahlt werden. China will verhindern, dass multilaterale Entwicklungsbanken beim Schuldenschnitt geschont werden. Die Ansprüche privater Gläubiger zu ignorieren, würde aber Länder wie Ghana, Kenia oder Äthiopien mittelfristig vom Kapitalmarkt verbannen, weil ihr Kreditrating dann in den Keller rutscht. Im Unterschied zu früher wird eine Lösung der aktuellen Schuldenkrise daher nicht ohne China und private Kreditgeber möglich sein. Multipolarität macht vieles leichter für den Globalen Süden. Aber die nun erforderliche Koordinierung eines Schuldenmoratoriums gehört bisher nicht dazu.

Das zeigt auch: die aktuelle Schuldenkrise ist nicht die Schuld Chinas. So klingt es für viele Länder des Globalen Südens hohl, wenn sie von der US-Regierung erklärt bekommen, China würde seine Kreditangebote als Schuldenfalle konzipieren. Dieser Vorwurf ist auch empirisch falsch. So zeigt aktuelle Forschung der *China Africa Research Initiative* an der US-amerikanischen Johns-Hopkins-Universität, dass Chinas Schuldenmanagement in Afrika besser ist als sein Ruf im Westen. China habe sich «relativ gut und als verantwortliches G20-Mitglied» am Schuldenmoratorium beteiligt.[31] Zumal man im Globalen Süden auch weiterhin auf die finanzielle Zusammenarbeit mit Peking angewiesen ist. Auch wenn aktuell das chinesische Kreditangebot zurückgeht, erwartet der kenianische Politikwissenschaftler Ken Opalo keinen vollständigen Rückzug Chinas aus Afrika. Während die Weltbank an Einfluss verliert, weil ihre Kapitalausstattung gleichbleibt, würde die Bedeutung von Krediten von Regionalbanken aus China absehbar wieder zunehmen, so Opalo.[32] Und eine multipolare Welt könnte noch weitere Möglichkeiten bereitstellen. Die *New Development Bank* der BRICS-Staaten in Shanghai hat seit 2023 keine Geringere als die ehemalige brasilianische Staatspräsidentin Dilma Rousseff zur neuen Chefin. In einer offiziellen Pressemitteilung erklärte Rousseff, eines ihrer Hauptanliegen sei, Projekte zu unterstützen, die die «Umgehung der geopolitischen Auswirkungen westlicher Vergeltungsmaßnahmen gegen Russland, einen der Gründungspartner [der BRICS], zum Ziel haben».[33] Beim Besuch des brasilianischen Staatspräsidenten Lula in China im März 2023 wurde die Bedeutung der BRICS-Bank unterstrichen, auch weil sie die Abhängigkeit vom US-Dollar reduzieren könne.

Es geht also beim Umgang mit der aktuellen Schuldenkrise um mehr als Entschuldung. Vielen Ländern des Globalen Südens geht es um eine damit verbundene globale finanzpolitische Wende. Nur wenn die freiwerdenden Mittel nach einer Entschuldung für eine wirtschaftspolitische Stabilisierung genutzt werden, können sie aus den sich derzeit gegenseitig verstärkenden multidimensionalen Krisen entkommen. Vor diesem Hintergrund ist auch die Bridgetown-Initiative der Premierministerin von Barbados, Mia Mottley, zu verstehen. Der mit Mottley befreundete Wirtschaftsprofessor Avinash Persaud erklärt, dass zunächst die Covid-Pandemie die Verschuldung in Barbados um

30 Prozent des Bruttoinlandprodukts hat ansteigen lassen. Darüber hinaus sei mehr als die Hälfte der jüngsten Zunahme an internationaler Verschuldung in Barbados auf eine Naturkatastrophe zurückzuführen. Inzwischen sind neun von zehn Ländern, die die größten negativen Auswirkungen der Klimakrise befürchten müssen, auch unter signifikantem Schuldenstress. Der führt dazu, dass beispielsweise Ghana mehr für den Schuldendienst ausgibt als für staatliche Gesundheits- und Bildungsprogramme oder die Anpassung an die Klimakrise.[34] So sind die Klima- und die Schuldenkrise nicht voneinander zu trennen. Und beide erfordern eine globale Koordinierung, die bislang auf sich warten lässt. Wenig erstaunlich, dass Kenias Präsident Ruto bei einer Rede anlässlich eines Abendessens in Berlin im März 2023 als eine seiner ersten Beschwerden gegenüber dem Westen die hohen Zinsen für afrikanische Länder ansprach. Man brauche Kapital, um die Infrastruktur zu bauen, die man im Westen schon hat.

Regionale Krisen: Das Beispiel Sahel

Die Weltfinanzkrise, Corona und die Klimakrise sind auch im Westen bestens bekannt. Weniger wissen die meisten von uns über regionale Sicherheitsrisiken im Globalen Süden, die durch das Zutun des Westens maßgeblich mitverantwortet wurden. Die Intervention in Libyen 2011 ist ein gutes Beispiel dafür. Unter der Führung von Frankreich und Großbritannien und ausgestattet mit einem Mandat des Sicherheitsrats der Vereinten Nationen waren NATO-Luftschläge mitverantwortlich für Fall und Tod des seit Jahrzehnten regierenden Autokraten Muammar Gaddafi. Wenngleich im engeren Sinne militärisch erfolgreich, hat die westliche Intervention die historisch gewachsene politische Ökonomie der Region des nördlichen Sahels ignoriert. Gaddafi hatte jahrelang Tuareg-Gruppen aus der Großregion Sahel und insbesondere aus Nord-Mali alimentiert. Die Tuareg wurden teilweise sogar in die libysche Armee integriert, einerseits für den persönlichen Schutz Gaddafis, aber auch um libysche Interessen im benachbarten Ausland abzusichern. Gaddafi hatte auch immer wieder zwischen einzelnen bewaffneten Gruppen in Nord-Mali vermittelt. Zudem fanden zahlreiche Menschen aus Nord-Mali ein Einkommen im Handel durch die Sahara, der von einem funktionierenden Gaddafi-Regime abhing. Die Intervention der NATO in Libyen zerstörte auf einen Schlag dieses zwar problematische, aber vergleichsweise stabile Gleichgewicht in der Region. Nach dem Sturz Gaddafis in Libyen brach ein blutiger Bürgerkrieg aus, der bis heute andauert. Direkt nach der Intervention zogen sich bewaffnete Tuareg-Verbände aus Libyen zurück. Sie konnten sich bis an die Zähne bewaffnen aus Depots, die nach dem Fall des Gaddafi-Regimes unbewacht zurückblieben. Mit diesen Waffen fuhren sie auf Pick-Up Trucks 500 Kilometer durch die Sahara, taten sich mit malischen und algerischen Al-Qaida Kämpfern zusammen und begannen eine Rebellion in Nord-Mali.

Genau vor solchen Auswirkungen hatte die Afrikanische Union mehrfach gewarnt. Ihr wurde nicht zugehört. In Gesprächen im Berliner Sommer 2022, bei denen es eigentlich um den russischen Angriff auf die Ukraine gehen sollte, verwiesen afrikanische Botschafterinnen und Botschafter daher nicht zufällig immer wieder auf Libyen. Hier habe sich doch gezeigt, wie unüberlegt die NATO vorgehe. Hier habe man doch mit seinen Warnungen vor einer Ausdehnung des Konfliktes recht behalten. Umso skeptischer blickt man in weiten Teilen des Globalen Südens auf die Waffenlieferungen der NATO in die Ukraine. Kriege in Afrika wurden in den besonders brutalen afrikanischen Bürgerkriegen der 1990er und 2010er Jahre mit Waffen aus ukrainischen und russischen Beständen geführt. In der Ukraine gelagerte Sowjetwaffen gingen in den 1990er Jahren über russische und osteuropäische Waffenhändler nach Sierra Leone, Liberia und in den Sudan und fachten dort Konflikte an. So warnt auch der Chef von Interpol Jürgen Stock, dass die Waffen, mit denen heute in der Ukraine gekämpft wird, ohne ausreichende Kontrolle mittel- bis langfristig auf anderen Kontinenten zum Einsatz kommen könnten.[35] Als einer der Autoren dieses Buches Mitte der 2010er Jahre in einer der kleinen Propellermaschinen aus dem ugandischen Entebbe in die Hauptstadt des Südsudans Juba flog, saßen dort auch russische und ukrainische Männer. Diese Angehörigen privater Flugfirmen, oft in Tarnuniform gekleidet, blieben meist unter sich. Einige von ihnen flogen die großen Antonov-Flugzeuge des UN-Welternährungsprogramms, die in entlegenen Ecken des Landes Hilfspakete aus der Luft abwarfen. Andere erfüllten militärische Aufgaben. *Amnesty International* dokumentierte 2020, wie ukrainische Militärhubschrauber, die 2015 vom Südsudan gekauft wurden, danach am Flughafen in Juba von ausländischen Fachkräften gewartet wurden. Zu vermuten ist, dass diese Hubschrauber nicht nur humanitäre Hilfe leisteten, sondern 2019 auch an militärischen Missionen beteiligt waren, bei denen immer wieder auch die Zivilbevölkerung angegriffen wurde – trotz Waffenembargo gegenüber dem Südsudan.[36]

Aber zurück in die westliche Sahel-Region. Nachdem die malische Regierung den mit Gaddafis Waffen ausgerüsteten Tuareg nur wenig entgegensetzen konnte, kam es in der Hauptstadt Bamako 2012 zum Putsch. Dieses Machtvakuum konnten sich die Rebellen zunutze machen, indem sie die nördlichen Provinzstädte Gao und Timbuktu eroberten und einen unabhängigen Tuareg-Staat ausriefen. Als das Rebellen-Bündnis aus Tuareg und Islamisten immer weiter nach Süden vordrang, bat die malische Interimsregierung um Hilfe der internationalen Gemeinschaft.

Weil der Sicherheitsrat der Vereinten Nationen zu keinem schnellen Ergebnis kam, griffen französische Truppen ein und stoppten die Rebellion. Wenig später kamen Truppen der Afrikanischen Union, um die Entsendung einer Mission der Vereinten Nationen vorzubereiten. Afrikanische Staaten stellten zwei Drittel der Blauhelme der dann vom Sicherheitsrat mandatierten Friedensmission MINUSMA. Daneben waren zuletzt auch über 1000 deutsche und gut 400 chinesische Soldatinnen und Soldaten an dem Einsatz beteiligt.

Der französische Präsident François Hollande ließ sich 2013 als Befreier in den Straßen Bamakos feiern. Für eine vermeintlich erfolgreiche Intervention, die sein Vorgänger, Nicolas Sarkozy, durch seine aggressive Libyen-Politik erst notwendig gemacht hatte. Heute hat die NATO-Intervention in Libyen nicht mehr nur bei der Afrikanischen Union einen schlechten Ruf. Der ehemalige US-Präsident Barack Obama bezeichnete die mangelnde Planung für die Zeit nach Gaddafi sogar als den größten Fehler seiner Amtszeit.[37] Die außen-, wirtschafts- und migrationspolitischen Folgen der Intervention in Libyen hat die internationale Gemeinschaft noch lange nicht bewältigt.

Zehn Jahre später ist Frankreich in Mali diskreditiert. Der Antiterrorkampf der internationalen Gemeinschaft forderte regelmäßig zivile Opfer, hat aber die Sicherheitssituation nicht verbessert. Heute ist nicht mehr der Nahe Osten, sondern die Sahel-Region das Epizentrum von islamistischem Terrorismus.[38] Derweil waren für Hollandes Nachfolger Emmanuel Macron ebenso wie für Bundeskanzlerin Angela Merkel Dialog-Initiativen mit bewaffneten Gruppen tabu. Sie wurden von der malischen Bevölkerung gefordert. Die ehemalige Kanzlerin sagte noch im Mai 2021 – nur wenige Monate vor dem Fall Kabuls, wo man viel zu lange einen Dialog mit den Taliban abgelehnt hatte –, dass es keine Kontakte zu islamistischen Kräften in Mali geben dürfe. Sie folgte damit der französischen Linie. Wie in der Großregion Sahel die Sicherheitskrise ohne Dialog mit islamistischen Kräften gelöst werden kann, konnte weder der französische Staatspräsident noch die deutsche Bundesregierung erklären. Stattdessen hat die französisch dominierte Sahel-Politik Europas der letzten zehn Jahre die Wut der malischen Bevölkerung auf die zivile malische Regierung und deren europäische Unterstützer angefacht. Auf den ersten Putsch 2012 folgten zwei weitere im August 2020 und erneut im Mai 2021. Terroristische Anschläge haben sich allein zwischen 2021 und 2022 um 63 Prozent erhöht. Die Todesopfer im Zusammenhang mit jihadistischer Gewalt haben sich in der gesamten Sahel-Region verdoppelt.[39] Umfragedaten zufolge sehen nur noch 37 Prozent der Menschen in Mali die Demokratie als die beste Regierungsform an.[40] Auch in Burkina Faso, wo die Regierung weniger als die Hälfte ihres Territoriums kontrolliert, hat die Armee zweimal mit Verweis auf die sich verschlechternde Sicherheitssituation geputscht. Und wie in Mali kommt es auch in Burkina Faso zu einer Annäherung an Russland. Im Juli 2023 wurde dann auch im benachbarten Niger geputscht. Nicht russischer Einfluss, sondern innenpolitische Gründe waren auch hier ausschlaggebend. International isolierte Militärregierungen mit Bodenschätzen sind aber grundsätzlich ein attraktiver Partner für Russland. Das könnte auch für das uranreiche Niger gelten, sollte sich die Junta halten.

Das, was in vielen Sahel-Staaten bisher als Demokratie wahrgenommen wurde, hat sich in den Augen der Bevölkerung als unfähig erwiesen, wirtschaftliche Entwicklung voranzubringen und die sich ausbreitende Sicherheitskrise einzudämmen. Der Zusammenarbeit mit dem Westen und insbesondere mit Frankreich wird hier eine Mitschuld gegeben. Sie war eine Hypothek, kein politischer Vorteil. Das Vertrauen in das Militär wächst hingegen in den Gesellschaften der Sahelzone. Frankreichs Sahel-Politik ist damit in eine Sackgasse geraten. Zu leicht lässt sie sich von autokratischen genauso wie demokratischen Staatschefs ehemaliger französischer Kolonien kritisieren. Und zu leicht lassen sich von alternativen Partnern in einer multipolaren Welt Widersprüche symbolisch ausschlachten. Warum führte der Putsch in Mali zu französischen Sanktionen, während der nicht-verfassungsgemäße Regierungswechsel im Tschad hingenommen wurde? Vielleicht, weil im Tschad die französische Militärlogistik beheimatet ist und weil Frankreich mit dem herrschenden Regierungsclan seit Jahrzehnten eng zusammenarbeitet. Die malische Militärregierung nutzt solche Widersprüche geschickt. In Bamako arbeitet man inzwischen mit russischen Wagner-Söldnern zusammen, schikaniert die Vereinten Nationen und fordert den Abzug der Friedensmission MINUSMA bis Ende 2023. Daraufhin beschloss der Sicherheitsrat der Vereinten Nationen das Ende der Mission. Deutschland hatte sich bereits zuvor für den Abzug der Bundeswehr entschieden.

Russland stellt schweres Gerät und Wagner-Söldner im Antiterrorkampf. Die drangsalieren zwar die Zivilbevölkerung und erhöhen die Sicherheit nicht, sie sind aber dennoch aufgrund ihrer vermeintlichen Effektivität beliebt. Russland wendet in Mali ein Modell an, dass es bereits vor dem Angriff auf die Ukraine getestet hatte. Für den Zugang zu Ressourcen bot Moskau den vom Westen isolierten Regierungen im Sudan und der Zentralafrikanischen Republik Schutz. Das bringt den Westen in ein Dilemma: Russland bietet Autokratien und Putsch-Regierungen seine Hilfe an, die vom Westen sanktioniert werden und die durch bewaffnete Gruppen zunehmend unter Druck geraten. In Burkina Faso kontrollieren Al-Qaida-nahe Gruppen fast die Hälfte des Landes. In Mali rücken Terrornetzwerke immer näher an die Hauptstadt.

Auf den Straßen Bamakos wird Russland inzwischen immer beliebter. Laut einer Umfrage vertrauen 90 % der Bevölkerung Russland. Ein anti-französischer Populismus macht sich breit. Der Westen insgesamt verliert immer mehr an Sympathie.[41] Das liegt nicht allein an russischer Desinformation und Propaganda. Deren Erfolg ist nicht Ursache, sondern Symptom der französischen Diskreditierung. Derweil zirkuliert in sozialen Medien Westafrikas ein russischer Propaganda-Cartoon, der zeigt, wie ein Wagner-Söldner erst in Mali bei der Bekämpfung einer französischen Zombie-Armee hilft, dann der Armee in Burkina Faso beim Beschuss einer hochhausgroßen aus dem Elysee Palast gesteuerten Kobra zur Seite steht, um schließlich von zwei Soldaten beider Sahel-Länder darauf hingewiesen zu werden, dass auch die Elfenbeinküste nun Bedarf an Unterstützung von Wagner habe. Der Cartoon greift ein reales Gefühl der notwendigen Emanzipation von Frankreich und dem Westen auf, die viele in der Region begrüßen. Nicht diejenigen, die sich islamistischen Kämpfern anschließen, sondern Menschen, die im urbanen Raum leben und nicht auf die humanitäre Hilfe der Vereinten Nationen angewiesen sind. Menschen also, die eine funktionierende Regierung in Mali, Burkina Faso, Niger und anderswo für sich gewinnen muss, um langfristig stabil zu sein. Der wenig sensible Umgang mit der eigenen Kolonialgeschichte Frankreichs wird so zu einem geopolitischen Thema für ganz Europa. Während die westlichen Einflussmöglichkeiten schwinden, eskaliert die Sicherheitslage im Sahel.[42]

Die heutige Situation in Sahel ist daher auch ein Resultat von mangelhaftem Zuhören. Immer wieder wiesen Expertinnen und Regierungsvertreter in Ländern der Sahelzone auf die Notwendigkeit eines differenzierten Umgangs mit verschiedenen Sicherheitskrisen in ihren Ländern hin, die ein militärisch geführter Antiterrorkampf alleine nicht lösen kann. In Umfragen sprechen sich Mehrheiten der Bevölkerung in Mali für Dialoginitiativen mit bewaffneten Akteuren aus, auch wenn sie sich einer jihadistischen Organisation angeschlossen haben. Die *International Crisis Group* und Organisationen der Zivilgesellschaft in Mali sehen es ähnlich.[43] Ein solcher Dialog wird vermutlich alternativlos sein. Immer deutlicher zeigt sich, dass eine deutsche oder europäische Gefolgschaft der ehemaligen Kolonialmacht im Sahel keine gute Außenpolitik ist. Diese Erkenntnis verbreitet sich inzwischen auch in Berlin. Die strategische Verunsicherung und die Suche nach Lehren auch aus dem Scheitern in Afghanistan sind spürbar.

Die Korruptionskrise

Mit Blick auf Afghanistan wie auch auf viele andere Länder des Globalen Südens wird Korruption als wichtiger Grund für das Scheitern westlicher Empfehlungen zur Verhinderung von Krisen ins Feld geführt. Machtmissbrauch, Patronage oder Klientelismus sind auf den Empfängen von westlichen Botschaften in Ländern des Globalen Südens, in Hintergrundbriefings gegenüber besuchenden Delegationen oder bei Planungsworkshops von internationalen Organisationen der Entwicklungszusammenarbeit eine gängige Erklärung für schwache Staatlichkeit und Armut, die den Alltag vieler Menschen im Globalen Süden prägen. Der Diebstahl öffentlicher Gelder durch Regierungscliquen wird oft mit bunten Anekdoten ausgeschmückt, welcher Politiker in welche krummen Geschäfte gerade verstrickt sei. Zur Lösung der Krisen im Globalen Süden wird im Westen daher oft genau darauf verwiesen. Erst wenn Probleme wie Korruption und Machtmissbrauch im Inneren gelöst seien, könne eine größere Resilienz gegenüber extern verursachten Krisen erreicht werden. Diese Annahme ist handlungsleitend für viele Programme des

Internationalen Währungsfonds ebenso wie für viele gut gemeinte bilaterale Programme der Entwicklungszusammenarbeit. Und besonders korrupt sind laut der Organisation *Transparency International* die Länder des Globalen Südens. In der unteren Hälfte des Corruption Perceptions Index (CPI), der Korruption in 180 Ländern vergleicht, finden sich bis auf wenige Ausnahmen wie die Ukraine, Russland und Albanien ausschließlich Länder des Globalen Südens.[44]

Tatsächlich besetzt Korruption verbunden mit dem Verweis auf das niedrige Bildungsniveau häufig eine Leerstelle in der Diskussion über die Ursachen von Armut und Ungleichheit im Globalen Süden. Damit erklärt man sich gerne die eigentlich nicht hinnehmbaren Zustände, ohne dass man die gemeinsame und damit auch westliche Verantwortung dafür thematisieren muss. Als in den 1990er Jahren immer deutlicher wurde, dass die Strukturanpassungsprogramme nicht die erwarteten entwicklungspolitischen Erfolge zeitigten, führte die Weltbank 1992 einen Terminus ein, der seither als Problemlösung für alle möglichen Herausforderungen des Globalen Südens herhalten muss: *good governance* oder gute Regierungsführung. Das Problem seien nicht die vom Westen erzwungenen Reformen an sich, sondern deren mangelhafte und von Korruption durchtränkte Umsetzung. In der Folge tauchte der Begriff in Dokumenten der OECD und der EU immer öfter auf. Damit ist vor allem eine transparente, effiziente und vor allem korruptionsfreie Verwaltung gemeint. Heute findet sich der Begriff *good governance* in fast jedem Regierungsabkommen, das die Grundlage für die Entwicklungszusammenarbeit bildet. Gute Regierungsführung kann in den Augen der meisten Geberländer übrigens von autokratischen Staaten fast genauso erreicht werden wie von demokratischen. Hauptsache Korruption wird vermindert und Effizienz gesteigert.

Der Zusammenhang ist naheliegend. Im Globalen Süden weiß man aber auch, dass Korruption eher Symptom als Ursache der Krisen ist. Denn auch die Korruptionskrise wurde zumindest teilweise vom Westen in Länder des Globalen Südens exportiert. So argumentierte der nigerianische Politikwissenschaftler Peter Ekeh 1975, dass das Misstrauen gegenüber dem Staat in postkolonialen Gesellschaften Afrikas auch nach Ende des Kolonialismus fortbestand. Gleichzeitig erwartete man einen nun direkten Zugang zu staatlichen Ressourcen, der den Bevölkerungen durch das Kolonialregime verwehrt worden war. Beides zusammen begründet historisch die Entstehung korrupter Netzwerke in Politik und Gesellschaft infolge des Kolonialismus.[45] Von der Finanzierung der für die Kolonialstaaten oftmals essenziellen Patronage-Beziehungen mit lokalen Autoritäten über die heutigen chinesischen Finanzierungen von Infrastruktur: Interne Korruption im Globalen Süden ist ohne externe Finanzierung auch heute kaum denkbar. Bis in die 1990er Jahre konnten französische Unternehmen Schmiergeldzahlungen im Ausland steuerlich absetzen.[46] Beispiele auch jüngeren Datums sind leicht zu finden. 2016 kam ans Licht, dass die schweizerische Bank Credit Suisse mosambikanischen Sicherheitsorganen dabei half, Kredite mit Staatsgarantien in Milliardenhöhe aufzunehmen. Bis heute ist unklar, wo der Großteil der Gelder des größten Korruptionsskandals in der Geschichte Mosambiks verblieben ist. Eines der größten europäischen Fischereiunternehmen, der isländische Samherji-Konzern, hat Medienberichten zufolge in den frühen 2010er Jahren namibische Politikerinnen und Politiker bestochen, um sich lukrative Fangrechte vor der westafrikanischen Küste zu sichern und Steuern zu umgehen.[47] Und dann ist da die lange Geschichte westlicher Ölmultis wie Shell, Exxon, Total oder Eni, die in ölreichen Staaten wie Nigeria, Angola oder Venezuela den Reichtum korrupter Eliten erst begründeten. Wie wichtig Korruption auch für deutsche Unternehmen im Ausland offenbar ist, zeigt die scharfe Warnung des Bundesverbands der Deutschen Industrie (BDI) vor der Umsetzung einer Transparenzrichtlinie der EU, die zur Offenlegung von Zahlungen an ausländische Regierungen durch Rohstoffunternehmen mit Sitz in der EU verpflichtet, in Deutschland aber erst 2015 umgesetzt wurde.[48] Das externe Umfeld von Ländern des Globalen Südens trägt also maßgeblich dazu bei, dass in einigen Ländern Regierungen an der Macht sind, die ihrer eigenen Bevölkerung kaum rechenschaftspflichtig sind. Gleichzeitig haben die westliche Kolonial- und später die Handelspolitik den Aufbau von vom Staat unabhängigen Wirtschaftszweigen im Globalen Süden behindert. Auch so wurde Korruption erleichtert, weil sich Kapital beim Staat konzentriert, ohne dass es ausreichende Gegengewichte gibt, die Machtmissbrauch einschränken.

Korruption und Klientelismus waren und sind weltweit verbreitet. Sie führen aber nicht zwangsläufig zu einer dysfunktionalen Wirtschafts- und Sozialpolitik. Entscheidend sind vielmehr das Ausmaß und die Funktionsweise von Korruption. So argumentiert der Wirtschaftswissenschaftler Mushtaq Khan, dass nicht Korruption per se unterschiedliche Entwicklungserfolge asiatischer Länder erklären kann, sondern der Typus von Korruption.[49] Zum Beispiel wurden auch in den wirtschaftlich erfolgreichen Tigerstaaten Asiens politisch gut vernetzte Unternehmerfamilien und einzelne Wirtschaftssektoren intransparent bevorzugt. Die teilweise hoch protektionistische Handels- und Industriepolitik trug direkt zum Exporterfolg dieser Unternehmen bei. Trat der Erfolg nicht ein, wurde diese Bevorzugung schnell beendet. Dieses Modell führte zur persönlichen Bereicherung der politischen und wirtschaftlichen Eliten. Es begünstigte aber auch den Aufbau von Industrien und eine strukturelle Transformation der Wirtschaft. So haben es viele Länder in Asien in der zweiten Hälfte des 20. Jahrhunderts geschafft, trotz korrupter Strukturen ein höheres Wohlstandsniveau zu erreichen. Die Liste der Länder, die zunächst Korruption und Klientelismus abgeschafft haben und anschließend ein breites Wohlstandsniveau erreichen konnten, ist hingegen kurz. Dabei handelt es sich fast ausschließlich um asiatische Stadtstaaten wie Singapur oder Hongkong, die an geographisch zentralen Handelsknotenpunkten liegen. Zumal die effizienteste Korruptionskontrolle demokratische Öffentlichkeiten sind. Die lassen sich über die Korruptionsbekämpfung allein nicht herstellen. So wichtig die Bekämpfung von Korruption auch ist, sie wird die Krisen des Globalen Südens nicht lösen. Und oftmals ist auch unsere Wahrnehmung im Westen vom Ausmaß und Wirkung von Korruption verzerrt. Südafrika wird in der medialen Berichterstattung häufig als Inbegriff für Korruption dargestellt. Dabei schneidet das Land in den gängigen Korruptionsrankings genauso ab wie Bulgarien und besser als Ungarn. Beides sind EU-Mitgliedsstaaten.

Ein in der Dimension weitaus gewichtigeres Problem als Korruption ist der illegitime und oft auch illegale Abfluss von Geldern aus Ländern des Globalen Südens, die dann auch im Westen angelegt werden. Mehr als 1,3 Billionen US-Dollar haben seit 1980 den afrikanischen Kontinent auf diese Weise verlassen.[50] Jedes Jahr entgehen den dortigen Steuerbehörden bis zu 650 Milliarden US-Dollar. Hierbei handelt es sich auch um Korruption, nur liegt das Problem nicht primär im Globalen Süden. Verantwortlich sind vor allem westliche Unternehmen im Rohstoffsektor, die falsche Preise für den Export angeben und Steuerschlupflöcher ausnutzen. Auch westliche Unternehmen der digitalen Plattformökonomie, die im Globalen Süden zunehmend Profite machen, zahlen dort kaum Steuern. Diese Steuerungerechtigkeit hat zur Entwicklung eines Bündnisses von Ländern aus dem Globalen Süden geführt, das sich für die Aushandlung von globalen

Steuerfragen in den Vereinten Nationen und eine entsprechende Steuerkonvention einsetzt, das *High Level Panel on International Financial Accountability, Transparency and Integrity for Achieving the 2030 Agenda* (FACTI-Panel). Angeführt von afrikanischen Ländern fordert das Panel unter anderem eine globale Mindeststeuer auf Unternehmensprofite zwischen 20 und 30 Prozent. Weil dies deutlich über das hinausgeht, was derzeit in der für Steuerfragen entscheidenden OECD – einem Klub westlicher Industriestaaten – durchsetzungsfähig ist, werden die Empfehlungen des FACTI-Panels bisher ignoriert.

Von Schuld und Mitschuld

Zuletzt nochmal zur Doppelmoral hier wie dort. Natürlich ist der Westen nicht allein schuld an der Verschärfung der beschriebenen Großkrisen von Corona, Klima und Schulden. Genauso wenig ist der Westen allein schuld daran, dass sich in vielen Staaten des Globalen Südens kleptokratische Regierungscliquen an der Macht halten. Die während der Corona-Krise verantwortlichen Politikerinnen und Politiker im Westen und im Süden waren wahrlich nicht zu beneiden. Zu Beginn der Pandemie erschwerte eine intransparente Kommunikation Chinas die Vorsorge auch in Europa. Sich widersprechende Empfehlungen von Expertinnen und Experten, eine verunsicherte Öffentlichkeit und die Neuartigkeit der Herausforderung selbst hatten unweigerlich Fehlentscheidungen zur Folge. Zumal nachvollziehbar ist, dass sich deutsche und westliche Regierungschefs in Krisenzeiten zuallererst der eigenen Wählerschaft gegenüber verantwortlich sahen. Also horteten sie zunächst Masken und Impfstoffe, anstatt frühzeitig globale Lösungen in den Blick zu nehmen.

Die Inbetriebnahme zusätzlicher Kohlekraftwerke in Europa und der Gaseinkauf in weit entfernten Autokratien sind eine

Folge des russischen Angriffs auf die Ukraine. Das Konsumverhalten der wachsenden Mittelschichten in Indien und China trägt ihren Teil zur Klimakrise bei. In Brasilien befeuert die Agrarlobby mit ihrem Hunger nach Land die Brandrodung in Amazonien, dem größten Regenwald der Welt. Die systematische Missachtung der Rechte von Indigenen wird von Teilen der brasilianischen Bevölkerung zumindest in Kauf genommen. In der Demokratischen Republik Kongo, dem Staat, über den sich weite Teile des zweitgrößten Regenwaldes der Welt erstrecken, erschwert die Abwesenheit funktionierender staatlicher Strukturen den Schutz. Der Aufbau der notwendigen staatlichen Kontrolle wird mittelbar auch durch chinesische Minenfirmen und ruandische Milizen verhindert. Indonesien beherbergt den dritten der drei großen Regenwälder der Erde. Auch hier bedrohen sich ausbreitende Monokulturen die Wälder des Inselstaates, die eigentlich ein Teil der Lösung sein müssten. Und auch hier steht dem effektiven Schutz eine einflussreiche Agrarlobby entgegen. Auch die Schuldenkrise in Afrika und Teilen Asiens hat keinesfalls allein der Westen zu verantworten. Mitschuldig sind gierige Regierungen und chinesische Geopolitik. Die desaströsen Folgen der Intervention in Libyen sind auch und vielleicht sogar in erster Linie ein Vermächtnis der autoritären Herrschaft Gaddafis. Dass viele Malier heute die Militärregierung unterstützen, kann man nicht allein Frankreich in die Schuhe schieben. Zu korrupt war die zivile Vorgängerregierung und zu ineffektiv waren die malische Regierung und Armee bei der Bekämpfung von bewaffneten Gruppen, so dass ein Putsch auch auf gesellschaftspolitisch fruchtbaren Boden fiel.

Solange man sich aber hinter der berechtigten Kritik an einer kurzsichtigen westlichen Krisenpolitik verstecken kann, werden die Mitverantwortlichen aus Politik und Wirtschaft von Mali bis Peking und von Dhaka bis Nairobi das auch tun. Und: Die Folgen der eigenen Krisenpolitik im Rest der Welt zu ignorieren und die Bedenken des Globalen Südens nicht ernst zu nehmen, kann man sich politisch, wirtschaftlich und ökologisch in einer multipolaren Welt immer weniger leisten. Dass man von globalen Krisen zukünftig im Westen und Globalen Süden mehr denn je gemeinsam betroffen sein wird und diese auch gemeinsam wird lösen müssen, ist eine Erkenntnis, die sich erst reichlich spät durchsetzt. Hierfür bräuchte man globale Institutionen und Bündnisse, die Legitimität im Westen wie im Globalen Süden genießen. Das ist nur dann möglich, wenn diese Institutionen eine globale und demokratische Krisenpolitik erlauben. Darum geht es im vierten Kapitel.

4. Kapitel: Regeln statt Bestimmer

Wie internationale Organisationen auf den Wandel der Weltpolitik reagieren

Das in den bayrischen Alpen gelegene Schloss Elmau ist ein beliebter Tagungsort der Weltpolitik. Bei bester Wetterlage fand Ende Juni 2022 hier der G7-Gipfel unter deutschem Vorsitz statt. Für den frisch gewählten Bundeskanzler die Gelegenheit, die Kontakte zu den Kollegen aus den USA, Kanada, Frankreich, Japan, Italien und Großbritannien zu vertiefen. Aber die Männerrunde war damit nicht komplett. Traditionell sind auch die Vertreterin der EU-Kommission, Ursula von der Leyen, und des Europäischen Rats, Charles Michel, mit von der Partie. Der geballte Westen hatte viel vor – und schien geeinter denn je. Der ukrainische Präsident Selenskyj wurde zugeschaltet. Die Ukraine hatte in den Monaten zuvor gezeigt, dass sie mit westlicher Unterstützung in der Lage war, dem russischen Angriff standzuhalten. Schnell hatte man sich auf empfindliche Sanktionen gegen Russland geeinigt. Die deutsche Abhängigkeit von russischem Erdgas war längst als Fehler historischen Ausmaßes erkannt worden. Die Aufnahme von zwei neuen NATO-Mitgliedern, Schweden und Finnland, wurde auf den Weg gebracht. In Elmau versicherten die Staats- und Regierungschefs der Ukraine nun ihrer Unterstützung, unter anderem indem sie weitere Budgethilfen in Höhe von 29,5 Milliarden Dollar zur Verfügung stellten. Sogar die sonst üblichen Proteste gegen die G7 waren weniger laut und zahlreich. Vielleicht, weil der Krieg in der Ukraine den Aktivistinnen und Aktivisten in Deutschland vorgeführt hatte, dass ein geeinter

Westen angesichts eines imperialen Russlands durchaus seinen Wert hat.

Trotzdem, das dreitägige Treffen warf neue Fragen auf. Wenige Monate nach der russischen Invasion war den meisten in Elmau klar geworden, dass der Krieg zwischen zwei der weltweit größten Getreide- und Düngerproduzenten auch massive Folgen für die Ernährungssicherheit im Globalen Süden hatte. Schon im Vorfeld des Gipfels erklärten daher Vertreterinnen und Vertreter der Bundesregierung, dass die Unterstützung der Ukraine nicht auf Kosten anderer humanitärer Engagements gehen dürfe, etwa des so wichtigen Welternährungsprogramms der Vereinten Nationen. Zumal die Ernährungssicherheit aufgrund deutscher Initiative auf der Agenda der G7-Staaten stand. Und so einigten sich die G7 auf die Bereitstellung von 4,5 Milliarden Dollar, um die Ernährungskrise in Ländern des Globalen Südens umgehend zu bekämpfen.[1] Ein wichtiger Schritt, aber keine Lösung. Denn obwohl mehr Geld dabei half, akute Hungerskrisen von Somalia bis Jemen zu bekämpfen, konnte dadurch der massive Preisanstieg insbesondere für Weizen in Nordafrika und anderen Teilen der Welt nicht gestoppt werden. Etwas Linderung brachte erst ein von den Vereinten Nationen und dem türkischen Präsidenten Recep Erdoğan einen Monat nach Elmau vermitteltes Getreideabkommen, das zumindest einen Teil der ukrainischen Ernte dem Weltmarkt zuführte. Eine leidlich gelungene Lösung, die die G7-Staaten nicht selbst hätten herbeiführen können und die nur ein Jahr hielt.

Und noch etwas fiel auf. Die G7-Staaten gaben sich sichtbar Mühe, den Realitäten einer zunehmend multipolaren Welt besser Rechnung zu tragen. Mit Südafrika, Indien, Indonesien, Argentinien und dem Senegal waren alle Weltregionen zumindest als Gast vertreten. Das war an sich nicht neu. Die G7 (damals noch G8) laden seit dem Jahr 2000 Gäste oder «outreach countries» dazu. Elmau war aber der vorläufige Höhepunkt dieser Entwicklung, weil die Gäste und deren Herkunftsländer nicht mehr in erster Linie als «Entwicklungsprojekt» betrachtet wurden, sondern als politische Partner für die Lösung globaler Probleme. Offenbar hatte man erkannt, dass viele Länder im Globalen Süden die neue Einheit des Westens mit Misstrauen sehen.

Als Klub reicher Staaten haben die G7 ein wachsendes und sehr grundsätzliches Image-Problem. Reich und westlich orientiert zu sein schafft keine Legitimität mehr auf internationaler Ebene. Brachten die G7-Staaten im Jahr 2000 noch 44 Prozent der globalen Wirtschaftskraft auf die Waage, sind es inzwischen nur noch knapp unter 30 Prozent. Allein Chinas Anteil an der Weltwirtschaft ist in diesem Zeitraum von sieben auf 19 Prozent gewachsen. Und unterstellt wird den G7 schon lange, dass sie eben die Interessen reicher westlicher Staaten vertreten. Dem entgegenzutreten war ein Anliegen der deutschen Bundesregierung in Elmau. Ins Bild passt daher, dass laut einem unabhängigen Forschungsnetzwerk die G7-Staaten ihre Versprechen von Elmau in den Bereichen, die für den Globalen Süden von herausragender Bedeutung sind, vergleichsweise gut erfüllt haben. Ernährungssicherheit also, aber auch Infrastrukturinvestitionen als Antwort auf die chinesische Seidenstraßen-Initiative.[2] Auch die von der Bundesregierung in Elmau forcierte Initiative eines neuen «Klimaclubs» richtete sich demonstrativ an Staaten außerhalb des Westens. Eingeladen sind alle, die eine ehrgeizige Klimapolitik betreiben, unter anderem, indem sie die Klimaziele von Paris umsetzen und die Erderwärmung auf 1,5 Grad begrenzen wollen. Das Angebot eines Beitritts zum Klimaklub gehört seither zum Repertoire der Kanzlerreisen in den Globalen Süden.

Dennoch, trotz aller Versuche neue Offenheit zu demonstrieren, im Gedächtnis des Gipfels von Elmau bleibt vor allem die

Einigkeit gegenüber der Bedrohung aus Russland. Das ist verständlich. Schließlich können die G7 weder die Ernährungskrise noch den Klimawandel ohne die Länder des Globalen Südens bewältigen. Das wurde schmerzhaft deutlich, als der frisch gewählte brasilianische Präsident Lula da Silva im Januar 2023 die deutsche Einladung, dem Klimaclub beizutreten, ablehnte. Und die in Elmau beschlossene Bereitstellung von Covid-Impfstoffen kam ohnehin zu spät. So illustrierte das Treffen eine grundlegende Spannung in einer neuen multipolaren Welt: kleinere, thematisch oder regional orientierte Klubs von ähnlich gesinnten Staaten ersetzen zunehmend inklusivere internationale Organisationen, weil diese aufgrund der neuen Verteilung von Macht und Einfluss blockiert sind. Die neuen Klubs ersetzen aber diese multilateralen Organisationen nur mehr schlecht als recht. Darum soll es in diesem Kapitel gehen.

Multipolarität als Großmachtpolitik

Dass sich der Begriff der Multipolarität im Westen bisher nur langsam durchsetzt, hat mehrere Gründe. Zum einen fällt es dort schlicht schwer anzuerkennen, dass man es mit einer neuen, post-westlichen Weltordnung zu tun hat. Im Gegensatz zu früher kann Weltpolitik heute kein Arrangement zwischen westlichen Großmächten und Russland mehr sein. Das verunsichert. Leichter fällt es da vielen, eine Wiederbelebung von Bipolarität zu sehen, die man im Westen gut kennt. Diesmal nicht wie im Kalten Krieg zwischen dem Westen und dem Ostblock, sondern zwischen dem Westen und China (eventuell mit Russland). Was man kennt, ist weniger verunsichernd. Wer jedoch vor allem nach neuer Bipolarität sucht, ohne Multipolarität zu sehen, übersieht die Brüche im vermeintlich geeinten Westen ebenso wie die zunehmende Bedeutung von Süd-Süd-Beziehungen.

Ein anderer Grund dafür, dass auch Politikwissenschaftlerinnen und Experten den Begriff der Multipolarität in Deutschland lange gemieden haben, liegt in seiner Begriffsgeschichte im Westen. Historisch bezog sich die Beschäftigung mit Multipolarität vor allem auf die internationalen Beziehungen europäischer Großmächte im 19. Jahrhundert. Hier stand sich eine Reihe europäischer Großmächte gegenüber, die zwar nicht gleich stark, aber doch ähnlich mächtig waren. Im vielbesungenen «Konzert der Mächte» einigte man sich darauf, dass keine der wesentlichen Großmächte erkennbar stärker als ihre Rivalen werden dürfe. Weil diese Ordnung mit den zwei Weltkriegen und dem Aufziehen des Kalten Krieges spät, aber umso krachender gescheitert ist, wurde die Frage, wie multipolare Ordnungen eigentlich funktionieren, schnell zu einem eher theoretischen Problem. In der Tat betrachtete die Politikwissenschaft multipolare System häufig als instabil und von kurzer Dauer.[3] Zu groß war die Dominanz der USA nach Ende des Zweiten Weltkriegs und zu offensichtlich war der Kalte Krieg eine bipolare Ordnung mit zwei sich argwöhnisch belauernden Polen. Zu unbedeutsam waren in der westlichen Wahrnehmung lange Zeit auch die zahlreichen Staaten, die sich lautstark, aber häufig vergeblich für die Blockfreiheit aussprachen. Der Geist von Bandung reichte lange Zeit nicht bis in die politikwissenschaftlichen Seminare und Regierungsviertel Europas oder Nordamerikas.

Die Ablehnung des Begriffs der Multipolarität hat aber auch mit seiner Unschärfe zu tun. Schließlich suggeriert die Vorstellung einer Welt bestehend aus mehr als zwei Polen vor allem das, was man im 19. Jahrhundert erkannt hat: Großmächte, die zwar auch untereinander handelten, primär aber darauf bedacht waren, in ständiger Konkurrenz zueinander die eigenen Einflusssphären zu konsolidieren. So gesehen ist Multipolarität Großmachtpolitik zwischen mehr als zwei Polen, jeweils ausgestattet mit ähnlicher Macht. Wie passt das zusammen mit der heutigen Welt, in der Regierungen großer und kleiner Staaten und deren Gesellschaften so intensiv miteinander verwoben sind, dass die Vorstellung von getrennt voneinander existierenden Polen abwegig erscheint? Und inwieweit ist die Vorstellung mehrerer ähnlich mächtiger Pole zutreffend in einer Welt, in der die USA allein immer noch mehr für Rüstung ausgeben als die zehn nächstgrößten Staaten zusammen?[4] Auch wirtschaftlich sind die Pole der Welt heute alles andere als gleich. China ist der wichtigste Handelspartner für eine große Mehrheit aller Staaten, aber die wichtigste Reservewährung der Welt bleibt der US-Dollar. Die Afrikanische Union vereinigt knapp ein Drittel aller Stimmen in der Generalversammlung der Vereinten Nationen auf sich, vertritt aber einen Kontinent mit nur drei Prozent der globalen Wirtschaftskraft. Angesichts dessen ist wenig überraschend, dass die Politikwissenschaft sich alternative Begriffe hat einfallen lassen. Beispielsweise beschreibt der Professor für Internationale Beziehungen Amitav Acharya die Welt lieber als «multiplex». Das soll die Interdependenz der Großmächte untereinander ebenso betonen wie den erhöhten Einfluss von kleineren Staaten, die sich keiner der Großmächte exklusiv anschließen möchten. Andere, nicht zufällig westliche Autoren griffen zu Begriffen wie dem «Zeitalter der Entropie»[5] oder einer «G-Zero» Welt,[6] die Unordnung und die Abwesenheit dominanter Pole beschreiben. Sie begründen damit das düstere Szenario einer Welt ohne ordnenden Hegemon.

Diesen berechtigten Einwänden zum Trotz hilft uns der Begriff der Multipolarität heute zu verstehen, welchen Dysfunktionalitäten die internationale Politik gegenübersteht. Multipolarität heißt: weder eine unipolare Welt mit den USA als alleinigem Hegemon – wie in den 1990er Jahren – noch eine bipolare Welt mit zwei klar unterscheidbaren Blöcken wie zu Zeiten des Kalten

Krieges. Stattdessen verschiedene Zentren und Bündnisse auf verschiedenen Ebenen. Regionale Ordnungen und eine thematisch-pragmatische, eher kurzfristige Zusammenarbeit werden in dieser Welt wichtiger. Was zählt, ist weniger alte Verbundenheit als vielmehr neue Angebote. Mitverhandelt werden bei dieser Zusammenarbeit stets auch globale und regionale Rivalitäten. Am sichtbarsten ist die Rivalität zwischen den USA und China. Das ist aber noch nicht alles. Indien und China sind Rivalen in Südasien, China und Russland in Zentralasien, Russland und Europa in Osteuropa, die Türkei und Russland im Kaukasus, Iran und Saudi-Arabien im Mittleren Osten. Die Liste ließe sich fortsetzen. All diese Rivalitäten haben Einfluss darauf, ob und wie pragmatische Zusammenarbeit funktioniert.

Um die Folgen von Multipolarität für die globale Politik besser fassen zu können, lohnt es sich daran zu erinnern, welche Seiten der Multipolarität die Stimmen aus dem Globalen Süden und welche die aus dem Westen betonen. Multipolarität ist im Globalen Süden häufig dezidiert positiv besetzt, weil sie Staaten, die sich lange nur zwischen dem Westen und internationaler Isolation entscheiden konnten, Alternativen bietet. Im Westen hingegen assoziiert man mit Multipolarität Unordnung und Unvorhersehbarkeit. Eine Welt, die aus den Fugen geraten ist. Das Gesetz des Stärkeren vielleicht, oder gar kein Gesetz. Beide Lesarten sind richtig. Unter welchen Umständen Multipolarität Autonomie bedeutet, haben wir im zweiten Kapitel erläutert. In diesem Kapitel geht es um die Schattenseiten der Multipolarität – und die Frage, wie man mit diesen umgehen kann.

Denn der wachsende Einfluss von Staaten aus dem Globalen Süden hat die Ungleichheit in der internationalen Politik nicht beseitigt. Lediglich die Anzahl der Länder, die früher Großmächte genannt wurden, hat sich geändert. China hat längst den Status einer globalen Macht erreicht. Indien drängt danach. Staaten wie Indonesien, Brasilien, Südafrika oder die Türkei sind regional bedeutsam und verlangen auch auf globaler Ebene nach mehr Anerkennung. Großmächte haben seit jeher Gründe dafür gefunden, ihre Außenpolitik durch Zwang und exklusive Übereinkommen anstelle von inklusiveren, regelbasierten Verfahren zu verfolgen. Soll heißen: Auch in der multipolaren Welt des 21. Jahrhunderts werden China, Indien und andere «neue Mächte» aus dem Globalen Süden in erster Linie für sich sprechen. Nicht zwangsläufig für kleinere und schwächere Staaten, auch wenn sie regelmäßig vorgeben, das zu tun. Und auch die neuen Mächte werden bindende Übereinkünfte meiden, wenn sie drohen, den eigenen Handlungsspielraum einzuschränken. Hier enden nämlich die Gemeinsamkeiten der Länder des Globalen Südens. Mehr noch, angesichts des Aufziehens einer multipolaren Welt ist zu erwarten, dass sich die Unterschiede zwischen den Außenpolitiken der Staaten des Globalen Südens vertiefen. Dafür gibt es einen einfachen Grund: Wirtschaftlich und militärisch starke Staaten verfolgen eine andere Außenpolitik als kleine und schwächere Staaten.

Dazu ein Blick zurück in die Geschichte. Beim Wiener Kongress 1814/15 einigten sich die Großmächte auf die friedensstiftende Wirkung des Gleichgewichts der Mächte. In Europa war das lange 19. Jahrhundert stabil und vergleichsweise friedlich, weil man die Risiken großflächiger Kriege gegen vergleichbar starke Rivalen nicht eingehen wollte. Explizites Ziel der Verhandlungen in Wien war es, die kleineren Staaten zwischen den Großmächten gleichmäßig zu verteilen, um die Übermacht der einen oder anderen Großmacht zukünftig zu verhindern.[7] Das «Konzert der Mächte» in Form regelmäßiger Konsultationen der Außenminister sollte darüber wachen, dass die Schlussakte von Wien eingehalten würde. Eine über die gegenseitige Anerkennung von Einflusssphären hinausgehende Regulierung der internationalen Politik in Europa gab es nicht. Und eine untergeordnete Rolle spielten die Interessen kleinerer Staaten. Das Deutsche Kaiserreich verleibte sich Bayern und andere Kleinstaaten ein, um dadurch den Status einer europäischen Großmacht zu erreichen. Das kleinere Portugal konnte die eigene Unabhängigkeit nur deswegen bewahren, weil Großbritannien es als nützlichen Partner protegierte. Auch die Niederlande verdankten ihre Unabhängigkeit gegenüber der Kontinentalmacht Frankreich britischem Schutz. Und so teilten die europäischen Groß- und Kolonialmächte die Welt untereinander auf. Die Multipolarität des 19. Jahrhunderts war also eine Welt der Einflusssphären und großer, in sich heterogener Reiche, die gemeinsam daran arbeiteten, den aufkeimenden Nationalismus in Europa und darüber hinaus im Keim zu ersticken. Diese Ordnung war zudem autokratisch, weil damit die Restauration des Einflusses von Monarchien und nicht-gewählten Staatschefs einher ging. Allen Rivalitäten zum Trotz, waren sich die Großmächte einig darin, die geteilte Bedrohung durch Sezession und Nationalstaatlichkeit – also die Entstehung einer Vielzahl von überlebensfähigen kleinen und mittleren Staaten – zu bekämpfen.

Multipolarität trägt also den Keim von Großmachtpolitik in sich. Die multipolare Welt des 19. Jahrhunderts war eine Welt der Kolonialreiche. Auch heute schließt sie immer wieder Staaten aus, die nicht zur exklusiven Gruppe der Großmächte gehören. Für ihre Vertreter ist es die Akzeptanz der Großmächte, die eine internationale Ordnung erst legitim macht.[8] Kein Gedanke an die große Mehrzahl der Staaten und ihre Gesellschaften weltweit. Und Großmächte priorisieren traditionell ihre Beziehungen untereinander, so ist sich die Politikwissenschaft einig. Aufstrebende Staaten (wie China) genauso wie langfristig absteigende Staaten (wie Russland) verlangen vor allem nach Anerkennung von anderen Großmächten. Aus Statusgründen und weil nur andere Großmächte die außenpolitische Kraft aufbringen können, den eigenen Interessen fundamental im Wege zu stehen. Das verschärft die Exklusivität multipolarer Politik.

Die Anzeichen dafür sind längst erkennbar. Erst die Übereinkunft zwischen dem damaligen US-Präsidenten Obama und den Staats- und Regierungschefs von China, Indien und Südafrika am Rande der Klimakonferenz in Kopenhagen 2009 führte zu einer Einigung. Symbolisch irrte Obama damals durch die Flure des Konferenzzentrums, um sich uneingeladen mit den Vertretern Chinas, Indiens und Südafrikas zu treffen. Nur in diesem Kreis konnte Fortschritt erzielt werden, so die Annahme der US-Regierung – an der großen Mehrzahl der Staaten vorbei, inklusive der vom Klimawandel am schwersten betroffenen Staaten. Oder wieder Russland: Putin sehnt sich vergeblich zurück in eine bipolare Welt mit der Sowjetunion als den USA ebenbürtigem Rivalen. Hintergrund des russischen Angriffs auf die Ukraine ist auch eine an die Zarenzeit angelehnte Vorstellung einer russischen Einflusszone in Osteuropa. Außenpolitischen Einfluss auf Russlands Präsident Putin, so glauben viele, hat in erster Linie der chinesische Präsident Xi Jinping. Derweil fallen alle wesentlichen außenpolitischen Entscheidungen Chinas mit Blick auf die Rivalität mit den USA, den nach chinesischer Lesart einzigen ebenbürtigen Rivalen auf globaler Ebene.[9] Indien sah sich lange Zeit als Anführerin der in den G77 versammelten Entwicklungs- und Schwellenländer. Heute spielen die G77 nur noch eine marginale Rolle für das außenpolitische Establishment in Neu-Delhi. Stattdessen plakatiert die Regierung unter Narendra Modi das Land mit Bildern der G20-Präsidentschaft 2023 in Indien. Derweil ist man tief gekränkt darüber, dass China weiterhin nicht bereit zu sein scheint, den bevölkerungsreichen Nachbarn als ebenbürtig anzuerkennen. Daher der indische Ruf nach einem «multipolaren Asien».

Angesichts all dessen erscheint die zeitweilige Stärke internationaler Institutionen nach dem Zweiten Weltkrieg mehr als historische Abweichung, nicht als Ausdruck eines unumgänglichen historischen Fortschritts. Ein historischer Glücksfall, der auch dadurch befördert wurde, dass die Erinnerung an das Scheitern der Versailler Verträge nach dem Ersten Weltkrieg noch frisch war. Anstelle eines Diktatfriedens, so wusste man damals, müsse eine Friedensordnung treten, die auch für die unterlegenen Mächte zumindest akzeptabel war. Unbeeinträchtigt von Kriegsschäden war die wirtschaftliche Dominanz der USA mit Ende des Zweiten Weltkrieges enorm. So deckte sich das politische Interesse an einer nachhaltigeren Friedensordnung mit dem wirtschaftlichen Interesse an potenten Handelspartnern in Europa, die eine drohende Überproduktion nach Kriegsende auffangen könnten. Auf US-amerikanische Kredite und Hilfslieferungen nach Europa folgte der Marshall-Plan und der Beitritt europäischer Staaten zu dem 1944 im US-amerikanischen Bretton Woods begründeten Internationalen Währungsfonds und der Weltbank. Politisch einigten sich die USA, Großbritannien und die Sowjetunion, nach Kriegsende auf die Schaffung der Vereinten Nationen, die allen Staaten eine Mitsprache in den wesentlichen Belangen der internationalen Politik einräumt.

Mitsprache heißt aber nicht Mitbestimmung. Die Vereinten Nationen waren von Beginn an konzipiert als Organisation, die die Kontrolle der verbliebenen Groß- und Siegermächte des Zweiten Weltkriegs – die USA, Großbritannien, Frankreich, die Sowjetunion und China – mittels permanenten Sitzes und Veto-Macht im Sicherheitsrat zementierte. Und dennoch, die Nachkriegsordnung erlaubte die Entfaltung einer Regulierung und Institutionalisierung der internationalen Politik, wie sie die Geschichte der Menschheit bislang nicht gesehen hatte. Sie verankerte wichtige internationale Normen, von der Ächtung von

Genozid und Kinderarbeit bis zu ambitionierten Nachhaltigkeitszielen. Die Generalversammlung der Vereinten Nationen war zudem ein zentraler Ort für die Forderung nach Dekolonialisierung. Auf die Vereinten Nationen mit ihren zahlreichen Unterorganisationen, von der Weltgesundheitsorganisation zur UNESCO, folgten zuerst die GATT und später die Welthandelsorganisation. Das Seerechtsübereinkommen der Vereinten Nationen von 1982 war ein Meilenstein in der Regulierung der Nutzungsarten der Meere. Es entstanden Internationale Gerichtshöfe und Streitschlichtungsmechanismen im Bereich des Handels oder zur Beilegung von Streitigkeiten über den Verlauf von Seegrenzen. In Europa entwickelte sich mit der Europäischen Union ein supranationales Gebilde, das die Hoheitsrechte ihrer Mitgliedsstaaten in vielen Bereichen signifikant einschränkt und damit Frieden und Wohlstand unter den Mitgliedsstaaten sichert. Die EU galt vielen sogar lange als Vorbild für ähnliche Organisationen, regional und im Weltmaßstab. 2002 entstand die Afrikanische Union, die sich in Teilen an der EU orientierte.

Auf dem Weltgipfel der Vereinten Nationen 2005 verabschiedeten diese eine Pflicht zur Unterbindung von schweren Menschenrechtsverletzungen im Ausland – die sogenannte Schutzverantwortung oder *Responsibility to Protect* – und relativierten damit das Prinzip der Nichteinmischung in die inneren Angelegenheiten eines fremden Staates. Die politikwissenschaftliche Globalisierungsliteratur der 1990er und 2000er Jahre sprach von *global governance* und vom Regieren jenseits des Nationalstaats anstelle von staatenzentrierten internationalen Beziehungen. Man diskutierte Theorien eines globalen Staates.[10] Die Immanenz zunehmend transnationaler Bedrohungen vom Klimawandel über Piraterie bis zum grenzüberschreitenden Terrorismus machte die Suche nach effektiven internationalen Institutionen umso dringlicher. In politikwissenschaftlichen Seminaren der 2000er Jahre galt auch in Deutschland die Vertiefung von *global governance* oft nur als eine Frage der Zeit.

Mittlerweile ist klar geworden, dass viele dieser mit *global governance* verbundenen Hoffnungen verfrüht waren. Mit dem Ende der US-amerikanischen Hegemonie und dem Verschwinden des Zweiten Weltkriegs im Rückspiegel der politischen Wahrnehmung kehrt die Welt zurück zu einer internationalen Konstellation, deren Hauptmerkmale schwache und unverbindliche Regeln sowie fortlaufende Machtkämpfe zwischen den Großmächten zu sein scheinen.[11] Die Schutzverantwortung wird mit dem Bürgerkrieg in Libyen assoziiert. Auf den BREXIT folgte Trump. Dem ehemaligen indischen Top-Diplomat und Autor Shivshankar Menon zufolge mag keiner die gegenwärtige Weltordnung. Der Westen nicht, weil seine bisherige Dominanz zusehends einbricht. Die aufstrebenden Staaten in Asien, Afrika und Lateinamerika dagegen sehen sich weiterhin nur unzureichend repräsentiert. Die kleinen und mittelgroßen Staaten des Globalen Südens sind zunehmend desillusioniert angesichts der Wirkungslosigkeit einer internationalen Ordnung, die weder die gegenwärtige Schuldenkrise noch die Eskalation der Covid-Pandemie verhindern konnte. Die Anarchie kriecht zurück in die internationalen Beziehungen.[12]

Tatsächlich beobachten wir beides, die Intensivierung von Großmachtrivalitäten und die Unterwanderung bestehender internationaler Organisationen mit globaler Reichweite. An deren Stelle treten exklusivere und weniger formalisierte Formate wie die G20. Die Politikwissenschaft beschreibt das als Fragmentierung der internationalen Ordnung. Anstelle von globalen Handelsabkommen im Rahmen der Welthandelsorganisation vervielfältigen sich bilaterale oder inter-regionale Abkommen. Während der Sicherheitsrat der Vereinten Nationen immer öfter blockiert ist, treffen sich die Staats- und Regierungschefs in anderen Formaten wie den BRICS, der *Shanghai Cooperation Organization* (SCO) oder den G20. Anstatt bestehende Institutionen wie den Internationalen Währungsfonds oder die Weltbank zu stützen, schaffen China und andere Staaten die *Asian Infrastructure Investment Bank* und die *New Development Bank*. Und niemand erwartet mehr, dass nicht-westliche Geber von Entwicklungsfinanzierung sich in bestehende Formate der Geberkoordinierung, wie sie von der OECD vorgehalten werden, integrieren lassen.

Warum funktionieren die großen internationalen Organisationen immer weniger?

Die Krise der internationalen Ordnung ist damit auch eine Krise der globalen internationalen Organisationen. Die wiederum hat viel zu tun mit der Entstehung einer multipolaren Welt. Besonders deutlich wird das im Bereich des Handels. In den 1990er Jahren galt die Welthandelsorganisation (WTO) vielen als epochaler Fortschritt in der Regulierung der Weltwirtschaft. Schließlich versprach sie ein für alle Mal aufzuräumen mit dem Wildwuchs an Handelsbeschränkungen weltweit, der nicht nur unter Vertretern des *Washington Consensus* als wesentliches Wachstumshindernis galt. Inspiriert von den im Westen formulierten Versprechungen von Freihandel und grenzüberschreitendem Austausch stand die WTO aber auch für US-amerikanische Hegemonie der 1990er Jahre. Der Beitritt Chinas 2001 war für viele sinnbildlich für den Höhepunkt des unipolaren Moments. Von jetzt an handelte die ganze Welt nach dem Konsens aus Washington. Die WTO versinnbildlichte den Glauben an die Wirksamkeit des Freihandels. Sie war von Beginn an eine vom Westen geprägte Institution. Dafür ist sie lange Zeit massiv kritisiert worden. Beispielsweise begründeten westliche Pharmakonzerne die Vorenthaltung von teuren HIV/Aids-Medikamenten in Afrika mit Verweisen auf den in WTO-Regularien festgehaltenen Patentschutz. Die für den Globalen Süden wichtigen Agrarmärkte sind bis heute weitgehend ausgeschlossen. Und lange galten die USA, die EU, Japan und Kanada als die wesentlichen Verhandlungsführer. Bis heute ist es der WTO nicht gelungen, die Hierarchien innerhalb ihrer Mitgliedsstaaten abzubauen.

Und dennoch, die Welthandelsorganisation hatte auch den Staaten im Globalen Süden viel zu bieten. Das sogenannte Meistbegünstigungsprinzip sieht vor, dass Handelsbegünstigungen gegenüber einem Staat auch allen anderen gewährt werden müssen. Das mindert das Erpressungspotenzial großer Staaten gegenüber kleineren und ist eine Erklärung für die Popularität der WTO unter Regierungen in weiten Teilen der Welt. Tatsächlich haben (fast) alle Staaten einen Sitz in der Welthandelsorganisation. Und im Unterschied zum Sicherheitsrat der Vereinten Nationen muss am Ende jeder Staat – vom winzigen Vanuatu bis zu den USA – einem Abkommen zustimmen. Noch deutlicher wird der Wert der WTO für Staaten außerhalb der Gruppe der ganz Großen anhand des Streitschlichtungsmechanismus. Im Falle von Handelsstreitigkeiten, etwa aufgrund von Subventionen oder Zollerhöhungen, hat jeder der heute 164 Mitgliedsstaaten das Recht, das Streitschlichtungsverfahren der WTO aufzurufen. Die Einleitung eines Verfahrens kann nicht abgelehnt werden. Ein eigens zu diesem Zweck eingerichtetes Schiedsgericht urteilt in einem aufwendigen Prozess darüber, in welchem Maße der beschwerdeführende Staat im Sinne der Übereinkommen der WTO-Rechtsordnung benachteiligt wurde. Kritikerinnen und Kritikern sind die Schiedsgerichte ein Dorn im Auge, weil sie staatliche Souveränität in Handelsfragen an im Verborgenen wirkende Technokraten auslagern. Für viele Staaten liegt gerade darin ihr wesentlicher Vorteil. Denn das Streitschlichtungsverfahren war lange die weltweit einzige Institution, die es kleinen

Staaten erlaubte, ihre Interessen gegenüber viel mächtigeren Staaten durchzusetzen. Nur mit Hilfe der WTO konnte Bangladesch sich 2005 gegen indische Antidumpingmaßnahmen für Bleibatterien aus Bangladesch durchsetzen. Ein historischer Erfolg eines viel schwächeren Staates gegenüber seinem übermächtigen Nachbarn. Schiedssprüche wie diese tauchen regelmäßig in der medialen Berichterstattung aus Brasilien, Bangladesch und anderswo auf. Sie sind in den davon betroffenen Staaten Sinnbild des Werts des Multilateralismus an sich.

Bedeutsamer noch als einzelne Streitbeilegungen zugunsten von Staaten im Globalen Süden war die bloße Existenz eines funktionierenden Mechanismus. Im besten Fall hieß das, dass man in Brüssel, Washington und Peking schon bei der Formulierung einzelner Wirtschaftspolitiken die Interessen weit weniger mächtiger Staaten berücksichtigte, um einem Verfahren vorzubeugen. Und das ist noch nicht alles. Die WTO erleichtert auch die Bildung von Verhandlungskoalitionen von kleinen Staaten, die sich mit einer Stimme besser gegenüber den Interessen der großen Staaten durchsetzen können. Und schließlich erinnert die WTO als unabhängiger Hüter über die Welthandelsabkommen mit dem expliziten Ziel der Förderung des Welthandels sichtbarer und lauter an die Versprechen vom Protektionismus abzusehen, als es einzelne Staaten tun könnten. Auch das ist eine wichtige Funktion.

Die formale Gleichheit aller Mitgliedsstaaten soll jedoch nicht darüber hinwegtäuschen, dass die maßgeblichen WTO-Verhandlungen immer schon zwischen den großen Staaten stattfanden. Aber auch wenn sie zu einem Ergebnis kamen, das den Großen gefiel, mussten sie es noch dem Rest der Welt schmackhaft machen. Das veränderte die Dynamik. Vor allem aber hatte sich die Verhandlungsdynamik durch den Aufstieg von Indien, Brasilien und China verändert. Mit dem Aufziehen einer multipolaren

Welt bestimmen nicht mehr die westlichen Staaten allein die Verhandlungen. Stattdessen widersetzen sich insbesondere die großen Staaten des Globalen Südens immer häufiger den Interessen des industrialisierten Nordens.

Inzwischen liegen die Erfolge der WTO lange zurück. Die von großen Hoffnungen begleitete sogenannte Doha-Runde ist nie zum Abschluss gekommen. Das zu Beginn der 2000er Jahre begonnene Verhandlungsvorhaben hatte zum Ziel, stärker als bislang Interessen der Länder des Globalen Südens in die Regulierung des Welthandels einzubringen. Zum Beispiel indem die Industriestaaten der Öffnung ihrer hochsubventionierten Agrarmärkte zustimmen. Heute ist eine Einigung ferner denn je. Dafür gibt es viele Gründe. Ein wichtiger Grund ist: Weil die großen Schwellenländer, allen voran China, aber auch Indien, Brasilien und andere, wirtschaftlich aufgeholt haben, sind die reichen Staaten im Westen nicht mehr bereit, ihnen Zugeständnisse zu machen. US-Präsident Trump mobilisierte die eigene Anhängerschaft mit der Sabotage der Welthandelsorganisation. Andersherum treten China, Indien, Brasilien und andere viel selbstbewusster in Handelsfragen auf als früher. Und sie sind bereit, die Verhandlungen scheitern zu lassen, wenn ihre zentralen Forderungen unerfüllt bleiben. Die WTO mit ihrem kleinen Sekretariat in Genf selbst schafft es nicht, die Gräben zu überwinden. Also beklagen Medienberichte von den Philippinen bis Venezuela schon länger eine Krise des Multilateralismus. Aber es kam noch schlimmer. Auch vergangene Errungenschaften sind mittlerweile nicht mehr zu haben. Seit 2017 blockieren die USA den Streitschlichtungsmechanismus, indem sie sich weigern, neu berufene Richter zu bestätigen. Eine Katastrophe für die Welthandelsorganisation und der Verlust ihrer wichtigsten Errungenschaft. In den Worten eines südafrikanischen Kommentators: «Das Ende des Streitschlichtungsmechanismus heißt auch das

Ende der regelbasierten globalen Handelsordnung. Jeder agiert nun für sich allein, und das bedeutet die Rückkehr des Gesetzes des Dschungels.»[13]

Nach dem Machtwechsel in Washington und unter der Leitung der nigerianischen WTO-Chefin Ngozi Okonjo-Iweala ist inzwischen eine etwas konstruktivere Dynamik in der WTO entstanden. 2022 gelang der Abschluss eines Fischereiabkommens. Ein seltener Erfolg, der nicht verdecken kann, dass die WTO ihre Rolle als Säule der «liberalen internationalen Ordnung» längst eingebüßt hat. Angesichts der Schwierigkeiten die eigenen Interessen im Rahmen der WTO durchzusetzen, haben die USA, die EU und andere umgeschwenkt auf alternative Abkommen. Das können bilaterale Freihandelsabkommen sein. Oft sind es regionale oder inter-regionale Abkommen. Die werden in weiten Teilen des Globalen Südens nur als zweitbeste Lösung angesehen. Schließlich entfällt dabei der wesentliche Vorteil inklusiver, globaler Verhandlungen. Denn es sind die großen Wirtschaftsmächte, die Abkommen wie das zwischen der EU und Mercosur oder den *Indo-Pacific Economic Framework* (zwischen den USA und Staaten in Ost- und Südostasien) vorantreiben. Entsprechend prominent sind deren Interessen, die sich leichter gegenüber einer kleineren Anzahl von Staaten durchsetzen lassen als innerhalb der WTO. So erklärt sich, warum viele Staaten des Globalen Südens noch an der WTO festhielten, als längst klar war, dass die Doha-Runde zu keinem Ergebnis führen würde. Die WTO versprach, was ihre Alternativen nicht zu bieten haben. Und die Neuaufstellung in einer fragmentierten globalen Handelsordnung fällt vielen Staaten im Globalen Süden viel schwerer als den hochspezialisierten Wirtschafts- und Handelsministerien in Brüssel, Washington, Peking oder Tokyo.

Dazu nochmal ein Blick zurück. Zum Ende der zweiten Amtszeit von US-Präsident Obama konnte man sich des Gefühls nicht erwehren, dass der Westen es den großen Schwellenländern nochmal zeigen wolle. Sogenannte «Mega Trade Deals» waren das Gebot der Stunde. Die USA verhandelten mit der EU das groß angelegte Transatlantische Freihandelsabkommen (TTIP). Die EU verhandelte Freihandelsabkommen mit dem südamerikanischen Staatenbund Mercosur ebenso wie mit Japan. Derweil verhandelten die USA mit 12 Pazifik-Anrainerstaaten das ebenso ambitionierte Transpazifische Partnerschafts-Abkommen (TPP). Es wurde 2016, im letzten Amtsjahr Obamas, unterschrieben. Eigentlich ein Meilenstein und der wirtschaftspolitische Kern von Obamas außenpolitischer Wende nach Asien. Wie Obama hatte auch die japanische Regierung viel politisches Kapital in das Abkommen investiert. Denn die Bedeutung von TPP ging weit über die Handelspolitik hinaus. Es enthielt sogar Regelungen zu internationalen Arbeitsstandards. Obama verteidigte das Abkommen auch gegenüber Kritikern aus den eigenen Reihen als Nachweis, dass die USA trotz des wirtschaftlichen Aufstiegs Chinas die Regeln des internationalen Handels zu setzen in der Lage sind. Kein Zufall also, dass China nicht Teil des Abkommens war. Ebenso wenig wie Indien oder Russland. Die Verteidigung der liberalen internationalen Ordnung, so schien es, konnte nur an den BRICS-Staaten (mit Ausnahme Brasiliens als Teil von Mercosur) vorbei geschehen. Ebenso ausgeschlossen war aber die große Anzahl afrikanischer, lateinamerikanischer und asiatischer Staaten. Und so überrascht es nicht, dass die *Mega Trade Deals* im Globalen Süden damals nicht als Verteidigung, sondern als Angriff auf den Multilateralismus verstanden wurden. Gerade weil sie an der WTO vorbei verhandelt wurden und der großen Mehrzahl der Staaten nur die Rolle des Zuschauers zuwiesen.

Heute wissen wir, dass weder TTIP noch TPP Realität wurden. Eine der ersten Amtshandlungen von US-Präsident Trump war es, den US-amerikanischen Beitritt zu TPP zurückzunehmen. In weiten Teilen der Welt wurde das als ein unübersehbares Zeichen von Schwäche wahrgenommen. Dass Japan und andere Staaten TPP unter neuem Namen fortführten, verstärkte den Eindruck noch. Währenddessen schritten die Verhandlungen zwischen den Staaten in Südasien, Südostasien und Ostasien zur Schaffung der größten Freihandelszone der Welt voran. Die «Regionale umfassende Wirtschaftspartnerschaft» (RCEP) trat 2022 in Kraft. RCEP ist weniger ambitioniert als TPP es war. Es ist aber auch inklusiver. Zuletzt entschied sich Bangladesch für einen Beitritt. Nicht China, sondern die USA sind bei einem der größten Handelsabkommen der Welt außen vor.

Eine zunehmende Fragmentierung der internationalen Politik zeigt sich auch jenseits des Handels. Einerseits, weil große und inklusive internationale Organisationen kaum mehr handlungsfähig sind. So hätte die Corona-Pandemie eigentlich die Stunde der Weltgesundheitsorganisation (WHO) sein müssen. Als Unterorganisation der Vereinten Nationen mit 194 Mitgliedsstaaten und dem expliziten Ziel der Bekämpfung von Infektionskrankheiten weltweit war die WHO prädestiniert dafür, den weltweiten Kampf gegen Covid-19 zu koordinieren und mit wissenschaftlicher Expertise zu stützen. Und tatsächlich verfügt die WHO sowohl über ein hohes Maß an medizinischer Expertise als auch über wertvolle Erfahrungen mit der Bekämpfung von Pandemien, wie etwa dem Ebola Virus in Westafrika. Auch wenn die WHO einen wichtigen Beitrag zur Bekämpfung der Pandemie leistete, sind die Vorwürfe, zu spät auf den Ausbruch der Pandemie in China reagiert zu haben, aus heutiger Sicht berechtigt. Absurd hingegen war die Drohung von US-Präsident Trump 2020, der ohnehin unterfinanzierten WHO die Förderung zu entziehen. Offenbar motiviert durch die zunehmend China-kritische Stimmung im US-amerikanischen Präsidentschafts-Wahlkampf und angesichts der rasanten Ausbreitung des Virus in den USA selbst, suchte Trump nach Schuldigen – und fand sie in China ebenso wie in der WHO. Für den Rest der Welt offenbarte sich einmal mehr, dass im Zweifelsfall innenpolitische Motive in den USA über dem globalen Gemeinwohl stehen. Und es offenbarte sich, dass Großmachtrivalitäten die wichtigen multilateralen Institutionen ernsthaft beschädigen. Die Folge ist, dass die ihnen ursprünglich zugeschriebenen Funktionen in kleinere, exklusivere Formate abwandern oder gleich bilateral verhandelt werden. Während Russland und China früh damit begannen, ihre Covid-Impfstoffe an interessierte Staaten zu verteilen, kamen die Versuche der G7 mitzuhalten sichtbar zu spät. Dann nämlich, als klar war, dass der Westen mit hochwertigen Impfstoffen überversorgt war. Besser als gar nichts. Aber auch nicht gut genug.

Die G20 und andere Versuche

Wie keine andere internationale Institution symbolisiert die Gruppe der 20 (ungefähr) größten Volkswirtschaften die Multipolarisierung der Weltpolitik. Die G20 sind das Kind zweier Krisen. Die Asienkrise in den späten 1990er Jahren hatte dazu geführt, dass ab 1999 die Finanzminister und Chefs der Notenbanken der 19 größten Volkswirtschaften und der EU einmal im Jahr zusammenkamen. Die Finanzkrise von 2008 wiederum veranlasste US-Präsident George W. Bush dazu, das Format um die Ebene der Staats- und Regierungschefs zu erweitern. Im November 2008 lud der scheidende US-Präsident zum ersten Gipfel. Die G7-Staaten können also schon lange nicht mehr für sich in Anspruch nehmen, die Geschicke der Weltwirtschaft durch kluge Koordination zu lenken. Das war lange Zeit anders. Stattdessen erklärten sich die G20 vollmundig zum «wichtigsten Forum internationaler wirtschaftlicher Zusammenarbeit». Das schürt Erwartungen. Dabei ist die Auswahl der Mitglieder diskussionswürdig. Alle G7-Staaten sowie Russland sind dabei. Hinzu kommen die EU und Spanien als «permanenter Gast». Außerdem die beiden engen Alliierten der USA, Südkorea und Australien. Nach unserem Verständnis des Westens immerhin die Hälfte aller Mitglieder. Hinzu kommen das NATO-Mitglied Türkei und Saudi-Arabien, ein langjähriger Sicherheitspartner der USA im Mittleren Osten. Mit China, Indonesien und Indien sind drei weitere wirtschaftliche Schwergewichte Asiens Mitglieder. Demgegenüber ist Afrika nur mit Südafrika repräsentiert. Aus Lateinamerika sind Brasilien, Mexiko und Argentinien vertreten. Wobei «Vertretung» nicht wörtlich zu verstehen ist. Von Beginn an war klar, dass keines der Mitglieder für mehr als sich selbst sprechen würde. Nicht zufällig sind die G20 ein nur minimal institutionalisiertes Forum. Staats- und Regierungschefs treffen sich zu einem mehr oder weniger informellen Austausch unter Vorsitz einer rotierenden Präsidentschaft. Am Ende steht, wenn alles gut läuft, ein nicht-bindendes Abschlussdokument, das häufig bekannte Phrasen der Diplomatie wiedergibt.

Dennoch, eine systematische Auswertung der medialen Berichterstattung zu den G20-Gipfeln und anderen internationalen Organisationen seit 2008 aus einer ganzen Reihe von Staaten im Westen und im Globalen Süden zeigt:[14] Die G20 wurden insbesondere zu Beginn der Finanzkrise weithin als wesentlicher Fortschritt wahrgenommen. Der damalige und heutige brasilianische Präsident Lula lobte die Treffen überschwänglich. Die chinesische Medienberichterstattung hat die G20 von Beginn an begrüßt. Auch in anderen Staaten des Globalen Südens war das Echo zunächst positiv. Hier wurden die G20 oft explizit als Ablösung der G7 verstanden. Medienberichte zu den ersten zwei Gipfeln 2008 in so unterschiedlichen Staaten wie Bangladesch, Brasilien oder den Philippinen brachten die Hoffnung zum Ausdruck, dass die G20 eine pragmatische Antwort auf die sich rasch ausbreitende Finanzkrise bereithielten. Die Einbindung von Staaten wie China, Indien, Indonesien, Brasilien und Südafrika galt als überfällige Anerkennung einer multipolaren Realität. Tatsächlich zeigte die Finanzkrise 2008 den effektiven Pragmatismus des Globalen Südens im Umgang mit den Krisenfolgen. Brasilien, Indien, China und Südafrika legten umfangreiche fiskal-, geld- und sozialpolitische Maßnahmenpakete auf, schützten somit ihre Märkte und halfen die weltweiten Folgen der von den USA ausgehenden Krise einzugrenzen. Um die eigene Wirtschaft zu stabilisieren und Nachfrage anzuregen, verabschiedete China, nicht die USA oder europäische Staaten, 2008 das weltweit größte Konjunkturpaket. In den drei Jahren nach der Krise war der Globale Süden für 60 bis 70 Prozent des globalen Wachstums verantwortlich.[15] Barack Obama beschrieb seinen Umgang mit den Folgen der Finanzkrise 2008 einmal als seinen größten politischen Erfolg. Das stimmt vielleicht, wäre aber ohne die tatkräftige Hilfe der großen Staaten aus dem Globalen Süden kaum möglich gewesen. Als der Westen ausfiel, um die Weltwirtschaft zu stabilisieren, sprang der Globale Süden ein. Vielleicht ein Fingerzeig in die Zukunft der multilateralen Krisenbekämpfung.

Immerhin koordinierten sich die großen Staaten und die Krise hätte auch viel schlimmer ausfallen können. Obgleich schleppend, wurden auch die von den G20-Staaten angestoßenen Reformbemühungen des Internationalen Währungsfonds begrüßt. Und dennoch, die Berichterstattung im Globalen Süden zu den einzelnen Gipfeln nach 2008 zeichnet ein düsteres Bild. Demnach sind die G20 weniger Retter der internationalen Zusammenarbeit als Ausdruck und Folge der Krise des Multilateralismus. Mit jedem Jahr sanken auch die Erwartungen an die jährlichen Gipfeltreffen. Das lag vor allem an zwei Gründen: Zum einen zeigten sich die G20-Staaten von Beginn an uneins darüber, wie genau man der Finanzkrise begegnen solle. Gerade die innerwestliche Uneinigkeit dominierte die Berichterstattung – mit Deutschland als prominentem Vertreter wirtschaftlicher Austerität, ein Kurs, der in vielen Ländern des Globalen Südens kritisiert wurde.

Hinzu kam eine weitere Klage. Die Mitgliedsstaaten selbst hielten sich von Beginn an nur bedingt an eigene Versprechen, vom Protektionismus abzusehen. Das schädigte die Legitimität des Formats vielleicht mehr als alles andere. Der Grund dafür ist erkennbar, sobald man versucht, die G20 aus den Augen derer zu sehen, die draußen bleiben müssen, wenn die G20 tagen. Denn darauf zu hoffen, dass größere Staaten mit ihren strukturell anderen Interessen im Sinne auch ihrer kleineren Nachbarn verhandeln, erfordert vor allem viel Hoffnung. Beispiele dafür sind Mangelware. Warum auch, schließlich haben die G20-Mitgliedsstaaten genug damit zu tun, ihre eigenen Interessen zu wahren. Und so stellten die Kommentatorinnen und Kommentatoren von Gipfel zu Gipfel fest, dass die im Rahmen der G20 beschlossenen Maßnahmen – insbesondere die Abkehr von Handelsbeschränkungen – zögerlich oder gar nicht umgesetzt wurden, während sich die Agenden der Gipfel mehr und mehr vom selbstgesetzten Anspruch der gemeinschaftlichen Lösung weltwirtschaftlicher Probleme entfernten. Das deutet auf ein grundsätzlicheres Problem. Offensichtlich wird das Aushandeln von globalen Regeln in exklusiven Gruppen großer Staaten weithin als illegitim wahrgenommen. Eine Oligarchie der Großmächte lehnen die Gesellschaften und Regierungen jenseits der G20-Staaten ab. Die abstrakte Ablehnung von Großmachtpolitik im Globalen Süden deckt sich mit einer anderen Beobachtung aus der politikwissenschaftlichen Forschung. Die schon ein paar Jahre zurückliegende Diskussion um regionale Führungsmächte im Globalen Süden hat gezeigt, dass Staaten wie China, Indien, Südafrika oder Brasilien den selbst gestellten Anspruch, die Interessen ihrer kleineren

Nachbarstaaten in globalen Foren mitzuvertreten, schlicht nicht eingelöst haben.[16] Eine logische Folge für viele ist die Forderung danach, die G20 in den Vereinten Nationen aufgehen zu lassen. Oder, wie es ein Kommentar aus Bangladesch formulierte, die G20 zu einem «ökonomischen Weltsicherheitsrat» ähnlich dem Sicherheitsrat der Vereinten Nationen umzuformen.[17]

Die G20 sind nicht der einzige Versuch, die klaffende *global governance*-Lücke zu füllen, die die andauernde Blockade der großen internationalen Organisationen aufgerissen hat. Fragmentierung der internationalen Politik heißt, dass sich zu den großen und etablierten internationalen Institutionen eine Vielzahl kleinerer und exklusiverer Formate gesellt. Das muss nicht schlecht sein. Ein Beispiel dafür ist die *Asian Infrastructure Investment Bank* (AIIB), der auch viele europäische Staaten beigetreten sind. Deutschland ist Gründungsmitglied und nach China, Indien und Russland viertgrößter Anteilseigner. Die AIIB geht auf eine chinesische Idee zurück, die mindestens seit 2007 in Peking diskutiert wurde. 2013 wurde mehr daraus. Chinas Präsident Xi kündigte die Gründung der Bank unmittelbar vor einem Asien-Pazifik-Gipfel in Indonesien an. Die Idee traf auf weite Zustimmung, schließlich galt die mangelhafte Infrastruktur in Asien als wesentliches Entwicklungshemmnis. Selbst der damalige US-amerikanische Außenminister John Kerry soll Chinas Präsident Xi gegenüber seine Zustimmung geäußert haben.[18] Zunächst trat eine Reihe asiatischer Staaten der Bank bei. 2015 entschied sich auch Großbritannien dafür. Das war der Startschuss für viele westliche Staaten, sich ebenso anzuschließen. Chinas asiatischer Rivale Indien war als zweitgrößter Anteilseigner der Bank von Anfang an dabei, ebenso wie mehr als 100 andere Staaten. Nicht dabei sind bis heute die USA und Japan. Dabei hatte sich Peking Mühe gegeben, Zweifel an der Seriosität des Projekts von Beginn an zu zerstreuen. Obwohl China als größter Anteilseigner die meisten Stimmrechte hält und die Bank selbst in Peking sitzt, gilt das Vertragswerk als vorbildlich. Das Bild bekam zuletzt Risse, als ein kanadischer leitender Angestellter der Bank die Unterwanderung durch Mitglieder der Kommunistischen Partei Chinas öffentlich vorwarf.[15] Dennoch, die AIIB hat Kooperationsvereinbarungen mit allen großen multilateralen Finanzinstitutionen – von Weltbank und Asiatischer Entwicklungsbank bis zur Europäischen Bank für Wiederaufbau und Entwicklung – unterzeichnet. Gemanagt wird die Bank von Finanzexperten und -expertinnen mit 40 Nationalitäten. Die drei großen Ratingagenturen bewerten die Bank seit 2017 mit Bestnoten.

Noch immer ist die AIIB eine mittelgroße Entwicklungsbank. Sie ist viel kleiner als die Weltbank, aber groß genug, um den teilnehmenden Staaten in Asien einen Mehrwert zu bieten. Das anzuerkennen fällt den USA aber bis heute schwer. Vielleicht, weil manche in Washington glauben, die «liberale internationale Ordnung» könne nur von westlich geführten internationalen Organisationen getragen werden. Oder weil man realistisch genug ist zu erkennen, dass China mit der Schaffung der AIIB ein Coup gelungen ist. Die AIIB ist gewissermaßen der multilaterale Arm der Seidenstraßeninitiative Chinas. Die Bank trägt damit zu Chinas Ansehen im Globalen Süden bei. Beides – die Seidenstraße und die neue Bank – abzulehnen ist dennoch widersprüchlich. Denn wenn es dem Westen wirklich um die regelbasierte Ordnung geht, nicht um die Verteidigung der eigenen Vormachtstellung, dann müssten doch gerade Institutionen wie die AIIB nach Kräften gefördert werden, nicht zuletzt um die einseitige politische Einflussnahme Chinas zu verhindern.

Noch deutlicher als bei der AIIB ist die Skepsis des Westens, wenn sich die Großen des Globalen Südens (und Russland) zusammentun. Das prominenteste Format dieser Art sind die BRICS-Foren. Hier treffen sich seit 2009 die Staats- und Regierungschefs aus Brasilien, Russland, Indien, China und Südafrika. Vor dem Hintergrund einer internationalen Entwicklungsagenda, die seit mehr als 50 Jahren für den Globalen Süden nur mangelhaft funktioniert, war die Suche nach neuen und pragmatischen Koalitionen verständlich. Schon 1989 hatte der spätere indische Premierminister Manmohan Singh bei einer Tagung der Weltbank gefordert, dass wirtschaftliches Wachstum im Globalen Süden zukünftig aus dem Globalen Süden selbst kommen müsste. Süd-Süd-Kooperation sei daher entscheidend. Verschiedene Kooperationsformate für einen Süd-Süd-Dialog entwickelten sich zu Beginn des 21. Jahrhunderts. Als indischer Premierminister forderte Singh die Gründung einer eigenen Entwicklungsbank für den Globalen Süden. Sie wurde 2014 im Rahmen der BRICS unter dem Namen *New Development Bank* gegründet. Die BRICS konzentrierten sich also zunächst auf eine Vergrößerung der wirtschafts- und finanzpolitischen Freiräume. Verständlich zwar, aber im Westen dennoch mit Argusaugen beobachtet. Die Infragestellung des US-Dollars als globaler Leitwährung und die Demokratisierung von Internationalem Währungsfonds und Weltbank standen oben auf der Agenda, während Themen der klassischen Außen- oder Verteidigungspolitik zunächst keine Rolle spielten. Die *New Development Bank* war eine logische Konsequenz. Sie stellt außerhalb des US-Dollars Ressourcen für den Ausbau von Infrastruktur im Globalen Süden zur Verfügung. Hiermit griffen die Regierungen, die mehr als 40 Prozent der Weltbevölkerung repräsentieren und mehr als ein Viertel des globalen Bruttosozialprodukts gemeinsam erwirtschaften, die Hegemonie des Internationalen Währungsfonds und der Weltbank an. Eine mangelhaft funktionierende, aber dennoch vom Westen forcierte Entwicklungsagenda hatte geopolitische Folgen. Wirtschaftsfragen sind weiterhin ein zentrales Thema der BRICS. Die Agenda hat sich aber mittlerweile ausdifferenziert. Heute sind die jährlich stattfindenden Gipfeltreffen nur ein Teil der Übung. Hinzu kommt eine nur noch schwer überschaubare Vielzahl anderer Treffen, von Ministerinnen und Ministern einzelner Ressorts über die Nationalen Sicherheitsberater und -beraterinnen bis hin zu Medien und Regierungen von Städten und Regionen der beteiligten Staaten.

Neun Jahre nach Gründung der *New Development Bank* fand 2023 der BRICS-Gipfel im südafrikanischen Durban statt. Im Vorfeld dessen, ausgerechnet in der Woche, in der sich der russische Überfall auf die Ukraine jährte, führten die südafrikanische, russische und chinesische Marine vor Kapstadt ein gemeinsames Seemanöver durch. Bei Gesprächen in Südafrika reagierte man auf Kritik an diesem Timing empfindlich. Man hätte genauso mit den USA ähnliche Übungen durchgeführt, sagte man einem der Autoren dieses Buches. Als BRICS-Gastgeber habe man eben entsprechende Verpflichtungen. Vertreterinnen und Vertreter der Regierungspartei ANC und führende südafrikanische Außenpolitikexpertinnen und -experten versuchten hingegen zu beruhigen. Sie verwiesen auf die historischen Verbindungen der Regierungspartei nach Moskau und wunderten sich über die Entrüstung im Westen angesichts der schwachen südafrikanischen Marine. Außerdem beschränke sich der BRICS-Zusammenschluss nicht auf das Militärische. Vielmehr gehe es darum, gemeinsame Interessen in einer multipolaren Welt abzustimmen. Über hundert Dialogveranstaltungen begleiteten den südafrikanischen Gipfel, vom BRICS-Dialog zur Arbeitsmarktpolitik bis zum BRICS-Jugendgipfel. Für den russischen Außenminister Lawrow wiederum zeigte das BRICS-Forum 2023, dass die «Uhr der multipolaren Geschichte in die richtige Richtung tickt»,[20] auch wenn Präsident Putin wegen eines Haftbefehls des Internationalen Strafgerichtshofs selbst nicht anreisen konnte.

Tatsächlich scheinen die BRICS an Dynamik gewonnen zu haben. Immer mehr Staaten bewerben sich um eine Mitgliedschaft. So wollen derzeit mehr als ein Dutzend Länder diesem Forum beitreten.[21] Ein Grund für die neue Dynamik ist möglicherweise die Wiederwahl von Lula zum Präsidenten Brasiliens. Er war einst Mitbegründer der BRICS. Eine ironische Wende, weil auch der Westen seine Wiederwahl 2022 euphorisch als Rückkehr Brasiliens gefeiert hat. Befördert werden die BRICS aber auch durch die fortgesetzte Krise inklusiver internationaler Organisationen. Hinzu kommt die Frustration angesichts westlicher Doppelstandards und die zunehmend anti-chinesische außenpolitische Rhetorik nicht nur in den USA. Auch die wirtschaftliche Krise in vielen Ländern des Globalen Südens treibt die BRICS-Erweiterung an. Denn eine der selbstgestellten Aufgaben ist es, Alternativen zur Dominanz des US-Dollars für den internationalen Zahlungsverkehr zu finden. So sagte Brasiliens Präsident Lula beim Besuch der BRICS-Bank in Shanghai im April 2023, dass sie die wichtigste Bank für den Globalen Süden werden könnte. Einmal mehr zeigt sich, dass Multipolarität nicht nur eine abnehmende Gestaltungsmacht des Westens und der vom Westen geprägten internationalen Institutionen des Multilateralismus bedeutet. Ebenso wichtig ist die Verlagerung von Absprachen in alternative Gremien, von denen der Westen explizit ausgeschlossen ist.

Was die meisten wollen

Der Reiz des BRICS-Forums liegt für die teilnehmenden Regierungen vor allem darin, dass es ein Gegengewicht zum Westen bildet. Aber es ist auch ein Element der Fragmentierung der internationalen Politik, die von weiten Teilen des Globalen Südens beklagt wird. Was die meisten wollen, ist nicht eine sich stetig mehrende Anzahl an Gruppen und Grüppchen, sondern zentrale Organisationen, die allen Staaten einen Sitz und eine Stimme geben. Aber das allein reicht nicht. Gesellschaften und Regierungen im Globalen Süden wünschen sich mehr als die Generalversammlung der Vereinten Nationen mit ihren häufig folgenlosen Aneinanderreihungen von Erklärungen. Stattdessen wollen sie wirkmächtige Institutionen, denen es gelingt, die Interessen der großen und kleinen Staaten in Einklang zu bringen. Nur wenn Länder des Globalen Südens in der viel beschworenen regelbasierten Ordnung mehr Einfluss gewinnen und sich deren Regeln auch ändern, werden sie sich für deren Erhalt einsetzen. Das eine ist ohne das andere nicht zu haben.

Dabei ist die Forderung nach grundlegenden Reformen der Vereinten Nationen und anderer internationaler Institutionen keineswegs neu. Wie die Politikwissenschaftlerin Adom Getachew zeigt, waren schon die anti-kolonialen Befreiungsbewegungen angetreten, die Politik jenseits nationaler Grenzen neu zu denken. [22] Wenig überraschend war eines der Ziele einer «egalitären postimperialen Weltordnung» die Reform der ungleichen Wirtschaftsbeziehungen zwischen Nord und Süd. Das ist heute aktueller denn je. Bisher ist nur ein afrikanisches Land Mitglied der G20. Bisher hat kein afrikanisches und nur ein asiatisches Land einen permanenten Sitz im UN-Sicherheitsrat. Das heißt: 1,4 Milliarden Menschen in Indien und ab 2030 dann 1,7 Milliarden Menschen in Afrika sind im wichtigsten Gremium der Vereinten Nationen nicht mit Veto-Macht vertreten. Ein Gremium übrigens, das fast 70 Prozent seiner Abstimmungen zu bewaffneten Konflikten in Afrika durchführt. Zudem ist kaum mehr zu vermitteln, warum eine Reform der Weltbank und des Internationalen Währungsfonds, die dem wachsenden wirtschaftlichen Gewicht von Ländern wie China, Indien und Brasilien entsprechen würde, weiterhin stockt. Die letzte Anpassung der Shareholder-Struktur des Internationalen Währungsfonds erfolgte 2010. Bisher kamen alle Direktoren von Weltbank und Währungsfonds aus den USA oder Europa. All diese Reformen sind kompliziert, aber ihre Dringlichkeit ist in einer multipolaren Welt umso höher. Denn wenn Reformen aussichtslos werden, werden alternative Institutionen attraktiver. Immer öfter wird der Westen sich dann, wie US-Präsident Obama 2009 in Kopenhagen, selbst einladen müssen, um globale Politik mitgestalten zu können.

Das klingt zunächst wieder nach Verlust, nach der Abgabe von Einfluss in einer neuen, nicht mehr vom Westen dominierten Welt. Das stimmt nur zum Teil. Kein Verlust ist es zu erkennen, dass es eine große Übereinstimmung zwischen den deutschen und europäischen Interessen einerseits und denen der Mehrzahl der Staaten im Globalen Süden andererseits gibt. Was die meisten Staaten wollen, ist nicht ein multipolares Konzert der Großmächte wie im 19. Jahrhundert zu dessen Melodie dann alle anderen zu tanzen haben. Tatsächlich werden Umfragen zufolge vielerorts internationale Organisationen sogar als vertrauenswürdiger wahrgenommen als nationale.[23] Die große Mehrzahl der Staaten der Welt sind keine Großmacht und werden es nie sein. Diese Staaten haben ein genuines Interesse daran, die internationale Politik zu demokratisieren. Das war lange Zeit nur gegen die Interessen des Westens möglich, der die maßgeblichen internationalen Institutionen begründet, angeführt und finanziert hat. Das ist heute anders. Natürlich bleibt die internationale Politik auch weiterhin asymmetrisch. Indien und China allein vereinen ein Drittel der Weltbevölkerung auf sich. Wirtschaftlich liegen Welten zwischen den prosperierenden Industriestaaten in Nordamerika, Europa und Ostasien und Staaten wie Madagaskar oder der Demokratischen Republik Kongo, in denen zwei Drittel der Bevölkerung in absoluter Armut leben. Nur eine kleine Minderheit aller Staaten besitzt Nuklearwaffen und das damit verbundene Erpressungspotenzial. Einfluss und Mitsprache werden auch weiterhin sehr ungleich verteilt sein.

Trotzdem oder gerade deshalb wünschen sich nicht nur Staaten, sondern auch gesellschaftliche Mehrheiten weltweit inklusivere und demokratischere internationale Organisationen, die Krisen effektiv vorbeugen oder sie beilegen. Also Vereinte Nationen ohne Blockade. Eine Weltgesundheitsorganisation, die schwache und starke Staaten dazu anhält, das unmittelbar Gebotene zu tun, anstatt dem Horten von Impfstoffen zuschauen zu müssen. Eine Welthandelsordnung, die nicht an den Interessen der kleineren Staaten vorbei verhandelt wird. Ein Internationaler Währungsfonds, der seine Kredite und Sonderziehungsrechte fair und ohne Veto an Länder in der Krise verteilt. Und immer wieder die Auswahl zu haben, mit wem man in welchem Bereich kooperiert, ohne dass geopolitische Überlegungen aus Peking, Washington oder Brüssel einem dabei in die Quere kommen. Das ist eine Ordnung, die weit entfernt ist von den träumerischen Vorstellungen von Weltstaatlichkeit, wie sie an westlichen Universitäten in den 1990er und 2000er Jahren Konjunktur hatte. Sie ist deswegen aber nicht undemokratisch, zumindest nicht auf Ebene der internationalen Politik.

Warum die Demokratisierung der internationalen Politik auch Autokratien einschließt

Im Dezember 2022 forderten die USA einen Beitritt der Afrikanischen Union zur G20. Frankreich äußerte sich ähnlich und der deutsche Bundeskanzler wiederholte diesen Vorschlag bei seinem Besuch in Äthopien im Mai 2023. China hatte einen Sitz für die Afrikanische Union schon im August 2022 gefordert. Auch die Forderung permanenter afrikanischer Sitze im Sicherheitsrat wird von vielen Regierungen im Westen inzwischen aus guten Gründen unterstützt. Aber wie verhält sich eine solche Demokratisierung internationaler Entscheidungsgremien zur Demokratisierung nach innen, wenn doch in der Afrikanischen Union mehrheitlich Staatschefs zusammenkommen, die nicht durch freie und faire Wahlen an die Macht gekommen sind?

Die Mehrheit der Menschen im Globalen Süden lebt in mehr oder weniger autokratisch regierten Ländern. Weltweit sind es sogar über 70 Prozent, die meisten davon in sogenannten elektoralen Autokratien. Dort wird zwar gewählt, aber Wahlen sind unfrei, und politische Freiheiten sind eingeschränkt. Gleichzeitig will die Mehrheit der Menschen weltweit Demokratie. Laut Umfragen des Afrobarometers in 39 afrikanischen Ländern halten durchschnittlich 67 Prozent aller Afrikaner und Afrikanerinnen Demokratie für die beste Regierungsform. Einer anderen Umfrage in 15 Ländern zufolge schätzen in Indonesien 69 Prozent, in Kenia 65 Prozent oder in Brasilien 64 Prozent die Demokratie als Wert an sich – und hegen gleichzeitig den Wunsch nach mehr Demokratie.[24] Zum Vergleich: In Deutschland sind es 58 Prozent. Demokratie ist kein allein westlicher Wert. Im Gegenteil. Protestbewegungen für mehr politische Teilhabe gibt es von China bis Burkina Faso und Autokratie ist eine der wichtigsten Fluchtursachen.

Autokratisierung ist auch keine Krise allein des Globalen Südens. Sie betrifft den Globalen Süden aber in besonderem Maße. Wo es seit der letzten großen Welle der Demokratisierung um 1989 Fortschritte gegeben hat, werden diese in vielen Fällen mittlerweile wieder abgebaut. In 33 Ländern, wo 36 Prozent der Weltbevölkerung leben, kann derzeit eine Autokratisierungstendenz nachgewiesen werden. Dazu gehört Indien genauso wie Polen.[25] Aber während in Europa 82 Prozent und in Nord- und Südamerika 72 Prozent der Menschen in freien Demokratien leben, sind es nur fünf Prozent aller Menschen in Asien und nur sieben Prozent aller Menschen in Afrika.[26] Zwar sind einige der größten Länder Subsahara-Afrikas wie Nigeria oder Kenia regional einflussreiche Demokratien, wo zumindest der Machtwechsel durch Wahlen zustande kommt und Wahlniederlagen anerkannt werden. Aber auch hier kommt es immer wieder zu Wahlfälschungen und Gewalt im Zusammenhang mit Wahlen. Lange galt Indien als «größte Demokratie der Welt». Laut dem jüngsten Bericht zur Pressefreiheit von Reportern ohne Grenzen landet Indien jedoch auf Platz 161 von 180 Ländern.

Die weltweite Erosion von Demokratie verkompliziert die Diskussion um die Demokratisierung der internationalen Politik. Die akut notwendige Verteidigung inklusiver internationaler Organisationen wird nur über eine breitere Beteiligung der Länder des Globalen Südens gelingen. Auf die Demokratisierung diese Länder zu warten, ist in einer multipolaren Welt aber keine Option mehr. Eine Demokratisierung der internationalen Politik wird also zwangsläufig erst einmal eine bessere Beteiligung auch von Autokratien in internationalen Gremien einschließen müssen. Deren Regierungen treffen dann in den entscheidenden Gremien auf bereits etablierte Autokratien wie Russland oder China. Nicht zufällig unterhalten beide Staaten besonders gute Beziehungen zu Autokratien des Globalen Südens. Der Multilateralismus, der ihnen vorschwebt, ist einer, der die eigene Entmachtung zumindest nicht befördert, etwa indem er politische Freiheitsrechte einfordern würde.

Aber es wird noch komplizierter. Je weniger Demokratie im Inneren, desto wichtiger ist für viele Staaten, dass man international anerkannt wird. Im Globalen Süden gilt das in besonderem Maße, weil viele Staaten mehr von Rohstoffexporten und Entwicklungszusammenarbeit abhängen als von der Besteuerung der eigenen Bevölkerung. Die externe Anerkennung in globalen Gremien wie den Vereinten Nationen kann die mangelhafte innenpolitische Legitimation vieler Autokratien sogar teilweise ersetzen. Damit stärkt sie autokratische Regime nach innen. So protestieren mutige Aktivisten aus Ländern des Globalen Südens und der Diaspora in den USA oder Europa immer wieder, wenn autokratische Staatschefs bei den Vereinten Nationen in New York oder bei Staatsbesuchen in Paris oder Berlin als legitime Vertretungen ihrer Länder begrüßt werden. Die Bilder auf den roten Teppichen in den USA und Europa helfen autokratischen Regierungen dabei, Aktivistinnen und Aktivisten, die für ihre demokratischen Rechte eintreten, einzuschüchtern. Und trotzdem protestiert die Zivilgesellschaft aus dem Globalen Süden und im Westen zum Beispiel im Rahmen der jährlichen Weltsozialforen auch für eine gerechtere globale Ordnung, die nicht-demokratischen Ländern (zunächst) eine größere Mitsprache verschaffen würde.

Denn Autokratie und Korruption sind lange eine angenehme Ausrede des Westens gewesen, um dem Globalen Süden globale Mitsprache zu verwehren. In Diskussionen über einen aufstrebenden Globalen Süden kommt man daher mit Gesprächspartnern von Regierungen aus dem Westen regelmäßig an einen Punkt, an dem das berechtigte Anliegen der Demokratisierung der internationalen Politik zwar anerkannt wird, aber auch sogleich mit dem Verweis auf die Defizite an Demokratie und guter Regierungsführung relativiert wird. Implizit schwingt die Annahme mit, dass die Länder im Globalen Süden erst einmal ihre eigenen Probleme lösen sollten, bevor sie zu gleichberechtigten globalen Partnern werden können. Fast immer folgt ein Verweis auf Korruption, wie wir in Kapitel drei gezeigt haben. Fast nie wird der historische Beitrag des Westens bei der Autokratisierung vieler Länder des Globalen Südens benannt. Dabei ist der erheblich, das haben wir im ersten Kapitel gezeigt. Der Kolonialstaat hat vielerorts Patronage-Systeme eingeführt, die bis heute wirken. Zur Zeit des Kalten Krieges konnten Diktatoren wie Fernando Marcos auf den Philippinen oder Mobutu Sese Seko im

Kongo auf die Unterstützung aus dem Westen zählen. So war Autokratie und Korruption im Globalen Süden nie eine allein innenpolitische Angelegenheit.

Das Dilemma ist derzeit nicht aufzulösen. Die Demokratisierung der internationalen Politik ist zur Bedingung für die effektive Verteidigung multilateraler Prozesse geworden. Das können sich Autokratien zu Nutze machen. Das sind die Widersprüche einer multipolaren Welt, in der nicht nur Regierungen im Austausch miteinander sind, sondern auch Aktivistinnen und Aktivisten. Die wiederum lassen erahnen, dass sich die außenpolitischen Orientierungen demokratisch gewählter Regierungen in vielen Staaten des Globalen Südens nicht grundsätzlich von denen autokratischer Staaten unterscheiden würden. Auch ein demokratischeres Mosambik hätte ein Interesse daran, zu faireren Bedingungen mit Europa Handel zu betreiben. Die Opposition in Neu-Delhi kritisiert zurecht die drohende Autokratisierung des Landes, nicht aber Premierminister Modis Festhalten an den traditionell engen Beziehungen zu Russland. Premierministerin Sheikh Hasina in Bangladesch hat zwar mit Russland gemein, dass sie sich Kritik der Vereinten Nationen an zweifelhaften Wahlen verbittet. Aber auch eine demokratischere Alternative zu Hasina würde wohl am außenpolitischen Grundsatz, mit allen wichtigen Staaten in freundschaftlichen Beziehungen zusammenzuarbeiten, festhalten.

Schlusskapitel: Wir sind nicht alle

… und das ist auch gut so

Der vom Westen erhoffte Siegeszug von Demokratie und freien Märkten nach Ende des Kalten Krieges bedeutete in vielen Ländern des globalen Südens eher die Kontinuität von Krisen. Bürgerkriege dauerten an oder verschlimmerten sich sogar, Kürzungen der öffentlichen Daseinsvorsorge schwächten junge Demokratien, und der Westen kooperierte weiter mit Autokratien, vor allem dann wenn sie fossile Energien lieferten und dabei halfen, die Migration gen Westen zu verhindern. Auch deswegen wurde eine Welt mit dem Westen als Zentrum im Globalen Süden als eine Welt der Doppelstandards wahrgenommen, die die historische Ausbeutung der Länder in Asien, Afrika und Lateinamerika als Grundlage für den Reichtum des Westens vergisst. In diesem Punkt sind sich Regierungen und Gesellschaften im Globalen Süden oft einig. Einig sind sie sich meist auch darin, dass am 24. Februar 2022 keine globale Zeitenwende eingeläutet wurde. Wenn wir im Westen an die Ukraine denken, erinnert man im Globalen Süden an den Irak oder Libyen. Für die knapp 130 Länder, die sich heute weder einem westlichen noch einem russischen Lager zuordnen lassen wollen, macht es schlicht keinen Sinn, sich zu Russlands Angriff auf die Ukraine klar zu positionieren.

Denn Multipolarität ist für viele Länder des Globalen Südens längst Realität und Versprechen für die Zukunft. Für viele im Westen ist es ungewohnt, dass sich andere in dieser Welt besser zurechtfinden als man selbst. Wo der Westen werteorientierte

Bündnisse zu schmieden versucht, pflegen die Staaten des Globalen Südens eine eher pragmatische Zusammenarbeit. Wer in dieser Welt die sich überschneidenden Krisen im Globalen Süden als zweitrangig versteht, wird dort nur schwer Partner finden. Das ist kein Abgesang auf den Westen. Denn er ist nach wie vor wirtschaftlich und sicherheitspolitisch stark und attraktiv. Lang gewachsene Asymmetrien internationaler Politik verschwinden nicht über Nacht. Für die meisten afrikanischen Länder ist die EU weiterhin wichtigste Handelspartnerin. Auch China braucht Exportmärkte im Westen. Der Militärhaushalt des Pentagons wird absehbar der größte der Welt bleiben. Und der Westen kann weiterhin darauf bauen, dass Werte wie Demokratie und Menschenrechte in den meisten Ländern des Globalen Südens von gesellschaftlichen Mehrheiten geteilt werden, auch wenn ihre Regierungen das Gegenteil behaupten. Die in diesem Buch präsentierten Umfragedaten zeigen deutlich, dass die Mehrheit der Menschen im Globalen Süden sich nach wie vor politische Freiheiten wünscht, wie es sie in New York, Berlin oder Tokio gibt, nicht wie in Peking oder Moskau. Trotz westlicher Doppelmoral, Krisenexport und chinesischer Infrastrukturfinanzierung. Das ist ein langfristiger Vorteil, den autokratische Wettbewerber um die Gunst der Länder des Globalen Südens nicht haben. Die progressive südafrikanische Verfassung hat wenig gemein mit den heutigen politischen Werten Chinas und Russlands, um deren Aufmerksamkeit sich Pretoria beständig bemüht.

Dennoch wird der Westen in einer multipolaren Welt stärker denn je mit den eigenen Widersprüchen konfrontiert werden. Das heißt: Der Aufbau von Partnerschaften in einem multipolaren Wettbewerb wird aufwendiger. Denn der relative Verlust an internationaler Gestaltungsmacht des Westens ist wohl unumkehrbar. Allein schon, weil sich auch Demokratinnen und Demokraten im Globalen Süden nicht vom reichen Westen bevormunden lassen wollen. Zudem eint auch viele autokratische Regierungen und ihre Gesellschaften im Globalen Süden, dass sie von internationalen Handels-, Finanz- und Migrationsregimen enttäuscht sind. Vielleicht sind die außen-, handels- und klimapolitischen Präferenzen von Regierungen und Gesellschaften im Globalen Süden sogar kohärenter als die von Regierungen und Gesellschaften im Westen. Schwer vorstellbar ist beispielsweise, dass gesellschaftliche Mehrheiten in Europa die Agrarsubventionen für die wenigen europäischen Landwirte mit ihren massiven negativen Folgen für Landwirte im Globalen Süden wirklich unterstützen. Deren Abschaffung, um eigene Märkte zu schützen, fordern Aktivistinnen in afrikanischen Ländern genauso wie Autokraten in asiatischen Staaten.

Erst wenn der Westen anerkennt, dass die Zusammenarbeit von Ländern wie Südafrika, Brasilien oder Indien mit China oder Russland nicht zwangsläufig eine Abkehr vom Westen bedeutet, ist eine strategischere Außenpolitik gegenüber dem Globalen Süden möglich. Viele Regierungen des Globalen Südens zielen damit auf genau die Resilienz, die wir auch in Deutschland nach Jahrzehnten der einseitigen Energieabhängigkeit von Russland, der andauernden Exportabhängigkeit von China und der Sicherheitsabhängigkeit von den USA stärken wollen. Die meisten Staaten des Globalen Südens versuchen solche Abhängigkeiten schon lange zu verhindern. Fast 70 Jahre nach der Gründung der Blockfreien-Bewegung im indonesischen Bandung, lehnt man in den allermeisten Staaten des Globalen Südens die Dominanz Chinas genauso ab wie die der USA. Jenseits fragiler Autokratien wie Laos oder Myanmar hat China kaum echte Freunde in der eigenen Nachbarschaft. Schlechte Voraussetzungen für Blockbildung und einseitige Abhängigkeiten.

Wie kann eine deutsche Außen-, Sicherheits- und Entwicklungspolitik mit den Ländern des Globalen Südens in dieser komplizierten multipolaren Welt gelingen? Was muss die deutsche und europäische Politik tun, um den bisherigen Export von Krisen zu vermeiden, Menschheitsaufgaben wie die Klimakrise gemeinsam zu bewältigen und multilaterale Organisationen zu stärken, statt sie zu umgehen? Diese Fragen kann dieses Buch nicht beantworten. Dafür braucht es einen breiten und strategischen Such- und Diskussionsprozess. Der hat bereits an Fahrt aufgenommen, wie man in Gesprächen im Auswärtigen Amt oder im Ministerium für wirtschaftliche Zusammenarbeit und Entwicklung erfahren kann. Das Ziel ist weniger Naivität, weniger Paternalismus, dafür mehr Zuhören im Globalen Süden. Mehr Geopolitik, mehr Kohärenz im deutschen Auftreten nach Außen und mehr Resilienz durch neue Partnerschaften. Belegt ist zudem, dass in Deutschland gesellschaftliche Mehrheiten Entwicklungszusammenarbeit und humanitäre Hilfe auch aus globaler Verantwortung unterstützen.[1] Der Westen ist eben beides, fossiler Kapitalismus und Doppelstandards ebenso wie *Fridays for Future*, offene Gesellschaften, die sich mit ihrer Kolonialgeschichte auseinandersetzen, Feministinnen, Gewerkschaften oder die Seenotrettung. Deswegen ist eine wertebasierte Außen-, Handels- und Entwicklungspolitik auch deutsche Interessenpolitik. Mehr denn je wird es aber darum gehen, Verantwortung und geopolitische Interessen zusammenzubringen. So wird beispielsweise eine faire Handelspolitik auch kluge Geopolitik. Weil sie Partnerschaften stärkt, die wir klima-, energie- und sicherheitspolitisch langfristig brauchen. Die Suche nach einer den Umständen von Multipolarität angemessenen Außenpolitik findet aber in einem zunehmend unübersichtlichen Umfeld internationaler Koordinierung statt. Zwischen exklusiven Klubs wie der G20, der G7 oder den BRICS, zwischen regionalen Handelsabkommen und den Bemühungen um eine Reform der Vereinten Nationen. Vielleicht demonstriert diese Unübersichtlichkeit, dass wir in einem Interregnum der internationalen Ordnung leben. Vielleicht ist aber auch das Wunschdenken.

Die multipolare Welt mit einem erstarkten Globalen Süden hält jedenfalls keine einfachen Lösungen bereit. Dafür sind die Grenzen zwischen Demokratien und Autokratien, Regierungen und Gesellschaften, zwischen Idealismus und Realismus und zwischen Partnern und Rivalen zu dynamisch. Im Globalen Süden und im Westen. Dennoch, die vorangegangenen Kapitel erlauben mindestens drei Einsichten darüber, wie Deutschland und Europa auf eine Welt im Wandel reagieren sollten.

Bündnisloyalität reicht nicht

Die im Zuge des russischen Angriffskrieges in der Ukraine zur Schau gestellte Einigkeit des Westens ist ein Erfolg. Sie erinnerte an die Charta der Vereinten Nationen, stärkte die Europäische Union und demonstrierte die Bedeutung der transatlantischen Zusammenarbeit. Aber der Westen hat absehbar weniger geteilte Interessen als bislang angenommen. Für Europa ist eine multipolare Welt attraktiver als für die USA, weil Europa darin ein eigener Pol ist oder zumindest sein kann. Schon jetzt bemüht sich die «geopolitische Kommission» unter Ursula von der Leyen darum, Partnerschaften der EU mit Ländern des Globalen Südens zu stärken, um einseitige Abhängigkeiten abzubauen. Denn die westliche Bündnisloyalität sollte uns nicht vergessen lassen, dass Deutschland und Europa zunehmend Partner jenseits des Westens brauchen. Das haben uns die Fehlschläge deutscher Außenpolitik im Rahmen von Interventionen westlicher Bündnisse in Ländern des Globalen Südens der vergangenen Jahre gelehrt. Beispielsweise in Afghanistan. Das deutsche Engagement dort war das Resultat deutscher Bündnisloyalität gegenüber den USA. Deutschland mit seinen eingeschränkten militärischen und nachrichtendienstlichen Mitteln hat sich dabei abhängig gemacht von den Unvorhersehbarkeiten der US-amerikanischen Innenpolitik. Das zeigte sich zum Ende des Einsatzes am deutlichsten. Im Vertrauen auf die US-amerikanischen Angaben zur vermeintlichen Stärke der vom Westen gestützten Regierung in Kabul geriet der Abzug zu einem Chaos-Unternehmen. In Mali haben die Militärputsche 2021 und die Einladung russischer Söldner durch die Putschisten zum Rückzug aus dem nach Afghanistan größten deutschen Bundeswehr-Engagement im Ausland geführt. Auch hier zeigte sich, dass Bündnisloyalität, diesmal mit Frankreich, als Rechtfertigung des deutschen Einsatzes nicht mehr trägt und eine stabilisierende Außenpolitk erschwert. Inzwischen ist die Bindung an Frankreich im Sahel riskant geworden, weil das Land dort oft mit Kolonialismus und einem dysfunktionalen Anti-Terrorkampf verbunden wird. Dafür braucht es gar keine russischen Desinformations-Kampagnen, die man in Paris gerne für diese Stimmung verantwortlich macht.

Während allein vom Westen getragene Militärinterventionen in einer multipolaren Welt immer weniger Aussicht auf Erfolg haben, bieten multilateral oder zumindest regional eingebettete Engagements beispielsweise über die Afrikanische Union in vielen Fällen bessere Chancen. Sie würden auch die Vorwürfe eines westlichen Neokolonialismus entkräften. In Afghanistan setzten die USA, in Mali Frankreich hauptsächlich auf den Anti-Terror-Kampf – also das gezielte Töten von Jihadisten. Der Dialog mit bewaffneten islamistischen Akteuren wurde lange ausgeschlossen. In Afghanistan kam man am Ende um Verhandlungen mit den Taliban nicht herum. Ähnlich wird es im Sahel sein. Solche Dialoge wollen auch gesellschaftliche Mehrheiten, zum Beispiel in Mali.

Westliche Bündnisloyalität ist also kein Allheilmittel. Das liegt auch daran, dass der Westen selbst von zentrifugalen Kräften betroffen ist. Der BREXIT ist nur ein Beispiel. Ob eine US-amerikanische Außenpolitik unter einer möglichen zweiten Präsidentschaft Trumps westliche Bündnisse weiterhin stärken würde, ist mindestens zweifelhaft. Und so wankt die Einigkeit des Westens von einer US-Wahl zur nächsten. Derweil schielt in Frankreich die wahlkampferprobte Rechtspopulistin Marine Le Pen bereits auf die nächsten Präsidentschaftswahlen 2027. Emmanuel Macron wird dann nicht mehr antreten können. Stattdessen hinterlässt der als Bollwerk gegen den Populismus geschätzte Präsident ein zersplittertes Parteiensystem. Offen ist also, inwieweit auch die für Deutschland so zentrale deutsch-französische Zusammenarbeit mittelfristig außenpolitische Verlässlichkeit garantiert. Trump und Le Pen zeigen auch, dass die Wiederbelebung von Nationalismus und der Wunsch der Wiederherstellung von vergangener Größe ein globales Phänomen ist. Kein Phänomen, das Putin, Xi und Modi vorbehalten ist. Das heißt nicht, dass westliche Bündnisse in einer multipolaren Welt keine Rolle mehr spielen. Die NATO und die EU bleiben für Deutschlands Sicherheit und Wohlstand zentral, genauso wie die deutsch-französische Freundschaft. Darüber sollte man aber die Chancen einer multipolaren Welt nicht vergessen. Pragmatische Bündnisse mit Ländern des Globalen Südens können eine Versicherung für Zeiten sein, in denen die Zusammenarbeit innerhalb westlicher Bündnisstrukturen stockt. Sie sind auch Ausdruck einer werteorientierten Außen- und Entwicklungspolitik, wenn damit globalen Krisen von der Erderwärmung bis zur Geldwäsche besser begegnet werden kann.

Das kann auch heißen, die bisherige Praxis anzupassen, in der immer zuerst nach Unterstützung innerhalb des Westens gesucht wird und erst danach (wenn überhaupt) Initiativen anderer Staaten in Betracht gezogen werden. Dieser Reflex ist verständlich, vor allem in Europa, wo das außenpolitische Gewicht einzelner

Staaten begrenzt ist und mittelfristig noch kleiner wird. Er ist aber nicht immer zielführend. So gelang der afrikanischen Friedensinitiative bei aller Kritik im Juni 2023, was zu diesem Zeitpunkt keinem westlichen Land möglich war: Die Suche nach Verhandlungskorridoren in direkten Gesprächen mit den Staatschefs in Kiew und Moskau. Im Unterschied zu früher sind die, die wir besonders gut kennen, nicht mehr zwangsläufig auch diejenigen, die den Erfolg einer außenpolitischen Initiative garantieren können. Der Luxus, die Weltwirtschaft mittels transatlantischer (plus Japan) Kaminzimmerdiplomatie im Rahmen der G7 zu bändigen, gehört der Vergangenheit an. Zumal die Staaten und Gesellschaften im Globalen Süden genau registrieren, wenn sie erst dazu gebeten werden, nachdem wesentliche Entscheidungen bereits getroffen wurden.

Warum wir uns unsere Partner nicht immer aussuchen können und dennoch wählerisch sein sollten

Mit Beginn des multipolaren Zeitalters ist unser Verständnis einer weiter voranschreitenden und risikoarmen Globalisierung an ein Ende gekommen. Globale Krisen sind nur mit mehr Kooperation zu lösen. Die wird aber immer schwieriger. Sich überschneidende und widersprechende Partnerschaften und Allianzen verkomplizieren das Bild. Einige der größten und einflussreichsten Länder im Globalen Süden sind Demokratien und damit mögliche Wertepartner: Indien, Indonesien, Brasilien, Mexiko, Südafrika, Kenia oder Nigeria. Aber der habituelle Verweis auf Wertepartnerschaften ist mit Vorsicht zu genießen. Denn auch die Demokratien des Globalen Südens schließen sich dem Westen nicht automatisch an. Dazu ein Blick nach Indien. Das Land wird von den USA als strategischer Partner im Konkurrenzkampf mit China umworben. Die sich daraus ergebenden Vorteile nimmt man gerne mit. Gleichzeitig befürchtet man in Neu-Delhi aber eine nachhaltige Schwächung Russlands, die Indien gegenüber China schwächen würde. Blockbildung sieht anders aus. Für Deutschland und Europa wiederum ist Indien eine wichtige Säule in der Klimapolitik – und ein Zukunftsmarkt für die Wirtschaft, auf der Suche nach Alternativen zu China. Gleichzeitig bleibt Indien dem traditionellen außenpolitischen Kurs treu. Statt sich dem Westen anzuschließen, geriert sich Neu-Delhi als Anführer des Globalen Südens. Auf alljährlich stattfindenden BRICS-Gipfeln beschwört und befördert Indien neben China, Russland, Brasilien und Südafrika eine multipolare Welt. Zudem hat sich das Bild als «größte Demokratie der Welt» in den letzten Jahren zusehends verdunkelt. Die muslimische Minderheit ist Repressionen ausgesetzt und die Justiz hat ihre einstige politische Unabhängigkeit eingebüßt. Klar ist, dass der Westen die fortschreitende Autokratisierung in Indien nicht aufhalten kann. Ebenso klar ist, dass die EU und Deutschland mit Indien werden kooperieren müssen, unabhängig davon, ob sich die Erosion der Demokratie in Indien weiter fortsetzt. Dafür ist Indien einfach zu groß und für die Bewältigung globaler Krisen zu wichtig. Nicht notwendig hingegen ist es, das Offensichtliche zu ignorieren, indem westliche Staaten die Partnerschaft mit Indien unter Modi als Wertepartnerschaft überhöhen. Das schadet der westlichen Glaubwürdigkeit sowohl auf Seiten der indischen Regierung als auch unter Oppositionellen. Gerade auch mit letzteren in Kontakt zu bleiben, wird mittelfristig wertvoll sein.

Ein weiteres Beispiel. Die Krise im Sudan machte Mitte 2023 auch in Deutschland Schlagzeilen. Seit April kämpft der Machthaber Abdelfattah al-Burhan gegen seinen ehemaligen Verbündeten und Vizepräsidenten Mohammed Hamdan Dagalo in der Hauptstadt Khartum. Der Übergang zu einer zivilen demokratischen Regierung war gescheitert. Nun droht ein sich in der Region ausbreitender Flächenbrand und Staatskollaps. Das lag auch daran, weil man im Westen und der Region zu lange an die Reformbereitschaft des sudanesischen Militärs geglaubt hatte. Während deutsche Staatsbürgerinnen und Staatsbürger evakuiert wurden, traten Saudi-Arabien und die Vereinigten Arabischen Emirate als Mediatoren auf. Auch Äthiopien und Ägypten mussten einbezogen werden. Staaten also, die Einfluss auf die beiden Konfliktparteien zu haben scheinen. Der Westen hingegen hat an Einfluss verloren.

Vier Jahre zuvor hatte eine zivile Protestbewegung eine vermeintlich fest im Amt sitzende Militärregierung unter Omar al-Bashir im Sudan aus dem Amt gefegt. Damals unterhielt der Westen weiterhin Kontakt zur Militärregierung. Viel weniger wusste man in westlichen Hauptstädten über die protestierenden Zivilisten, die nun die Macht anstrebten. Bei einer Konferenz 2019 mit wichtigen Akteuren des Horns von Afrika sowie europäischen Außenpolitikerinnen und -Politikern in Nairobi sagte eine junge sudanesische Politikerin aus der Protestbewegung mit offensichtlicher Wut im Bauch: «Jetzt und weil wir Einfluss haben, wollen alle im Westen mit uns reden, aber wie sollen wir Euch vertrauen? Ihr habt mit dem zusammengearbeitet, der uns unterdrückt hat.» Sie meinte die technische Unterstützung des sudanesischen Diktators Bashir, der Flucht- und Migrationsrouten nach Europa schloss. Im Konferenzraum versprach man Besserung. 2021 setzte das Militär die zivile Regierung durch einen Militärputsch ab. Und wieder konzentrierte sich der Westen vor allem darauf, gemeinsam mit der militärischen Regierung einen zivilen Übergang zu gestalten, ohne demokratische Akteure ausreichend einzubeziehen. Genau davor hatten letztere lange gewarnt. Der Versuch, sich auf politische Reformen zu einigen, endete im gewaltsamen Machtkampf zwischen al-Burhan und Dagalo über die Köpfe der sudanesischen Zivilbevölkerung hinweg. Realpolitik ohne reales Ergebnis. Der Westen hatte an Einfluss auf die Militärs verloren und gleichzeitig Vertrauen bei der Bevölkerung verspielt.[2]

Das Beispiel zeigt, dass selbst die, die eigentlich Partner des Westens sein sollten, einer Partnerschaft mit dem Westen zunehmend skeptisch gegenüberstehen, weil sie zu oft enttäuscht wurden. Tatsächlich ist die Solidarität unter Ländern des Globalen Südens häufig größer als mit Ländern außerhalb des Globalen Südens, die vergleichbare politische System haben. In der Generalversammlung der Vereinten Nationen stimmen afrikanische Demokratien beispielsweise eher so wie afrikanische Autokratien. Auch wenn es um Menschenrechte geht, bei denen es eigentlich Übereinstimmungen mit dem Westen geben sollte.[3] Kein Zeichen der Bereitschaft, sich einem weltweiten Bündnis der Demokratien anzuschließen.

Für Deutschland und Europa ist die Abwesenheit der Blöcke dennoch eine außenpolitische Chance: Multipolarität heißt, dass man eigenen Interessen als Brückenbauer zwischen dem Westen und dem Globalen Süden gerecht wird. Durch konkrete Initiativen und Angebote, die nach Gemeinsamkeiten suchen, bevor sie Unterschiede feststellen. Brückenbauen wird auch wichtiger bei Initiativen, die die Regierungsebene verlassen, um in Gesellschaften hineinzuwirken. Denn die multidimensionale Zusammenarbeit mit Ländern des Globalen Südens unterscheidet Europa von chinesischen oder russischen Angeboten. Die richten sich oft nur an die Exekutive. Ein konkretes Beispiel: Der öffentlich finanzierte Auslandssender Deutsche Welle ist in Deutschland nur wenigen bekannt. Im Globalen Süden erreicht er Meinungsmacherinnen und Meinungsmacher, die sich eine weniger parteiliche internationale Berichterstattung wünschen, als sie von privaten US-amerikanischen Sendern wie CNN oder

Fox News geboten wird. Ganz zu schweigen von *Russia Today* oder dem staatlichen *China Global Television Network.* Auch Goethe-Institute und nicht-staatliche Organisationen vermitteln ein anderes Bild des Westens und erreichen ein anderes Publikum als Regierungen und staatliche Entwicklungszusammenarbeit.

Eine Binsenwahrheit der vergleichenden Politikwissenschaft lautet: Autokratien erscheinen so lange stabil, bis sie es nicht mehr sind. Jedenfalls sind sie weniger stabil als konsolidierte Demokratien und meist auch wirtschaftlich schwächer. Autokratische Regierungen können von Protestbewegungen hinweggefegt werden wie 2019 im Sudan. Ehemals stabile Partner des Westens können von Juntas aus dem Amt geputscht werden und sich in der Folge Russland annähern, wie in Myanmar und Mali. Grundsätzlich stimmt es, dass der Westen weniger denn je in der Lage ist, Demokratisierung im Globalen Süden selbst hervorzubringen. Diese wird immer von Innen kommen müssen, auch wenn hierfür internationale Solidarität und die Zusammenarbeit mit demokratischen Kräften eine wichtige Rolle spielen können. Umso wichtiger wird ein Merkmal deutscher und europäischer Außen- und Entwicklungspolitik: Sie ist selten nur auf Regierungen ausgerichtet, sondern sucht Partner in der gesamten Gesellschaft. Das ist ein Vorteil. Gerade die deutsche Außenpolitik kann damit einfacher und glaubwürdiger Machtwechsel und Revolutionen im Globalen Süden aufnehmen.

Brückenbauen heißt also nicht zwangsläufig die Abkehr von einer wertegeleiteten Außenpolitik. Aber Europa wird mittel- bis langfristig verstärkt in die für Multipolarität typischen pragmatischen und themenorientierten Allianzen investieren müssen, die den Globalen Süden schon länger prägen. Globale Herausforderungen wie die Klimakrise oder die Bekämpfung von Hunger können in einem «Klub der Demokratien» eben nicht gelöst werden. Aber Risiken in der Zusammenarbeit mit Autokratien lassen sich nicht wegwünschen. Wie also umgehen mit Autokratien, ohne naiv zu sein? Risiken lassen sich durch Diversifizierung minimieren. Eine weniger personalisierte Außenpolitik mit ihrem Fokus auf die Staats- und Regierungschefs ist ein Teil von Diversifizierung. Übrigens ein ähnliches Vorgehen, das man in den Beziehungen mit den USA unter Trump beobachten konnte. Indem gezielt politische und gesellschaftliche Akteure um Trump herum angesprochen wurden, versuchten Deutschland und Europa das Bündnis mit den USA am Leben zu halten. Und für relative Verlässlichkeit sorgen nicht geteilte politische Werte, sondern die Identifikation und Offenlegung gemeinsamer langfristiger Interessen. Von denen gibt es mehr als genug. Das verlangt nach mehr Ehrlichkeit. Zu uns selbst und gegenüber anderen. Das heißt: offenlegen, dass wir bei der Beantwortung von existentiellen globalen Fragen oft nicht zwischen Autokratien und Demokratien unterscheiden können. Das lässt sich sogar als Handlungsanleitung für eine strategischere deutsche Außen- und Entwicklungspolitik formulieren: Kooperation mit Autokratien sollte diese nicht zusätzlich stärken und muss zur Bewältigung einer globalen Krise beitragen. Sonst ist sie unsinnig und kostet Vertrauen. Um es konkret zu machen: Staatliche Entwicklungszusammenarbeit mit dem autokratischen Ruanda wäre dann fragwürdiger als bisher; gemeinsame globale Klimapolitik mit China wäre im Gegenzug unumstrittener.

Multipolarität mit Regeln: Wo Demokratisierung gelingen kann

Fest steht schon jetzt: ein reines Bewahren der internationalen Ordnung in ihrer jetzigen Form ist keine Option mehr. Stattdessen geht es um zwei Dinge: die «Verteidigung und Reform» der multilateralen Ordnung, deren Regeln bisher zu einseitig vom Westen bestimmt und angewandt wurden. So sagte es der kenianische Botschafter bei den Vereinten Nationen, Martin Kimani, bei einem Empfang im Restaurant des Deutschen Bundestags im Dezember 2022. Das ist als Angebot zu verstehen. Nur einer reformierten internationalen Ordnung werden sich die meisten Staaten des Globalen Südens auch verpflichtet fühlen. Am selben Ort forderte der kenianische Staatspräsident Ruto sechs Monate später eine Reform der Weltbank und des Internationalen Währungsfonds, damit Länder des Globalen Südens endlich zu fairen Konditionen Kredite aufnehmen können. Das war Mahnung und Erwartung zugleich, ausgesprochen von dem Vertreter eines Landes, das sich weiterhin als Partner des Westens sieht, aber die Alternativen dazu schätzt.

Denn Multipolarität ist für den Globalen Süden eine strukturelle Voraussetzung für Krisenprävention. In anderen Worten: Im Globalen Süden besonders schmerzhaften Krisen kann nur wirksam vorgebeugt werden, wenn die internationale Politik die davon betroffenen Staaten mehr als bisher einbindet. Wichtiger denn je wird daher die Demokratisierung der internationalen Politik, also die Stärkung eines inklusiven Multilateralismus. Daran können auch Autokratien ein Interesse haben. Schwache Staaten fordern die Demokratisierung internationaler Politik quasi natürlich. Unfähig, anderen Staaten mittels Marktmacht oder anderer Zwangsinstrumente den eigenen Willen aufzuzwingen, verlangen sie nach verlässlichen multilateralen Verfahren und Regeln. Daher die tiefe Frustration angesichts des fortschreitenden Verfalls inklusiver internationaler Organisationen von der Welthandelsorganisation zu den Vereinten Nationen. Eine besondere globale Herausforderung besteht darin, dass auch starke Staaten sich für einen inklusiven Multilateralismus einsetzen. Das werden die USA aller Voraussicht nach nicht tun.

Ebenso wenig wie China und Russland. Deutschland und die EU hingegen sind dafür in einer idealen Position und genießen Glaubwürdigkeit. Denn die EU ist im Kern selbst ein (sehr enges) Bündnis kleiner und mittelgroßer Staaten. Nur dank dieses Zusammenschlusses haben die Interessen ihrer Mitgliedsstaaten die Chance auf Realisierung in einer multipolaren Welt. Das zeigt: Langfristig wichtiger als einzelne, auch besonders geschätzte bilaterale Beziehungen sind verlässliche multilaterale Prozesse, wie sie nicht nur von uns, sondern auch von dem Großteil der Gesellschaften im Globalen Süden gewünscht werden. Weil nur so die Macht der wenigen über die vielen gebrochen werden kann.

Die Verteidigung der multilateralen Ordnung wird also auch vom Willen im Westen abhängen, schmerzhafte Forderungen nach Reformen aus dem Globalen Süden ernster zu nehmen und gemeinsam umzusetzen. Das ist im langfristigen wirtschaftlichen und sicherheitspolitischen Interesse vieler Länder des Westens. Denn wie keine andere Weltregion hat der Westen lange von einem funktionierenden Multilateralismus profitiert. Diesen für tot zu erklären wäre verfrüht. Andere glauben nach wie vor an ihn. Starke Vereinte Nationen sind ganz offensichtlich im gemeinsamen Interesse des Globalen Südens und des Westens. Sie sind aber nicht der einzige Ort, an dem globale Krisen verhandelt werden. Die Signale Berlins, dass man die Afrikanische Union in die G20 aufnehmen will und nun gemeinsam mit afrikanischen Ländern globale Strukturpolitik machen will, sind daher wichtig. Genauso wie Frankreichs Einsatz für die Bereitstellung verbesserter Finanzierungsbedingungen für Länder des Globalen Südens durch den Internationalen Währungsfonds. Diese Initiativen werden aber nicht ausreichen. Wichtiger noch wäre eine Erweiterung des Kreises der ständigen Sitze im Sicherheitsrat der Vereinten Nationen, wo bisher kein afrikanisches Land mit Vetorecht am Tisch sitzt. Oder eine Reform der Entscheidungsgremien und der Finanzierungsangebote von Weltbank und Internationalem Währungsfonds, in denen europäische und US-amerikanische Regierungen weiterhin einen überproportionalen Einfluss haben. Dass es langsam in diese Richtung gehen könnte, hat der Pariser Finanzpakt-Gipfel im Juni 2023 gezeigt. Auch wenn keine verbindlichen Verpflichtungen erreicht wurden – der Gipfel und die Teilnahme von 40 Staats- und Regierungschefinnen und Chefs aus dem Westen und dem Globalen Süden sind Ausdruck einer neuen Dringlichkeit im Angesicht sich verschärfender globaler Krisen.

Das sich aus weiterhin bestehenden Machtungleichgewichten in internationalen Gremien ergebende Dilemma haben wir beschrieben. Demokratisierung der internationalen Politik wird nicht ohne die Mitsprache von Autokratien zu haben sein. Weil die große Mehrheit der Länder des Globalen Südens eben keine liberalen Demokratien sind, misstrauen ihre Bevölkerungen vielerorts den eigenen Regierungen. Das führt zu Verwirrung im Westen. Wer spricht mit welcher Legitimität für Länder des Globalen Südens? Wem macht man welche Angebote? Umso wichtiger, dass internationale Organisationen transparenter und nach geregelten Verfahren handeln. Und umso wichtiger, dass Deutschland und die EU darüber nicht den Kontakt zu demokratischen Kräften im Ausland verlieren. Kompliziert, aufwendig und oft erfolglos. Aber so sieht sie aus, die multipolare Welt von heute.

Dank

Wir bedanken uns zuallererst bei allen, die ihre Einschätzungen im persönlichen Gespräch mit uns geteilt haben, oftmals unter eigenen Risiken, aber nicht namentlich erwähnt werden wollten. Genauso bedanken wir uns bei unseren Kolleginnen und Kollegen und Freundinnen und Freunden in verschiedenen Ländern des Globalen Südens, die uns bestärkt haben. Ohne sie hätten wir dieses Buch nicht schreiben können.

Sabine Kurtenbach und Miriam Prys-Hansen in Hamburg, Julian Culp in Paris, Jochen Steinhilber, Manfred Öhm, Manuela Mattheß, Mirco Günther und Tobias Scholz in Berlin sowie Volker Maihack in Köln und Elisabeth Bollrich in Dar es Salaam haben Teile des Buches gelesen und mit wichtigen Anregungen bereichert. Besonderer Dank gilt Hager Ali für ihre gewissenhafte Arbeit am Manuskript. Die Gespräche mit den aktuellen und ehemaligen Kolleginnen und Kollegen am German Institute for Global and Area Studies (GIGA) in Hamburg und der Friedrich-Ebert-Stiftung (FES) in Berlin haben uns beim Schreiben begleitet und bestärkt. Unser Dank gilt insbesondere Sinan Chu, Sangeeta Mahapatra, Manjeet Pardesi, Patrick Köllner, Nazir Ahmad Yosufi, Jens Heibach, Alex Waterman und Sabine Mokry und Konstantin Bärwaldt. Sandra Destradi in Freiburg war wie immer eine Hilfe in allen Belangen. Elisabeth von Thadden hat uns in unseren ersten Ideen enthusiastisch unterstützt und damit maßgeblich zur Entstehung des Buches beigetragen. Jan Pauer hat uns stetig mit historischen Schriften aus seiner privaten Bibliothek versorgt. Der Titel und die besten Überschriften stammen wie gewohnt von Nina Pauer. Der außenpolitische Reality Check kommt von Sophia Sabrow. Vielen Dank euch allen!

Teile des Buches wurden durch eine Projektförderung der Deutschen Forschungsgemeinschaft (DFG) ermöglicht (Projektnummer: 394229330). Michael Meier und Jürgen Stetten von der Friedrich-Ebert-Stiftung haben die Autorenschaft unterstützt. Das Buch gibt ausschließlich die Meinungen der Autoren wieder, nicht die der Friedrich-Ebert-Stiftung oder des GIGA.

Gewidmet ist dieses Buch Sophia und jemand, die schon da, aber noch nicht hier ist; sowie Nina, Clara, Benjamin und Felix.

Anmerkungen

Einleitung:

1 Lau, Jörg. 2023. In 80 Phrasen um die Welt: «Der Globale Süden». *Internationale Politik,* Mai/Juni 2023, S. 15.

2 Said, Edward. 2009. *Orientalismus.* S. Fischer Verlag.

3 UNCTAD. 1968. *Proceedings of the United Nations Conference on Trade and Development.*

4 Haug, Sebastian. What or Where is the ‹Global South›? A Social Science Perspective. *London School of Economics Blog,* 28.09.2021. https://blogs.lse.ac.uk/impactofsocialsciences/2021/09/28/what-or-where-is-the-global-south-a-social-science-perspective/.

5 Adebajo, Adekeye. 2016. The Revolt Against the West: Intervention and Sovereignty. *Third World Quarterly,* 37(7): 1187–1202.

6 Spektor, Matias. 2023. In Defense of the Fence Sitters. What the West Gets Wrong About Hedging. *Foreign Affairs,* 18.04.2023. https://www.foreignaffairs.com/world/global-south-defense-fence-sitters.

7 *Guardian News.* 2022. Kenya's Envoy to UN Cites Colonial Past as he Condemns Russian Move into Ukraine. Youtube, 22.02.2022. https://www.youtube.com/watch?v=jwDWxyLVBxk&t=95 s.

8 *Economist Intelligence Unit.* 2022. Russia Can Count on Support From Many Developing Countries. *Economist Intelligence Unit,* 30.03.2022. https://www.eiu.com/n/russia-can-count-on-support-from-many-developing-countries/.

9 Dewan, Angela. 2022. *Ukraine and Russia's Militaries are David and Goliath. Here's how They Compare.* https://edition.cnn.com/2022/02/25/europe/russia-ukraine-military-comparison-intl/index.html. Reuters. 2020. *Factbox: The forces fighting in Ethiopia's Tigray conflict.* https://www.reuters.com/article/us-ethiopia-conflict-military-factbox-idUSKBN27T14J.

10 Nyssen, Jan. 2023. *Documenting the Civilian Victims of the Tigray War.* https://www.researchgate.net/publication/367272415_Documenting_the_civilian_victims_of_the_Tigray_war

11 OCHA Financial Tracking Service. 2022. *Ukraine Flash Appeal 2022.* https://fts.unocha.org/appeals/1102/summary.

12 U.S. Department of State. 2023. *U.S. Security Cooperation with Ukraine Fact Sheet.* https://www.state.gov/u-s-security-cooperation-with-ukraine/

#:~:text=Pursuant%20 to%20a%20delegation%20by,assistance%20 directly%20from%20DoD%20stockpiles. Hunnicutt, T. und Bose, N. 2022. *U. S. Says to Commit $ 55 Bln to Africa Ahead of Summit.* https://www.reuters.com/world/africa/us-says-commit-55-bln-africa-ahead-summit-2022-12-12/.

13 Herbert, Inge. Tanzanians Overwhelmingly Against Russia's Invasion of Ukraine. *Friedrich Naumann Foundation for Freedom,* 30.05.2023. https://www.freiheit.org/sub-saharan-africa/tanzanians-overwhelmingly-against-russias-invasion-ukraine.

14 Adebajo, Adekeye. 2022. Reviving Pax Africana: A Vision for Africa's Post-Ukraine Global Order. *Expressions by Institute Montaigne.* https://www.institutmontaigne.org/en/analysis/reviving-pax-africana-vision-africas-post-ukraine-global-order.

15 Spektor, Matias. 2023. In Defense of the Fence Sitters.

1. Kapitel: Triumph der Wenigen

1 Mishra, Pankaj. 2018. *Age of Anger: A History of the Present.* Macmillian Publishers.

2 Furtado, Celso. 2005. *Formação Econômica do Brasil.* Companhia Editora Nacional.

3 Chua, Amy. 2018. *Political Tribes: Group Instinct and the Fate of Nations.* Bloomsbury Publishing. S. 124.

4 Stolte, Christina. 2015. *Brazil's Africa Strategy: Role Conception and the Drive for International Status.* Palgrave.

5 Prakash, Om. 1998. *The New Cambridge History of India. European Commercial Enterprise in Pre-Colonial India.* Oxford University Press.

6 Nehru, Jawaharlal. 1946. *The Discovery of India.* John Day. S. 256–261.

7 Tharoor, Shashi. 2017. *The Inglorious Empire: What the British did to India.* Aleph Book Company. S. 29.

8 Tharoor. 2017. *The Inglorious Empire.* S. 43.

9 Maier, Charles S. 2012. Leviathan 2.0. Die Erfindung moderner Staatlichkeit. In Emily S. Rosenberg (Hrsg.). *1870–1945 Weltmärkte und Weltkriege.* C.H.Beck. S. 188.

10 Maier. 2012. Leviathan 2.0. S. 82.

11 *The Economist.* 2023. The World According to Xi: Even if China's Transactional Diplomacy Brings Some Gains, it Contains Real Perils. *The Economist,* 23.03.2023. https://www.economist.com/leaders/2023/03/23/the-world-according-to-xi.

12 Van Reybrouck, David. 2022. *Revolusi. Indonesien und die Entstehung der Modernen Welt.* Suhrkamp. S. 587.

13 Habib, Irfan. 1985. Studying a Colonial Economy – Without Perceiving Colonialism. *Modern Asian Studies,* 19(3): 55–381.
14 Sen, Amartya. 1999. *Development as Freedom.* Alfred Knopf.
15 Williams, Eric. 1944. *Capitalism and Slavery.* University of North Carolina Press.
16 John Robert Seeley. 2010 [1883]. *The Expansion of England.* Cambridge University Press.
17 Tharoor. 2017. *The Inglorious Empire.*
18 Oxford Union. 2015. Dr Shashi Tharoor MP – Britain Does Owe Reparations. 14.07.2015. *Youtube.* https://www.youtube.com/watch?v=f7CW7Sozxv4.
19 Manela, Erez. 2007. *The Wilsonian Moment: Self Determination and the International Origins of Anticolonial Nationalism.* Oxford University Press.
20 Raghavan, Srinath. 2016. *India's War: World War II and the Making of Modern South Asia.* Basic Books.
21 Meredith, Martin. 2006. *The State of Africa. A History of the Continent Since Independence.* Free Press. S. 100.
22 Meredith. 2006. *The State of Africa.* Free Press. S. 307.
23 Mishra, Pankaj. 2013. *From the Ruins of Empire. The Revolt Against the West and the Remaking of Asia.* Penguin.
24 Dower, John W. 1986. *War Without Mercy: Race & Power In the Pacific War.* W. W. Norton & Company.
25 Huff, Gregg. 2018. Causes and Consequences of the Great Vietnam Famine, 1944–5. *The Economic History Review,* 72: 286–316.
26 Van Reybrouck. 2022. *Revolusi.*
27 Sen, Amartya. *Tagore and his India.* The Nobel Prize. https://www.nobelprize.org/prizes/literature/1913/tagore/article/.
28 Siehe zum Beispiel Mishra, Pankaj. 2012. *From the Ruins of Empire: The Revolt Against the West and the Remaking of Asia.* Penguin Books. S. 245 ff.
29 Mill, Charles W. 2015. Race and Global Justice. In Barbara Buckinx, Jonathan Trejo-Mathys, Timothy Waligore (Hrsg.): *Domination and Global Political Justice.* Palgrave.
30 *Deutschlandfunk.* 2020. Darum geht es beim Streit um Achille Mbembe. Deutschlandfunk, 27.05.2020. https://www.deutschlandfunk.de/debatte-darum-geht-es-beim-streit-um-achille-mbembe-100.html.
31 Narang, Vipin und Paul Staniland. 2012. Institutions and Worldviews in Indian Foreign Security Policy. *India Review* 11(2), S. 76–94.
32 UNRIC. 1945. *Charta der Vereinten Nationen und Statut des Internationalen Gerichtshofs.* United Nations Regional Information Centre for Western Europe. https://unric.org/de/wp-content/uploads/sites/4/2022/10/charta.pdf.
33 Getachew, Adom. 2019. *Worldmaking after Empire. The Rise and Fall of Self-Determination.* Princeton University Press.

34 Großbritannien hält bis heute an Diego Garcia als britischem Überseegebiet fest. Die geostrategisch bedeutsame Insel im Indischen Ozean beherbergt neben britischen Militärs eine große US-amerikanische Marinebasis. Der Internationale Gerichtshof der Vereinten Nationen hat die britische Verwaltung der Insel 2019 für unrechtmäßig erklärt und eine schnellstmögliche Übergabe an Mauritius eingefordert. Großbritannien erklärte den Gerichtshof daraufhin für nicht zuständig. Frankreich hält unter anderem mit den selbstverwalteten Territorien Neu-Kaledonien und Französisch-Polynesien an Restbeständen des Kolonialreiches fest und begründet damit den eigenen Anspruch als «Residenzmacht» im Indo-Pazifik.

35 Finnegan, William. 1992. *A Complicated War: The Harrowing of Mozambique.* Berkeley University Press.

36 Zitiert in Gunkel, Christoph. 2016. *Frankreichs Atomtests auf Mururoa. Das Verstrahlte Paradies.* Spiegel Geschichte, 01.07.2016. https://www.spiegel.de/geschichte/mururoa-wie-frankreich-atombomben-auf-dem-atoll-testete-a-1100371.html.

37 Gunkel, Christoph. 2016. Frankreichs Atomtests auf Mururoa. Das Verstrahlte Paradies. *Spiegel Geschichte,* 01.07.2016. https://www.spiegel.de/geschichte/mururoa-wie-frankreich-atombomben-auf-dem-atoll-testete-a-1100371.htm.

38 Chang, Ha-Joon 2002: *Kicking Away the Ladder. Development Strategy in Historical Perspective.* Anthem Press.

39 Stiglitz, Joseph. 2002. *Globalization and its Discontents.* W. W. Norton and Company. S. 84.

40 Barmé, Geremie R. 1995. To Screw Foreigners is Patriotic: China's Avant-Garde Nationalist. *The China Journal* 34: 209–234.

41 *The Economist.* 2017. What Asia Learned From its Financial Crisis 20 years ago. And is it enough to protect it From Future Disasters? *The Economist,* 01.07.2017. https://www.economist.com/finance-and-economics/2017/07/01/what-asia-learned-from-its-financial-crisis-20-years-ago.

42 Stiglitz, Joseph. 2002. *Globalization and its Discontents.* W. W. Norton and Company. S. 94 ff.

43 Stiglitz. 2002. *Globalization.* S. 112.

44 Das Muster sollte sich zwanzig Jahre später wiederholen, nur konnten die USA dann China nicht mehr davon abhalten die *Asian Infrastructure Investment Bank* (AIIB) zu gründen. Siehe Kapitel 4.

45 Barmé. 1995. To Screw Foreigners, S. 209–234.

46 Gbadamosi, Nosmot. 2023. Can Harris's Visit Shore Up U.S. Relations With Africa? *Foreign Policy,* 29.03.2023. https://foreignpolicy.com/2023/03/29/kamala-harris-africa-ghana-tanzania-zambia-visit-us-china/.

47 Condon, Bernard. 2022. Russia recruiting U.S.-trained Afghan commandos, vets say. *Associated Press,* 31.10.2022. https://apnews.com/article/afghanistan-russia-ukraine-iran-europe-taliban-30e2b1ffc7c5ecf2847b654f862723b8.

48 Lüders, Michael. 2022. *Hybris am Hindukusch.* C.H.Beck.

49 Wertheim, Stephen. 2023. Iraq and the Pathologies of Primacy: The Flawed Logic That Produced the War Is Alive and Well. *Foreign Affairs Online,* 17.03.2023. https://reader.foreignaffairs.com/2023/03/17/iraq-and-the-pathologies-of-primacy/content.html.

2. Kapitel: Freie Partnerwahl

1 Ash, Timothy Garton, Ivan Krastev und Mark Leonard. 2023. United West, Divided from the Rest: Global Public Opinion one Year into Russia's War on Ukraine. *European Council on Foreign Relations Policy Brief,* 22.02.2023. https://ecfr.eu/publication/united-west-divided-from-the-rest-global-public-opinion-one-year-into-russias-war-on-ukraine/.

2 Lo, Alex. In a Multipolar World, the ‹Third Pole› is not Europe, but Global South. *South China Morning Post,* 01.05.2023. https://www.scmp.com/comment/opinion/article/3219037/multipolar-world-third-pole-not-europe-global-south.

3 UNCTAD. 2022. *South-South Cooperation Offers Solutions in Solidarity for Global Challenges.* https://unctad.org/news/south-south-cooperation-offers-solutions-solidarity-global-challenges.

4 UNCTAD. 2022. *Handbook of Statistics 2022.* New York: United Nations Conference on Trade and Development. https://unctad.org/publication/handbook-statistics-2022.

5 Perlez, Jane, Eric Schmitt, und Sui-Lee Wee. 2023. China and the U.S. Are Wooing Indonesia, and Beijing Has the Edge. *The New York Times,* 01.02.2023. https://www.nytimes.com/2023/02/01/world/asia/indonesia-china-united-states.html.

6 BU Global Development Policy Center. 2020. *Chinese Loans to Africa Database.* https://www.bu.edu/gdp/chinese-loans-to-africa-database/.

7 Moore, Gyude [@gyude_moore]. 2020, 5 August. Africa's position in the New «Cold War» – Thread. How *Twitter.* https://twitter.com/gyude_moore/status/1290986894755532801?s=20.

8 Olander, Eric. 2023. African Leaders Push Back Against Western Media Narratives on China. *China Global South Project.* https://chinaglobalsouth.com/podcasts/african-leaders-push-back-against-western-media-narratives-on-china/.

9 *The Economist.* 2023. The New Non-Aligned. How to Survive a Superpower

Split. *The Economist,* 11.04.2023. https://www.economist.com/international/2023/04/11/how-to-survive-a-superpower-split.

10 Beaumont, Peter. 2022. ‹Colour of the Skin›: WHO Chief Hits Out Over Tigray Crisis Indifference. *The Guardian,* 18.08.2022. https://www.theguardian.com/world/2022/aug/18/tigray-ethiopia-conflict-crisis-who-chief-hits-out-over-global-indifference.

11 Gathara [@gathara]. 2020. #BREAKING In a message conveyed by their political wing, the Republican party, white extremists in the US vow not to lay down their arms. 10.11.2020. *Twitter.* https://twitter.com/gathara/status/1326250943055351816?s=20.

12 *The Economist.* 2022. Capitals of cool: How pop culture went multipolar. *The Economist,* 06.10.2022. https://www.economist.com/international/2022/10/06/how-pop-culture-went-multipolar.

13 Waters, Johanna und Brooks, Rachel. 2021. *Student Migrants and Contemporary Educational Mobilities.* Palgrave Macmillan. S. 30.

14 Crush, Jonathan und Chikanda, Abel. 2018. South–South migration and diasporas. In Fiddian-Qasmiyeh, Elena und Daley, Patricia (Hrsg.): *Routledge Handbook of South-South Relations.* Routledge, S. 380–396.

15 Sheikh, Salman. 2023. India Navigates the Ukraine Conflict to its Gain. Taking advantage of a multipolar world. *Asia Sentinel,* 30.01.2023. https://www.asiasentinel.com/p/india-navigates-ukraine-conflict-gain.

16 Yadav, Shyamlal und Kamal Saied. 2023. What's in a Surname: The Origins of ‹Modi›, its Caste Links. *The Indian Express,* 28.03.2023. https://indianexpress.com/article/explained/explained-politics/modi-surname-gujarat-explained-8522659/.

17 World Integrated Trade Solution. 2019. *Kenya Trade Balance, Exports and Imports.* https://wits.worldbank.org/CountryProfile/en/Country/KEN/Year/2019/tradeFlow/EXPIMP.

18 Otele, Oscar M. China-Kenya Relations: Economic Benefits Set Against Regional Risks. *Mercator Institute for China Studies,* 18.08.2022. https://merics.org/de/china-kenya-relations-economic-benefits-set-against-regional-risks.

19 Eickhoff, Karoline. 2022. Chinese Mega Projects in Kenya: Public Controversies around Infrastructure and Debt in East Africa's Regional Hub. *SWP Africa Policy Brief,* 04.05.2022. https://www.swp-berlin.org/assets/afrika/publications/policybrief/MTA_PB04_2022_Eickhoff_Chinese_Mega_Projects_in_Kenya.pdf.

20 Otele, Oscar M. China-Kenya Relations: Economic Benefits Set Against Regional Risks. *Mercator Institute for China Studies,* 18.08.2022. https://merics.org/de/china-kenya-relations-economic-benefits-set-against-regional-risks.

21 Condon, Bernard. 2023. China's Loans Pushing World's Poorest Countries to Brink of Collapse. *AP News,* 18.05.2023. https://apnews.com/article/china-debt-banking-loans-financial-developing-countries-collapse-8df6f9fac3e1e758d0e6d8d5dfbd3ed6.

22 Nyamori, Moses. 2022. Ruto Warms up to Western Nations in a Shift From East. *Nation Africa News,* 13.11.2022. https://nation.africa/kenya/news/ruto-warms-up-to-western-nations-in-a-shift-from-east-4017388.

23 Plagemann, Johannes. 2021. Small States and Competing Connectivity Strategies: What Explains Bangladesh's Success in Relations with Asia's Major Powers? *The Pacific Review,* Vol. 35 (4), 736–764.

24 Rafee, Abdullah A. 2019. Bangladesh's Tryst with China's BRI: Economic Boom or Debt Trap? *South Asian Voices,* 01.05.2019. https://southasianvoices.org/bangladeshs-tryst-with-chinas-bri-economic-boom-or-debt-trap/. Pitman, Adam. 2020. China's Stake in Bangladesh is Overplayed. *The Diplomat,* 08.08.2020. https://thediplomat.com/2020/08/chinas-stake-in-bangladesh-is-overplayed/.

25 Adebajo, Adekeye. 2016. The Revolt Against the West: Intervention and Sovereignty. *Third World Quarterly, Vol. 37,* no. 7, 1187–1202.

26 Lissouba, Jérémy. 2023. Relations with Africa, Asia are on Brink of Collapse — to Russia's Benefit. *Politico,* 29.03.2023. https://www.politico.eu/article/relations-africa-asia-brink-collapse-russia-benefit/.

27 Landler, Mark und Edward Wong. 2018. Bolton Outlines a Strategy for Africa That's Really About Countering China. *The New York Times,* 13.12.2018. https://www.nytimes.com/2018/12/13/us/politics/john-bolton-africa-china.html?smid=url-share.

28 Ifo Institut. 2022. *Handelskrieg mit China würde Deutschland sechsmal so viel kosten wie der Brexit.* Pressemitteilung vom 08.08.2022. https://www.ifo.de/pressemitteilung/2022-08-08/handelskrieg-mit-china-wuerde-deutschland-sechsmal-so-viel-kosten-wie.

29 Siehe dazu die aufschlussreiche Umfrage von Buchan, Patrick und Brian Hardin. 2020. *Powers, Norms, and Institutions. The Future of the Indo-Pacific from a Southeast Asia Perspective.* Results of a CSIS Survey of Strategic Elites. Center for Strategic & International Studies, Juni 2020. https://csis-website-prod.s3.amazonaws.com/s3fs-public/publication/20624_Green_PowersNormsandInstitutions_WEB%20FINAL%20UPDATED.pdf.

30 Worldbank. 2022. *Lifting 800 Million People Out of Poverty – New Report Looks at Lessons from China's Experience.* Press Release 1. April 2022. https://www.worldbank.org/en/news/press-release/2022/04/01/lifting-800-million-people-out-of-poverty-new-report-looks-at-lessons-from-china-s-experience.

31 Szczepański, Marcin. 2023. The Global Gateway: Taking Stock After its

First Year. *European Parliamentary Research Service*, 16.01.2023. https://epthinktank.eu/2023/01/16/the-global-gateway-taking-stock-after-its-first-year/; Barbero, Michele. 2023. Europe Is Trying (and Failing) to Beat China at the Development Game. *Foreign Policy*, 10.01.2023. https://foreignpolicy.com/2023/01/10/europe-china-eu-global-gateway-bri-economic-development/#:~:text=Critics%20of%20Global%20Gateway%20also,would%20likely%20have%20happened%20anyway.

32 Aggad, Faten. [@fatenaggado]. 2022, Dezember 13. Time for a Thread on the EU's #CBAM (Carbon Border Adjustment Mechanism). *Twitter*. https://twitter.com/fatenaggad/status/1466096313817251846?s=20.

33 Sanny, Josephone AN und Edem Selormey. 2021. Africans Welcome China's Influence but Maintain Democratic Aspirations. *Afrobarometer Dispatch* N. 489. Afrobarometer. https://www.afrobarometer.org/wp-content/uploads/2021/11/AD489-PAP3-Africans-welcome-Chinas-influence%5EJ-maintain-democratic-aspirations-Afrobarometer-dispatch-16nov21.pdf.

34 Sen, Amartya. 1999. *Development as Freedom*. Alfred Knopf.

35 Sanny Selormey. 2021. Africans Welcome China's Influence.

36 Siegle, Joseph. 2023. Decoding Russia's Economic Engagements in Africa. *Africa Center for Strategic Studies*, 06.01.2023. https://africacenter.org/spotlight/decoding-russia-economic-engagements-africa/.

37 *The Financial Times*. 2023. DRC Finance Minister Talks Mining, Smuggling, and Building Batteries. Moderated by Tom Wilson. 28.03.2023. https://www.ft.com/video/2a7c09ef-4a71-4b9d-ac63-98eb97158dcc?playlist-name=latest&playlist-offset=3.

38 Sheikh, Salman Rafi. The Belt and Road Turns Into a ‹Debt Trap› for Beijing. *The Asia Sentinel*, 29.05.2023. https://www.asiasentinel.com/p/belt-and-road-initiative-debt-trap-china?utm_source=post-email-title&publication_id=23934&post_id=124565345&isFreemail=true&utm_medium=email.

39 Escribà-Folch, Abel und Joseph Wright. 2015. *Foreign Pressure and the Politics of Autocratic Survival*. Oxford University Press.

3. Kapitel: Falsche Lösungen

1 UNCTAD. 2020. Trade and Development Report Update: South-South Cooperation at the time of Covid-19: Building Solidarity among Developing Countries. *United Nations Conference on Trade and Development*. https://unctad.org/system/files/official-document/gdsinf2020d4_en.pdf.

2 UNCTAD. 2020. Trade and Development Report Update.

3 United Nations. 2023. «Great finance divide» Amid COVID-19 Poses Major Setback for Sustainable Development. *United Nations Department of Eco-*

nomic and Social Affairs. https://www.un.org/en/desa/great-finance-divide-amid-covid-19-poses-major-setback-sustainable-development.

4 Doan, Tran, Woosob Shin und Neil Mehta. 2022. To What Extent Were Life Expectancy Gains in South Africa Attributable to Declines in HIV/AIDS Mortality From 2006 to 2017? A Life Table Analysis of Age-Specific Mortality. *Demographic Research, 46,* 547–564.

5 Harrisberg, Kim. 2021. Analysis – Omicron Travel Curbs Spell More Pandemic Misery For South African Tourism. *Reuters,* 29.11.2021. https://www.reuters.com/article/safrica-coronavirus-economy-idUSL8N2SK459.

6 *Deutsche Welle.* 2022. Deutscher Afrika-Preis 2022 für die Entdecker der Omikron-Variante. *Deutsche Welle,* 10.12.2022. https://www.dw.com/de/deutscher-afrika-preis-2022-geht-an-afrikanische-corona-forscher/a-63504526.

7 UNCTAD. 2021. Smallest Footprints, Largest Impacts: Least Developed Countries Need a Just Sustainable Transition. *United Nations Conference on Trade and Development,* 01.10.2021. https://unctad.org/topic/least-developed-countries/chart-october-2021.

8 Padma, T. V. 2023. Researchers Back African Union to Join G20 Group of Largest Economic Powers. *Nature News,* 06.04.2023. https://www.nature.com/articles/d41586-023-01014-z.

9 World Bank. 2020. Climate Watch Data on CO_2 Emissions (Metric Tons Per Capita) – Subsaharan Africa 1990–2019. *World Bank Data.* https://data.worldbank.org/indicator/EN.ATM.CO_2E.PC?locations=ZG.

10 Oxfam. 2020. Carbon Emissions of Richest 1 Percent More Than Double The Emissions of The Poorest Half Of Humanity. *Oxfam Press Release,* 21.09.2020. https://www.oxfam.org/en/press-releases/carbon-emissions-richest-1-percent-more-double-emissions-poorest-half-humanity.

11 World Meteorological Organization. 2022. State of Climate in Africa Highlights Water Stress and Hazards. *World Meteorological Organization Press Release,* 09.08.2022. https://public.wmo.int/en/media/press-release/state-of-climate-africa-highlights-water-stress-and-hazards.

12 African Development Bank. 2021. Climate Change in Africa: Africa, Despite its Low Contribution to Greenhouse Gas Emissions, Remains the Most Vulnerable Continent. *African Development Bank Group.* https://www.afdb.org/en/cop25/climate-change-africa#:~:text=UNEP%2Dcommissioned%20research%20estimates%20that,%C2%B0C%20above%20preindustrial%20levels.

13 Schaap, Fritz und Andy Spyra. 2023. Nigeria vor den Wahlen. Wie sich der Afrikanische Gigant zum «failed state» entwickelt. *Spiegel Online,* 29.01.2023. https://www.spiegel.de/ausland/nigeria-wie-sich-der-afrikanische-

gigant-zum-failed-state-entwickelt-a-84ab0314-3015-4f1b-9178-00525496c154.

14 Ghani, Tarek und Robert Malley. 2020. Climate Change Doesn't Have to Stoke Conflict. Politics Matter More Than the Environment When It Comes to War and Peace. *Foreign Affairs*, 28.8.2020. https://www.foreignaffairs.com/articles/ethiopia/2020-09-28/climate-change-doesnt-have-stoke-conflict.

15 Greenfield, Patrick, Fiona Harvey, Nina Lakhani und Damian Carrington. 2022. Cop27: Barbados PM Launches Blistering Attack on Rich Nations at Cop27 Climate Talks. *The Guardian*, 07.11.2022. https://www.theguardian.com/environment/2022/nov/07/barbados-pm-mia-mottley-launches-blistering-attack-on-rich-nations-at-cop27-climate-talks.

16 African Development Bank. 2021. Climate Change in Africa: Africa, Despite its Low Contribution to Greenhouse Gas Emissions, Remains the Most Vulnerable Continent. *African Development Bank Group*. https://www.afdb.org/en/cop25/climate-change-africa#:~:text=UNEP%2Dcommissioned%20research%20estimates%20that,%C2%B0C%20above%20preindustrial%20levels.

17 Osborn, Catherine. 2022. The Barbadian Proposal Turning Heads at COP27. *Foreign Policy*, 11.11.2022. https://foreignpolicy.com/2022/11/11/cop27-un-climate-barbados-mottley-climate-finance-imf/.

18 Kochhar, Rakesh. 2021. The Pandemic Stalls Growth in the Global Middle Class, Pushes Poverty Up Sharply. *Pew Research Center*, 18.03.2021. https://www.pewresearch.org/global/2021/03/18/the-pandemic-stalls-growth-in-the-global-middle-class-pushes-poverty-up-sharply/.

19 Derzeit nimmt sogar das Einkommen von 1,7 Milliarden Erwerbstätigen ab, weil sie in Ländern leben, in denen die Inflation schneller steigt als ihre Löhne. Derweil nimmt das Einkommen der Einkommensmilliardäre um täglich insgesamt 2,7 Milliarden US-Dollar zu. Das Einkommen des obersten Prozents der globalen Einkommenspyramide steigt also weiter – auch während der Pandemie. Davon profitieren Superreiche in Indien, China und Singapur ebenso wie in den USA und Europa. Oxfam. 2023. Richest 1% Bag Nearly Twice as Much Wealth as the Rest of The World Put Together Over the Past Two Years. *Oxfam Press Release*, 16.01.2023. https://www.oxfam.org/en/press-releases/richest-1-bag-nearly-twice-much-wealth-rest-world-put-together-over-past-two-years.

20 International Energy Agency. 2022. *Africa Energy Outlook 2022. World Energy Outlook Special Report June 2022. Key Findings*. https://www.iea.org/reports/africa-energy-outlook-2022.

21 Buhari, Muhammadu. 2022. Opinion: How not to Talk to Africa About Climate Change. *The Washington Post*, 09.11.2022. https://www.washington-

post.com/opinions/2022/11/09/nigerian-president-cop27-africa-climate-change/.

22 Tooze, Adam. 2023. Chartbook 219 The triple inequality of the «global» climate problem, 11.6.2023. https://adamtooze.substack.com/p/chartbook-219-the-triple-inequality

23 Kanter, James. 2022. African Economies Risk Suffocation by ‹Shock› Carbon Tax. *EU Observer Magazine,* 21.04.2022. https://euobserver.com/war-peace-green-economy/154571.

24 Abimbola, Olumide und Zainab Usman. 2022. How the G7 Can Support Africa's Climate Agenda. *Project Syndicate,* 20.04.2022. https://www.project-syndicate.org/commentary/how-g7-can-support-african-countries-climate-agenda-by-olumide-abimbola-2-and-zainab-usman-1-2022-04.

25 Worland, Justin. 2023. Why the World is Protesting America's Climate Plan. *Time,* 15.01.2023. https://time.com/6247230/inflation-reduction-act-global-response-climate-trade-protectionsim/.

26 Agrawal, Ravi. 2023. Why the World Feels Different in 2023: From Climate Negotiations to Sports Diplomacy, the Global South is Becoming More Powerful. *Foreign Policy,* 12.01.2023. https://foreignpolicy.com/2023/01/12/global-south-geopolitics-economics-climate/.

27 Chirikure, Nora, Olumide Abimbola und Grieve Chelwa. 2022. How are the ‹Big Three› Rating Agencies Impacting African Countries?. *Africa Policy Research Institute,* 19.04.2022. https://afripoli.org/how-are-the-big-three-rating-agencies-impacting-african-countries-54.

28 UNCTAD. 2022. UNCTAD Warns of Policy-Induced Global Recession. *United Nations Conference on Trade and Development News,* 03.10.2022. https://unctad.org/news/unctad-warns-policy-induced-global-recession.

29 Martin, Jamie. 2022. The U.S. Wants to Tackle Inflation. Here's Why That Should Worry the Rest of the World. *The New York Times,* 28.04.2022. https://www.nytimes.com/2022/04/28/opinion/fed-inflation-interest-rates-third-world-debt.html.

30 Bond, Patrick. 1999. Global Economic Crisis: A View From South Africa. *Journal of World-Systems Research, 5(2),* 412–455.

31 Brautigam, Deborah und Yufan Huang. 2023. Integrating China into Multilateral Debt Relief: Progress and Problems in the G20 DSSI. *China-Africa Research Initiative Briefing Paper, No. 9, April 2023.* https://static1.squarespace.com/static/5652847de4b033f56d2bdc29/t/64303cd252cc4045dafc811f/1680882899126/Briefing+Paper+9+-+China+and+DSSI+-+April+2023+-+V5.pdf.

32 Opalo, Ken. 2023. The World Bank African Countries Need. *An Africanist Perspective,* 01.03.2023. https://kenopalo.substack.com/p/the-world-bank-african-countries.

33 Andrade, Juliana. 2023. Dilma Rousseff Começa a Comandar Banco do Brics. *Agência Brasil,* 28.03.2023. https://agenciabrasil.ebc.com.br/economia/noticia/2023-03/dilma-rousseff-comeca-comandar-banco-do-brics. Brautigam Huang. 2023. Integrating China.

34 Action Aid. 2023. 93% of Countries Most Vulnerable to Climate Disasters Are Either in or at Significant Risk of Debt Distress, New Research By Actionaid International Shows. *Action Aid,* 10.04.2023. https://www.actionaidusa.org/news/93-of-countries-most-vulnerable-to-climate-disasters-are-either-in-or-at-significant-risk-of-debt-distress-new-research-by-actionaid-international-shows/.

35 Willsher, Kim. 2022. Arms Sent to Ukraine Will End up in Criminal Hands, Says Interpol Chief. *The Guardian,* 02.06.2022. https://www.theguardian.com/world/2022/jun/02/ukraine-weapons-end-up-criminal-hands-says-interpol-chief-jurgen-stock.

36 Amnesty International. South Sudan: Evidence of Violations and Illicit Concealment of Arms Must Spur UN to Renew Arms Embargo. *Amnesty International News,* 30.04.2020. https://www.amnesty.org/en/latest/news/2020/04/south-sudan-evidence-of-violations-and-illicit-concealment-of-arms-must-spur-un-to-renew-arms-embargo/.

37 Rhodan, Maya. President Obama Admits the ‹Worst Mistake› of His Presidency. *Time Magazine,* 11.04.2016. https://time.com/4288634/president-obama-worst-mistake/.

38 Global Terrorism Index 2022, 11.6.2023. https://reliefweb.int/report/world/global-terrorism-index-2022.

39 Africa Center for Strategic Studies. 2023. Fatalities from Militant Islamist Violence in Africa Surge by Nearly 50 Percent. *Africa Center for Strategic Studies,* 02.06.2023. https://africacenter.org/spotlight/fatalities-from-militant-islamist-violence-in-africa-surge-by-nearly-50-percent/.

40 Haidara, Fadimata und Thomas Isbell. AD219: Popular Perceptions of Elections, Government Action, And Democracy in Mali. *Afrobarometer Dispatch,* 04.07.2018. https://www.afrobarometer.org/publication/ad219-popular-perceptions-elections-government-action-and-democracy-mali/.

41 Friedrich-Ebert-Stiftung. 2022. Global Census Poll 2022. *Friedrich-Ebert-Stiftung New York Office,* 23.09.2022. https://ny.fes.de/fileadmin/user_upload/Summary_Report_FES_Global_Census_2022.pdf.

42 Africa Center for Strategic Studies. 2022. Sahel and Somalia Drive Rise in Africa's Militant Islamist Group Violence. *The Africa Center for Strategic Studies,* 09.08.2022. https://africacenter.org/spotlight/sahel-and-somalia-drive-uninterrupted-rise-in-african-militant-islamist-group-violence-over-past-decade/.

43 International Crisis Group. 2021. Mali: Enabling Dialogue with the Jihadist

Coalition JNIM. *Africa Report No. 306*, 10.12.2021. https://www.crisisgroup.org/africa/sahel/mali/mali-enabling-dialogue-jihadist-coalition-jnim. La Coalition citoyenne pour le Sahel. 2021. *La Coalition Citoyenne Pour Le Sahel Est Une Alliance Diverse Et Informelle D'organisations De La Société Civile.* https://www.sahelpeoplescoalition.org/.

44 Transparency International. 2022. *The Corruption Perceptions Index 2022.* https://www.transparency.org/en/cpi/2022.

45 Ekeh, Peter 1975. Colonialism and the Two Publics in Africa: A Theoretical Statement. *Comparative Studies in Society and History*, 17(1).

46 Collier, Paul. 2007. *The Bottom Billion: Why the poorest countries are failing and what can be done about it.* Oxford University Press, S. 137.

47 Zenda, Cyril. 2020. ‹Fisch-Rot› Stink Reaches Far Beyond Namibia's Shores. *FairPlanet.* 16 November 2020. https://www.fairplanet.org/story/%E2%80%98fish-rot%E2%80%99-scandal-stink-reaches-far-beyond-namibia%E2%80%99s-shores/.

48 Transparency International. 2012. *Industrie kritisiert US-Börsenregeln für mehr Transparenz.* https://www.transparency.de/aktuelles/detail/article/industrie-kritisiert-us-boersenregeln-fuer-mehr-transparenz/.

49 Khan, Mushtaq. 1998. Patron-Client Networks and the Economic Effects of Corruption in Asia. *The European Journal of Development Research. 10.* 15–39.

50 Signé, Landry, Mariama Sow und Payce Madden. 2020. Illicit Financial Flows in Africa: Drivers, Destinations, and Policy Options. *Brookings Institute Policy Brief March 2020.* https://www.brookings.edu/wp-content/uploads/2020/02/Illicit-financial-flows-in-Africa.pdf.

4. Kapitel: Regeln statt Bestimmer

1 Shear, Michael D. 2022. G7 Leaders Promise $ 4.5 Billion to Address Global Hunger Caused by War in Ukraine. *The New York Times*, 28.06.2022. https://www.nytimes.com/2022/06/28/world/europe/g7-ukraine-food.html.

2 Sharma, Keah und Malhaar Moharir. 2022 G7 Elmau Summit Final Compliance Report. *The G7 Research Group*, 16.05.2023. http://www.g7.utoronto.ca/evaluations/2022compliance-final/00-2022-G7-final-compliance-summary.pdf.

3 Waltz, Kenneth. 1979. *Theory of International Politics.* Addison Wesley.

4 SIPRI. 2023. World Military Expenditure Reaches New Record High as European Spending Surges. *Stockholm International Peace Research Institute News and Events*, 24.04.2023. https://www.sipri.org/news/2023/world-military-expenditure-reaches-new-record-high-european-spending-surges-0.

5 Schweller, Randall. 2014. The Age of Entropy. Why the New World Order Won't Be Orderly. *Foreign Affairs,* 16.06.2014. https://www.foreignaffairs.com/articles/united-states/2014-06-16/age-entropy.

6 Bremmer, Ian und Roubini, Nouriel. 2011. A G-Zero World: The New Economic Club Will Produce Conflict, Not Cooperation. *Foreign Affairs,* 90 (2).

7 Craig, Gordon A. und George, Alexander L. 1988. *Zwischen Krieg und Frieden: Konfliktlösung in Geschichte und Gegenwart.* C.H.Beck.

8 Clark, Ian. 2003. Legitimacy in a Global Order. *Review of International Studies*, 29 (1), S. 83–84.

9 Mukherjee, Rohan. 2023. China's Status Anxiety. Beijing Fights to Be Treated as America's Equal on the World Stage. *Foreign Affairs,* 19.05.2023. https://www.foreignaffairs.com/china/united-states-china-status-anxiety.

10 Zürn, Michael. 1998. *Regieren jenseits des Nationalstaats: Globalisierung und Denationalisierung als Chance.* Suhrkamp. Shaw, Martin. 2000. *Theory of the Global State: Globality as an Unfinished Business.* Cambridge University Press.

11 Siehe zum Beispiel: Masala, Carlo. 2022. *Weltunordnung. Die globalen Krisen und die Illusion des Westens.* C.H.Beck.

12 Menon, Shivshankar. 2022. Nobody Wants the Current World Order: How All the Major Powers—Even the United States—Became Revisionists. *Foreign Affairs,* 03.08.2022. https://www.foreignaffairs.com/world/nobody-wants-current-world-order.

13 Fabricius, Peter. 2018. Should Africa back World Trade Organisation reforms? *Institute for Security Studies,* 13.12.2018. https://issafrica.org/iss-today/should-africa-back-world-trade-organisation-reforms.

14 Sinan Chu, Heike Holbig, Amrita Narlikar und Johannes Plagemann. 2018. Legitimate Multipolarity. *Deutsche Forschungsgemeinschaft Projekt 394229330.* https://gepris.dfg.de/gepris/projekt/394229330?language=en.

15 Fardoust, Shahrokh, Justin Yifu Lin und Xubei Luo. 2012. Demystifying China's Fiscal Stimulus. *World Bank Policy Research Working Paper 6221, October 2012.* https://openknowledge.worldbank.org/bitstream/handle/10986/12066/wps6221.pdf?sequence=1&isAllowed=y.

16 Prys, Miriam. 2010. Hegemony, Domination, Detachment: Differences in Regional Powerhood. *International Studies Review, 12* (4) 479–504.

17 *The New Nation.* G20's One Trillion Dollar Package to Brave Recession. 6 April 2009.

18 Perlez, Jane. 2015. China Creates a World Bank of Its Own, and the U.S. Balks. *The New York Times,* 04.12.2015. https://www.nytimes.com/2015/12/05/business/international/china-creates-an-asian-bank-as-the-us-stands-aloof.html.

19 *Süddeutsche Zeitung*. Investitionsbank AIIB: Wer kontrolliert hier eigentlich wen? 19. Juni 2023.

20 *The Business Standard*. 2023. South Africa to Host 15th BRICS Summit at Durban in Late August 2023. *The Business Standard*, 28.01.2023. https://www.business-standard.com/article/international/south-africa-to-host-15th-brics-summit-at-durban-in-late-august-2023-123012800047_1.html.

21 Vecciatto, Paul. 2023. BRICS Draws Membership Bids From 19 Nations Before Summit. *Bloomberg News*, 24.04.2023. https://www.bloomberg.com/news/articles/2023-04-24/brics-draws-membership-requests-from-19-nations-before-summit?sref=6rqzlhe9#xj4y7vzkg.

22 Reif, Ruth Renée. 2023. Politologin Adom Getachew über Ausbeutung und Beherrschung. *Der Standard*, 04.01.2023. https://www.derstandard.de/story/2000142178645/politologin-adom-getachew-ueber-ausbeutung-und-beherrschung.

23 Dellmuth, Lisa, Jan Aart Scholte, Jonas Tallberg und Soetkin Verhaegen. 2022. *Citizens, Elites, and the Legitimacy of Global Governance*. Oxford University Press.

24 Friedrich-Ebert-Stiftung. 2022. Global Census Poll 2022. *Friedrich-Ebert-Stiftung New York Office*, 23.09.2022. https://ny.fes.de/fileadmin/user_upload/Summary_Report_FES_Global_Census_2022.pdf.

25 V-Dem Institute. 2022. Autocratization Changing Nature?. *V-Dem Institute Democracy Report*. https://www.v-dem.net/documents/19/dr_2022_ipyOpLP.pdf.

26 Freedom House. 2023. Freedom in the World 2023: Marking 50 Years in the Struggle for Democracy. *Freedom House, March 2023*. https://freedomhouse.org/sites/default/files/2023-03/FIW_World_2023_DigtalPDF.pdf.

Schlusskapitel: Wir sind nicht alle

1 Deval. 2022. *Der DEval-Meinungsmonitor 2022*. https://www.deval.org/de/evaluierungen/laufende-und-abgeschlossene-evaluierungen/der-deval-meinungsmonitor-entwicklungspolitik/der-deval-meinungsmonitor-entwicklungspolitik-2022.

2 Ali, Hager. The Sudan Crisis: A Power Struggle By Design. *Aljazeera English*, 18. Mai 2023. https://www.aljazeera.com/news/2023/5/18/the-sudan-crisis-a-power-struggle-by-design.

3 Gowan, Richard. 2023. Multilateral Values: European Ideals Under Pressure. *European Council on Foreign Relations*, 03.05.2023. https://ecfr.eu/article/multilateral-values-european-ideals-under-pressure/.

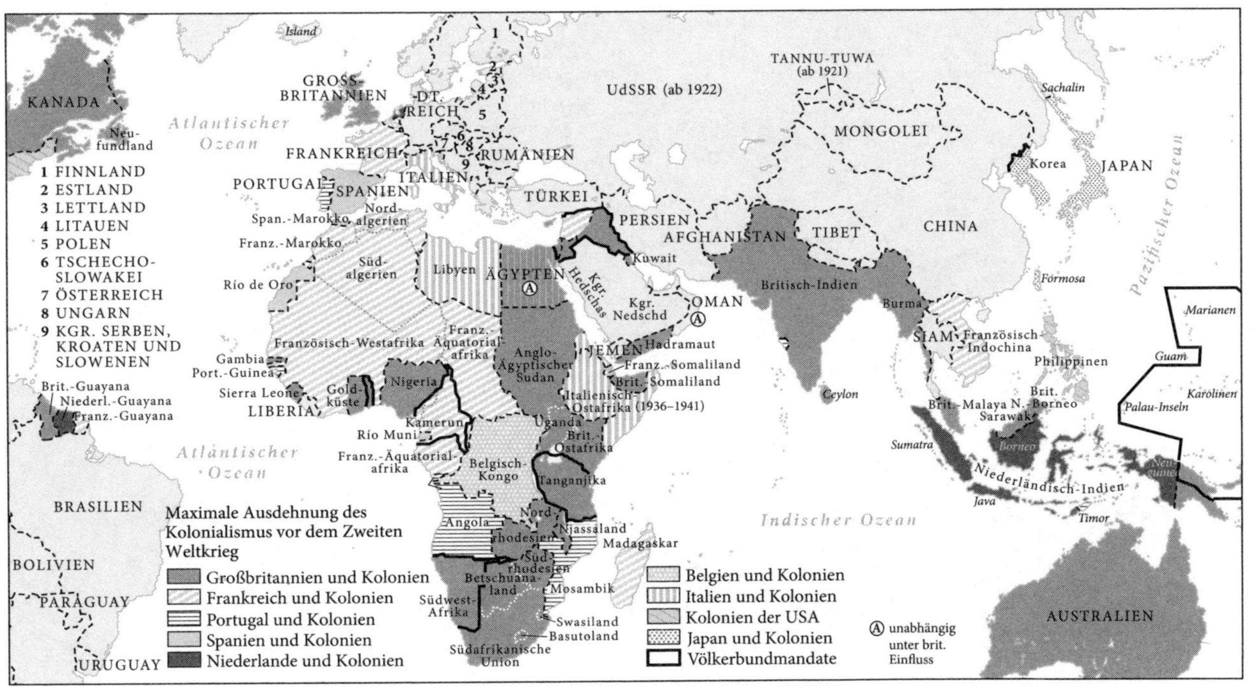

Maximale Ausdehnung des Kolonialismus vor dem Zweiten Weltkrieg

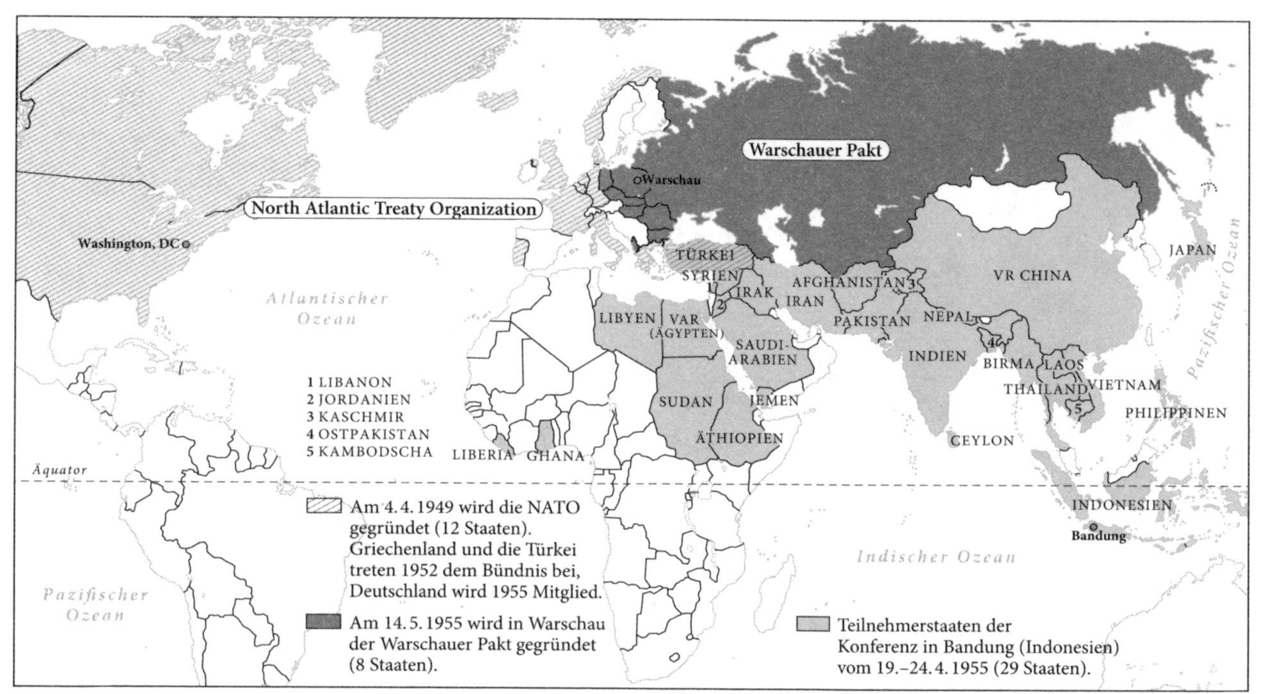

Blockbildung im Kalten Krieg

Die Staaten der G7, BRICS und G20 heute

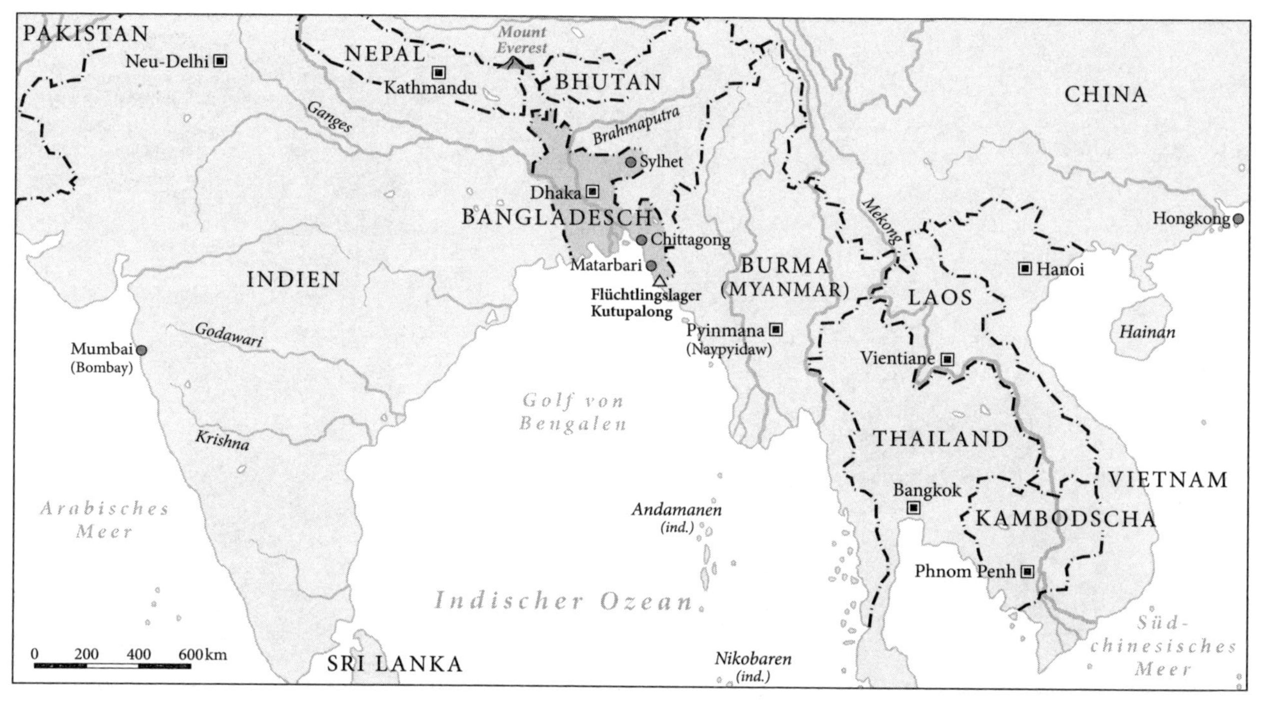

Bangladesch heute

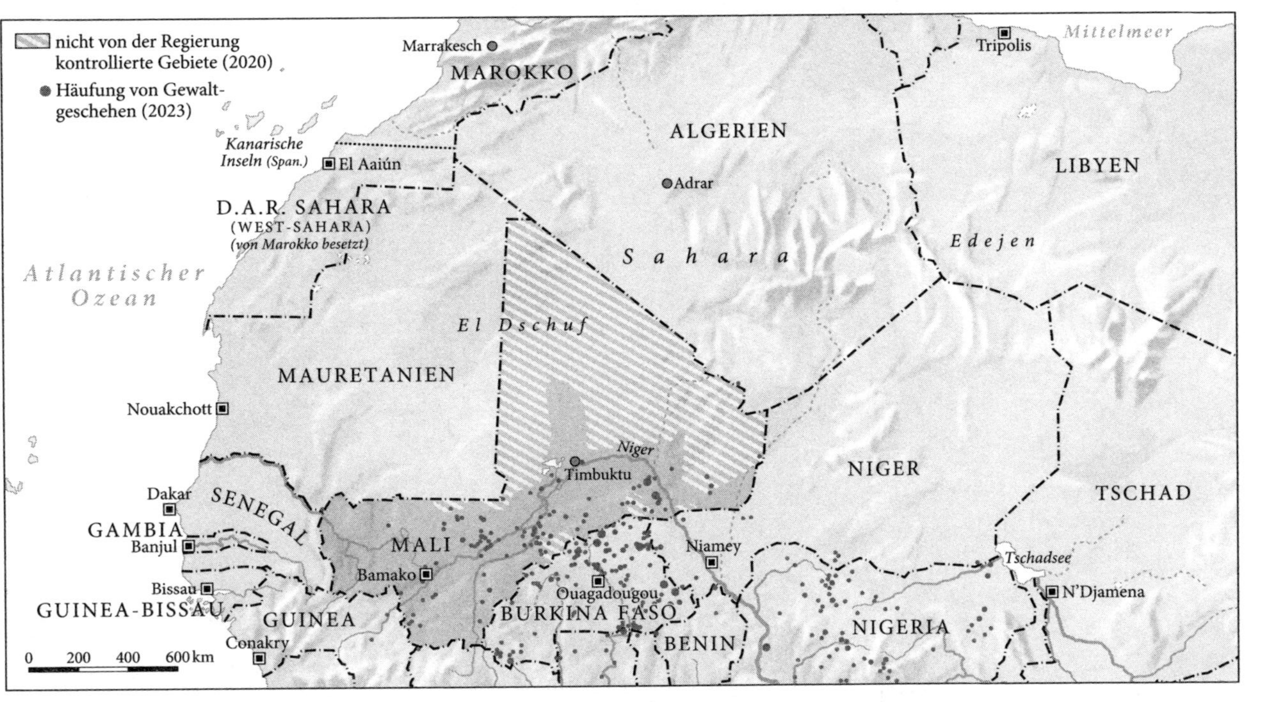

Gewaltgeschehen in Mali und den Nachbarstaaten

Aus dem Verlagsprogramm